LEXIKON DER

KRÄUTER UND GEWÜRZE

Ulrike Bültjer

LEXIKON DER KRÄUTER UND GEWÜRZE

Bassermann

Inhalt

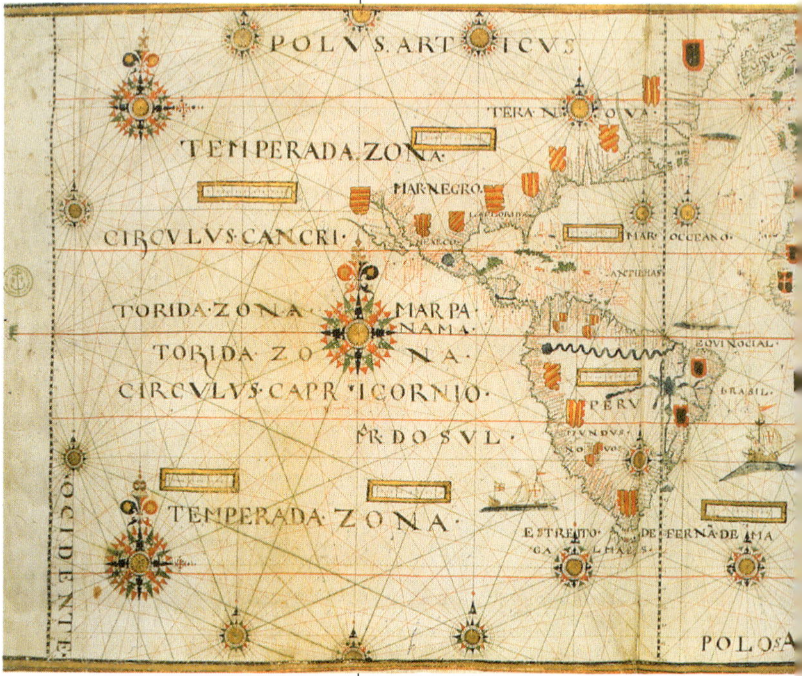

Seekarte aus dem 16. Jh. n. Chr.

Wohl kaum ein anderes Lebensmittel hat den Lauf der Geschichte derart stark beeinflußt wie die Gewürze. Sie führten zur Entdeckung Amerikas, gehörten nach Gold, Edelsteinen und Seide zu den ältesten Handelsgütern und spielten in der Mythologie und im Aberglauben eine wichtige Rolle. Im Mittelalter gab der Gewürzhandel Anlaß zu Streitereien und löste sogar Kriege aus. Araber, Venezianer, aber auch deutsche Kaufleute, wie die Fugger, wurden unermeßlich reich durch den Handel mit Gewürzen. Denn sie waren zeitweilig so kostbar, daß man sie mit purem Gold aufwog. Neben dem Würzen von Speisen und Konservieren von Lebensmitteln, spielten Gewürze schon in der Antike, aber vor allem im Mittelalter in der natürlichen Heilkunde eine Rolle. Bis heute nutzen wir dieses Wissen. Gewürze machen unsere Speisen gesünder

und bekömmlicher, denn sie enthalten lebensnotwendige Bestandteile, die unsere Gesundheit positiv beeinflussen. Gewürze haben etwas Magisches an sich, denn sie faszinieren die Menschheit seit altersher mit ihren exotischen Düften und ihren unbeschreiblichen Aromen. Über Jahrhunderte waren sie ein Privileg der Reichen und Mächtigen. Heute sind sie für jedermann erschwinglich. In großer Vielfalt findet man Gewürze und Aromen aus aller Welt in fast jedem gutsortierten Supermarkt. Abwechslungsreich und raffiniert zu kochen, ist für uns – was das Handwerkszeug angeht – kein Problem mehr. Dennoch gehört das Würzen zur hohen Kunst des Kochens, die allerdings durchaus erlernbar ist. In diesem Buch finden Sie ein kurzes Porträt von über mehr als 100 Gewürzen, Kräutern, Wurzeln, Knollen und Aromen. Der Inhalt erstreckt sich von Anis bis Zwiebel, von Asafoetida bis Zitronengras. Sie erfahren Interessantes zu Würzsaucen und -pasten, Gewürzmischungen, Essigen, Ölen, Süßungsmitteln und Spirituosen. Zusätzlich erhalten Sie Informationen über Herkunft, Anwendung, Lagerung und Verwendung in der Küche. Und natürlich finden Sie auch eine Fülle raffinierter Rezepte.

Lassen Sie sich von diesem Buch in die geheimnisvolle Welt der Gewürze entführen! Entdecken Sie mit uns die Vielfalt der Aromen der Welt, Sie werden mit Sicherheit auf den Geschmack kommen …

Von Pfeffersäcken und vielen Feldzügen

Schon sehr früh beschäftigten sich Menschen damit, ihre Nahrung noch aromatischer zu machen, indem sie ihre Speisen mit Gewürzen verfeinerten. Ausgrabungen in Mexiko ergaben, daß man dort bereits in der Jungsteinzeit um 7000 v. Chr. wild wachsende Sorten von Chilipfeffer kannte. Die älteste Stadt, in der die Verwendung von Gewürzen nachgewiesen ist, war der mindestens seit dem 4. Jh. v. Chr. bestehende sumerische Ort Uruk. Zur gleichen Zeit exportierte Indien bereits Pfeffer, Nelken, Kardamom und Safran. 1000 Jahre später kannten die Chinesen Kassia und Soja, und die Assyrer im Zweistromtal benutzten Dill, Safran, Kümmel, Thymian und Kardamom als Würze, kosmetische Tinktur und Rauchfeuer, um ihre Götter gnädig zu stimmen. Zur Zeit der Pharaonen gab es bereits den Beruf des Gewürzhändlers, der meist von Arabern oder Phöniziern ausgeübt wurde – übrigens sehr zum Ärger der Ägypter. Und so eroberten die Ägypter unter der Herrschaft von Königin Hatschepsut um 1500 v. Chr. das Land der Götter, Punt genannt. Dies war ein wichtiger Umschlagplatz für Gewürze. Dorthin gelangten viele exotische Gewürze aus China und Indien über die alte Seidenstraße, die südlich der Wüste Gobi über den Norden des Himalajas und durch Afghanistan und Persien nach Syrien führte. Archäologen vermuten diesen Handelsort in Südarabien oder in Äthiopien. Nach der Eroberung Punts durch die Ägypter übernahmen die Ptolemäer und später die Kaufleute von Alexandria den gesamten Gewürzhandel mit den Barbaren im Norden. Und wer in Athen Zimt und in Rom Pfeffer haben wollte, mußte dafür wahrlich gepfefferte Preise bezahlen. Dies kam den Römern teuer zu stehen, denn sie waren geradezu würzwütig. Sie setzten ihren ganzen Ehrgeiz daran, Speisen so zu würzen, daß man deren Ursprung nicht mehr schmecken konnte. Außerdem brauchten sie Gewürze für Parfüms und als Medizin. Infolge der Kreuzzüge gelangten immer mehr exotische Gewürze auch nach Mittel- und Nordeuropa.

Mittelalterlicher Kräutergarten, Buchmalerei aus dem 15. Jh. n. Chr.

Im gesamten Mittelalter galten exotische Gewürze als Statussymbol. Eine kleine Schicht, die sich Gewürze leisten konnte, ging ausgesprochen verschwenderisch damit um. So zählte der Erzbischof Isidor von Spanien im 7. Jh. n. Chr. bereits 133 Gewürze und aromatische Kräuter auf, die zum Würzen in der Küche verwendet wurden.

Der Kampf ums Monopol

Nach den Kaufleuten von Alexandria hatten im 15. Jh. n. Chr. die Venizianer die Vorherrschaft im Gewürzhandel und erlangten dadurch unermeßlichen Reichtum und sicherten sich die politische Macht. Nicht ohne Grund nannte damals der Volksmund alle gut verdienenden Gewürzhändler, zu denen übrigens auch die Großkaufleute Fugger, Tucher und Welser gehörten, „Pfeffersäcke". Rund 500 Jahre konnten die Venezianer ihr Gewürzmonopol halten, dann bekamen sie durch aufsteigende Seefahrtsnationen, wie die Spanier, Portugiesen, Holländer und Engländer, Konkurrenz.

Auf der Suche nach neuen Wegen zu den fernen Gewürzländern entdeckte der Spanier Christoph Kolumbus die Neue Welt und damit auch Chilis, Piment und Vanille. Der Portugiese Vasco da Gama segelte als erster ums Kap der Guten Hoffnung nach Indien und brachte von seinen Seefahrten unter anderem Nelken, Pfeffer, Zimt und Muskat mit. Das Gewürzmonopol ging für etwa 100 Jahre nach Lissabon.

Danach eroberten Holland und England die Herrschaft über die Meere und somit auch über die Gewürze. Besonders rabiat waren dabei die Holländer auf den Molukken. Sie unterwarfen gnadenlos die Bewohner der Gewürzinseln, vertrieben die Portugiesen und beuteten das Land rigoros aus. Und jedem Eingeborenen, der eine Mußkatnuß ohne Erlaubnis pflückte, ließen sie die Hand abhacken. Genützt hat es nichts, denn es dauerte gar nicht lange, da verschleppten sogenannte Muskatfresser, eine Taubenart, die Nüsse auf andere Inseln.

Das Ende der holländischen Herrschaft begann im Krieg mit den Engländern im Jahre 1780. Englische Schiffe blokkierten holländische Schiffe in Ostindien, die Holländisch-Ostindische Kompanie ging bankrott. Gewürzschmuggel und Piraterie nahmen zu.

Es begann ein jahrzehntelanger Kampf um die Kolonien, der bis zum Ende des Zweiten Weltkrieges dauerte. Erst danach war die Zeit des Gewürzmonopols endgültig vorbei.

Von Zaubertränken und Klostergärten

Anders als die Gewürze brauchten Kräuter keine Handelsorganisationen. Sie wuchsen fast überall, und das schon seit Tausenden von Jahren. Mit Thymian und Dill kochten schon die Assyrer. Ein besonderes Verhältnis zu aromatischen Kräutern hatten auch die Griechen. Sie widmeten fast jedes Kraut einem Gott, z. B. Majoran, Rosmarin und Thymian der Göttin Aphrodite. Der griechische Arzt und Philosoph Hippokrates, der um 400 v. Chr. lebte, war der erste, der Kräuter systematisch zur Heilung von Patienten einsetzte. Aber auch in den heimischen Küchen gehörten

Kräuter zu den üblichen und einzigen Gewürzen. Der Grieche Pedanios Dioskurides, der um die Mitte des 1. Jh. n. Chr. lebte, kannte bereits die meisten der heute verwendeten Heil- und Gewürzkräuter. Er unterschied zwischen wild wachsenden und kultivierten Pflanzen und gab Hinweise zu Pflege und Lagerung.

Im Mittelalter waren die Klostergärten die wichtigsten Pflegestätten des Kräuteranbaues. Vor allem die Benediktiner brachten von ihrem Stammkloster auf dem Monte Cassino Pflanzen aus dem Mittelmeerraum zu den Heiden nördlich der Alpen. Und auch Karl der Große förderte in seinem Reich den Anbau der Mittelmeerkräuter. In seiner Anordnung „Capitulare de Villes“ führte er viele Kräuter auf, die in den Klöstern und Pfalzen angebaut werden sollten, z. B. Melisse, Majoran, Salbei und Thymian. Im späten Mittelalter ging das Wissen um die Heil- und Würzkraft der Kräuter auf die Apotheker über. Zu jeder Apotheke gehörte ein Kräutergarten, in dem zarte Pflänzchen kultiviert wurden. Für die wild wachsenden Kräuter allerdings waren die Kräuterweiblein zuständig. Sie mixten Liebestränke, Abführmittel und Wundsalben und wurden dafür oft noch bis in die Neuzeit als Hexen verfolgt. Populär wurde die Kräuterkunde erst ab dem 15. Jh. n. Chr. mit der Erfindung der Buchdruckerkunst. Ein Kräuterbuch erschien nach dem anderen, die Nachfrage nach Kräutern in der Heilkunde, aber auch in der Küche wuchs und wuchs.

Die Ursachen sind unklar, aber mit Ende des 19. Jh. verschwanden die aromatischen Kräuter aus der deutschen Küche. In unserem Jh. mit der Entdeckung der Mittelmeerländer als beliebte Urlaubsziele kehrten Rosmarin, Thymian, Salbei und Co. wieder in unsere Töpfe zurück. Diese Kräuter und Gewürze sind aus unserem Essen nicht mehr wegzudenken.

Der richtige Umgang mit Kräutern und Gewürzen

Rein sprachkundlich gesehen, gibt es zwischen Kräutern und Gewürzen überhaupt keine Grenze. Denn ein Gewürz ist nichts anderes als eine Vielzahl von „Würzen", und das Wort „Würze" stammt ab vom altniederdeutschen „wurt" = „Pflanze", vom gotischen „Waurts" = „Wurzel" und vom altniederdeutschen „wurtia" = „Würzware". Im täglichen Sprachgebrauch verstehen wir jedoch unter Kräutern alle Pflanzenblätter und -stiele, die würzen, duften und heilkräftig sind. Gewürze gehören dagegen, wie auch Salz, Zucker, Essig, Würzsaucen, -pasten und Aromen zur großen Gruppe der Geschmacksstoffe, die eine bestimmte Geschmacksempfindung vermitteln.
Theorie hin – Praxis her: richtiges Würzen erfordert Fingerspitzengefühl, ein bißchen Mut zum Risiko und Freude am Experimentieren und natürlich auch ein gutes Geschmacksempfinden.

Zudem sollten Sie ein paar Regeln beachten:

- Je frischer die Kräuter, desto intensiver ist ihr Aroma. Deshalb sollten Sie schon beim Einkauf darauf achten, daß Kräuter möglichst frisch sind. Bunde mit welken Blättern und schlaff hängenden Köpfen sollten Sie gar nicht erst einkaufen. Frische Kräuter aus dem eigenen Garten immer erst unmittelbar vor dem Gebrauch ernten.
- Saisonal angebotene Kräuter im Bund sind intensiver im Duft als die Treibhauspflänzchen, die es das ganze Jahr über zu kaufen gibt. Wer Wert auf einen intensiven Kräutergeschmack legt, sollte deshalb im Winter lieber getrocknete, im Geschmack kräftige Kräuter, wie Thymian, Rosmarin und Salbei verwenden oder TK-Kräuter, wie Petersilie, Schnittlauch und Dill, einsetzen.
- Kräuter sollten niemals naß sein, wenn man sie hackt, weil sonst die Aromastoffe verlorengehen. Deshalb immer gut trockentupfen. Bei zarten Kräutern, wie Kerbel, kann man auf das Waschen verzichten.

■ Hacken Sie die Kräuter immer erst unmittelbar vor der Verwendung. Am besten bleibt das Aroma erhalten, wenn man die Blätter von den Stielen zupft und sie mit einem scharfen, breiten Messer fein hackt. Die frisch gehackten Kräuter decken Sie bis zum endgültigen Gebrauch mit Frischhaltefolie ab.

■ Nicht alle Kräuter dürfen von Anfang an mitgegart werden. So sind z.B. Basilikum, Kerbel und Borretsch sehr hitzeempfindlich. Man gibt sie erst kurz vor Ende der Garzeit zu den Speisen. Dagegen dürfen Kräuter mit kräftigem Aroma, wie Rosmarin, Salbei und Lorbeer, von Anfang an mitkochen, da sich ihre Geschmacksstoffe erst durch die Hitze voll entfalten.

■ Auch ungemahlene Gewürze, wie Nelken, Pfefferkörner oder Kümmel, geben ihre Aromastoffe beim Kochen nur langsam ab, deshalb sollten auch sie von Kochbeginn an zugefügt werden. Frisch gemahlener Pfeffer gehört hingegen erst ganz zum Schluß ans Gericht.

■ Am besten kaufen Sie nur unzerkleinerte Gewürze. Sie halten sich länger und lassen sich schnell feinhacken. Körner, wie Piment, Pfeffer und Koriander, kann man im Mörser zerstoßen oder in einer Gewürzmühle zermahlen. Für die Muskatnuß nimmt man eine kleine Reibe.

■ Geben Sie getrocknete Kräuter und Gewürze niemals direkt aus der Packung in die heiße Speise. Die Feuchtigkeit verklebt die winzigen Teile, das wiederum führt zur Klümpchenbildung und Aromaveränderung bei den restlichen Würzmitteln.

Kräuter selber ziehen, ernten und konservieren

Obwohl man Petersilie, Dill, Schnittlauch und auch Basilikum das ganze Jahr über bekommt, lohnt es sich immer noch, diese Kräuter selbst zu ziehen. Erstens ist das Aroma der eigenen Gartenkräuter wesentlich intensiver, und zweitens bekommt man ausgefallenere Kräuter, wie Ysop und Pimpernelle, immer noch sehr selten auf Märkten zu kaufen. Die meisten Küchenkräuter lassen sich auch ganz problemlos aufziehen – entweder draußen im eigenen Kräuterbeet, auf der Terrasse oder dem Balkon, aber auch drinnen auf der Fensterbank.

Die Aufzucht auf der Fensterbank

Fast alle gebräuchlichen Küchenkräuter lassen sich auf der Fensterbank in kleinen Töpfen ziehen. Voraussetzung ist allerdings ein zugfreier und heller, jedoch nicht allzu sonniger Standort. Die Töpfe, am besten aus Ton mit einem Mindestdurchmesser von 10 cm, sollten im Boden mindestens ein Ablaufloch haben, denn Staunässe verträgt keine Pflanze. Am besten füllt man den Boden unten mit Tonscheiben oder einer Schicht Kies aus. Als Erde nimmt man humushaltige Mischerde oder Fertigerde, die man im Gartenfachhandel bekommt. Sie enthält im richtigen Mischverhältnis alle wichtigen Nährstoffe. Mit Ausnahme von Estragon und Minze lassen sich alle gebräuchlichen Küchenkräuter aus Samen ziehen. Bei der Aussaat im Frühjahr oder Herbst werden die Samenkörner 2–3 cm tief in die Erde gesteckt. Die Erde darf nicht zu feucht, aber auch nicht zu trocken sein. Bei einer Zimmertemperatur von 16–21 °C gedeihen die Pflänzchen am besten. Sind die Samen gekeimt, setzt man die jungen Pflänzchen in andere Töpfe um, damit sie nicht zu dicht stehen. Man nennt diesen Vorgang Pikieren. Die Aufzucht aus Samen empfiehlt sich allerdings nur bei einjährigen Pflanzen wie Petersilie, Borretsch, Kresse, Koriander und Portulak. Mehrjährige Kräuter, wie Thymian, Rosmarin, Oregano, Schnittlauch und Liebstöckel, aber auch einjährige, wie Basilikum und Bohnenkraut, sollte man lieber als

Jungpflanze kaufen. Küchenkräuter sollten mäßig, aber regelmäßig mit lauwarmem Wasser gegossen werden. Lange Jungtriebe müssen frühzeitig herausgeschnitten werden, damit die Pflanzen buschig werden.

Kräuter auf Balkon und Terrasse

Glückliche Besitzer eines Balkons oder einer Terrasse können ihre Kräuter natürlich auch dort ziehen. Vorausgesetzt, beides liegt nicht direkt an einer Hauptverkehrsstraße mit hoher Abgasbelastung oder an der Südseite ihres Hauses. Als Pflanzengefäß eignen sich hierfür Blumentöpfe oder -schalen aus Ton und Terrakotta, da sie die Feuchtigkeit ideal verdunsten lassen, aber auch aus Schaumstoff. Holz ist weniger geeignet, es wird schnell morsch und brüchig und beherbergt oft Schädlinge. Niedrig und buschig wachsende Kräuter wie krause Petersilie, Rosmarin und Kapuzinerkresse, wachsen auch gut in Hängeampeln. Wer verschiedene Kräuter in einem Kübel zusammenpflanzen will, sollte eine passend große Pflanzschale benutzen, um so üppiger entwickeln sich die Kräuter.

Der Anbau im Garten

Die meisten Pflanzen gedeihen an einem sonnigen Plätzchen. Nur Bohnenkraut, Estragon, Gartenkresse, Kerbel, Liebstöckel, Schnittlauch und Waldmeister fühlen sich auch im Halbschatten sehr wohl. Das Kräuterbeet sollte windgeschützt und vor allem sehr übersichtlich sein, am besten in Nord-Süd-Richtung angelegt. Achten Sie bei der Bepflanzung oder Aussaat darauf, die höher wachsenden Pflanzen, wie Liebstöckel und Estragon, nach hinten zu setzen, damit sie den niedrig wachsenden Kräutern, wie Petersilie und Basilikum, nicht zu viel Licht wegnehmen. Natürlich können Sie für Ihr Kräuterbeet auch Jungpflanzen kaufen

und diese dann im Frühjahr auspflanzen. Selbst in Ihrem Ziergarten passen dekorative Kräuter, wie Salbei und Rosmarin, gut ins Staudenbeet. Tripmadam und Waldmeister eignen sich als Bodendecker. Achten Sie darauf, daß sich keine Schädlinge, wie Blattläuse, Schnecken und Raupen, über Ihre Kräuter hermachen. Bei den ersten Anzeichen von Schädlingen sollten Sie die Pflanzen mit verdünnter Seifenlauge besprühen.

Die Ernte

Petersilie, Schnittlauch und Salbei können das ganze Jahr über geerntet werden. Basilikum, Borretsch, Kresse, Kerbel, Minze, Salbei, Oregano und Thymian haben das beste Aroma vor der Blüte. Rosmarin, Majoran und Ysop kann man vor und nach der Blüte ernten. Kräuter, deren Hauptwürze jedoch die Blüten und nicht die Blätter sind, wie Bohnenkraut, sollten während der Blüte geerntet werden. In jedem Fall sollte man warten, bis die Pflanze gut ausgewachsen ist. Ernten Sie jedoch nicht mehr als 10 Prozent der Triebe und Blätter auf einmal. Die Pflanze könnte sonst eingehen. Je vorsichtiger man bei der Ernte ist, desto aromatischer bleiben die Kräuter. Abgeknickte und zerissene Blätter beeinträchtigen ihre Würzkraft.

Kräuter aufbewahren

Das Trocknen von Kräutern

Wer sich einen Vorrat an Kräutern für den Winter anlegen will, sollte folgendes beachten:

- Das Trocknen ist vor allem für Kräuter mit einem kräftigen Aroma, wie Bohnenkraut, Lorbeer, Minze, Rosmarin,

Oregano, Thymian und Salbei bestens geeignet, weil die Kräuter dadurch noch an Geschmack gewinnen; Petersilie allerdings verliert an Würzkraft.

- Die Kräuter werden am Stengel zu Bündeln zusammengebunden und an einem dunklen, luftigen, trockenen Platz kopfüber aufgehängt. Oder man legt die Blätter auf einen Gitterrost oder auf einen mit Mulltüchern bespannten Rahmen.
- Kräuter, z. B. Koriander, bei denen die Früchte verwendet werden, bindet man zu Garben und drischt die Samen nach dem Trocknen aus.
- Die Trockentemperatur sollte 30 °C nicht übersteigen, weil sich sonst die ätherischen Öle der Kräuter verflüchtigen. Nach etwa 1 Woche sind die Blätter trocken. Sie werden dann von den Zweigen gestreift, gerebelt und luftdicht und dunkel aufbewahrt.
- Zum Trocknen ist auch das Mikrowellengerät bestens geeignet. Man breitet die Kräuter locker auf Küchenpapier aus, gart sie auf höchster Stufe 1 Minute, wendet sie dann und gart sie, bis sie ganz durchgetrocknet sind. Die Zeit hängt von der Kräutermenge ab. Sie beträgt in der Regel nur wenige Minuten.

Verschiedene Salbeiarten

Das Einlegen in Öl, Essig oder Butter

Salbei, Rosmarin, Basilikum und Minze behalten viel von ihrem ursprünglichen Aroma, wenn man sie in Öl einlegt. Dafür gibt man die gewaschenen und getrockneten Blätter in ein gut verschließbares Glas und bedeckt sie mit einem hochwertigen Öl, z. B. geschmacksneutrales Sonnenblumenöl oder gutes Olivenöl. Das Öl muß 2–3 Wochen an einem hellen Platz durchziehen. Danach wird es durchgeseiht.
Nach der gleichen Methode wird auch Kräuteressig hergestellt. Man nimmt ein oder auch mehrere Kräutersorten, wäscht und tupft sie trocken, gibt sie in eine Flasche und gießt leicht erwärmten Essig, z. B. Sherry- oder Weißweinessig darüber. Besonders gut zum Einlegen eignen sich Estragon, Basilikum, Dill, Salbei und Thymian. Die Kräuter läßt man mehrere Wochen durchziehen und seiht sie dann ab.
Aber auch in Butter lassen sich Kräuter konservieren – das Ergebnis ist selbstgemachte Kräuterbutter. Man verrührt feingehackte Kräuter, wie Schnittlauch, Dill, Basilikum, Melisse und Petersilie, mit weicher Butter, etwas Salz, Pfeffer und Zitronensaft, rollt diese Mischung auf und friert die Rolle ein. Die Kräuterbutter hält sich bis zu 8 Monate im Gefrierfach.

Das Einfrieren

Basilikum, Bohnenkraut, Dill, Estragon, Kerbel, Petersilie, Liebstöckel, Schnittlauch und Zitronenmelisse lassen sich sehr gut einfrieren. Dafür werden die gewaschenen, trockengetupften und feingehackten Kräuter einzeln oder als Mischung in die Fächer eines Eiswürfelbehälters gegeben. Darüber gießt man etwas Wasser und läßt sie gefrieren. Danach löst man die Würfel aus dem Behälter und füllt sie in Gefrierbeutel. Man kann die feingehackten Kräuter auch in kleinen Portionen, am besten 2–3 Eßlöffel in Gefrierbeutel geben. Auch mit dieser Methode halten sich die Kräuter bis zu 8 Monate. Bereits aufgetaute Kräuter sollten schnell verbraucht werden, sie büßen sonst stark ihr Aroma ein.

Der beste Platz für Gewürze und Co.

Gewürze und getrocknete Kräuter sind ausgesprochen lichtscheue Gesellen. Mögen auch Gewürzregale mit hellen Gläsern sehr dekorativ und übersichtlich sein, den Kräutern und Gewürzen gefallen sie aber gar nicht. Direktes Sonnenlicht läßt sie schnell ausbleichen und sie verlieren dadurch ihren Geschmack. Sie sollten auch nicht zu nahe am Herd stehen, denn die Wärme und Feuchtigkeit schaden den Kräutern und Gewürzen. Getrocknete Gewürze behalten ihre Würzeigenschaft am besten, wenn man sie in luftdichten Behältern an einem dunklen, kühlen, trockenen Platz aufbewahrt. Ideal sind spezielle Gewürzregale im Küchenschrank oder in der Speisekammer. Ganze Knollengewürze, wie Zwiebeln, Knoblauch und Ingwer lagern am besten in luftdurchlässigen Körben oder Tontöpfen, da sie sonst schnell verfaulen. In Plastiktüten verpackte Gewürze sollten Sie so-

Einlegen in Essig oder Öl

fort in die luftdichten Behälter umfüllen. Mehrere Gewürze sollten niemals im gleichen Gefäß gelagert werden, da sie Duft- und Aromastoffe an die Umgebung abgeben und fremde Gerüche leicht annehmen. Ausführliche Lagertips finden Sie übrigens zu den einzelnen Gewürzen innerhalb der Kapitel. Auch wenn Sie Kräuter und Gewürze vorschriftsmäßig aufbewahren, sollten Sie von Zeit zu Zeit Ihre Bestände erneuern, damit Sie sich wirklich auf ein volles Aroma verlassen können.

Gewürze

Ajowan

(Lat. Trachyspermum ammi), auch Adjowan genannt.

Die getrockneten, dunkelbraunen Früchte der 30 – 60 cm hohen Pflanze kommen ursprünglich aus Indien, werden heute jedoch auch in Ägypten, Äthiopien, Pakistan, Afghanistan und im Iran angebaut. Die krautige Pflanze, die zur Familie der Doldenblütler gehört, erinnert im Aussehen ein bißchen an wilde Pertersilie. Die Früchte ähneln großen Selleriesamen.

Geschmack und Aroma

Ajowan schmeckt brennend scharf, leicht bitter und duftet nach Thymian.

Verwendung

Man verwendet die Früchte gemahlen oder als ganze Körner. Ajowan paßt gut zu allen Hülsenfrüchten und Wurzelgemüsen, ebenso zu Pickles und gegrillten Fleisch- und Geflügelgerichten. Es würzt orientalische Pilaws und indische Pankorhas (pikante Kuchen aus Eierteig).

Als ganze Körner streut man sie vor dem Backen über Fladenbrot und auf Kleingebäck.

Lagerung

In fest schließenden Dosen kühl und dunkel aufbewahren.

Anwendung in der Heilkunde

Die Früchte sind vor allem in Indien ein Hausmittel gegen Verdauungsstörungen und Asthma.

Küchentips

- Das Aroma von Ajowan ist sehr intensiv, deshalb sparsam dosieren.
- Ajowan finden Sie in orientalischen und indischen Lebensmittelgeschäften.

Rezeptvorschlag

Pikanter Kichererbsensnack

Für 4 Personen

- 400 g Kichererbsenmehl (Besan)
- 180 g Reismehl
- 1 1/2 TL Garam masala
- 1/2 TL Chilipulver
- 1/2 TL Ajowansamen
- 1/2 TL Kreuzkümmelsamen
- 1 1/2 TL Salz
- 3 EL Butterschmalz
- ca. 160 ml Wasser
- Öl zum Ausbacken

Das Kichererbsenmehl in eine große Schüssel sieben, den gemalenen Reis, Garam masala und Chilipulver sowie Ajowan, Kreuzkümmel und Salz damit verrühren. Das Butterschmalz zerlassen und unterrühren. Wasser zugeben und alles zu einem Teig verrühren, der etwa die Konsistenz eines Biskuitteiges hat. Etwas Teig in eine Spätzle- oder Kartoffelpresse geben und ins heiße Öl drücken. Bei mittlerer Hitze goldbraun backen. Herausnehmen, auf Küchenpapier gut abtropfen und abkühlen lassen.

ANIS

(Lat. Pimpinella anisum), auch Anais, Brotsamen oder Süßer Kümmel genannt.

Die graugrünen bis bräunlich gefärbten Samen der bis zu 50 cm hohen Anispflanze waren schon in der Antike in Ägypten, Syrien, Griechenland und Zypern als Gewürz und Heilmittel bekannt. Anis braucht viel Sonne, um seinen typischen Geschmack zu entwickeln. Deshalb wird die Pflanze hauptsächlich im Mittelmeerraum, vor allem in Spanien, Italien, Griechenland und der Türkei sowie in Bulgarien auf Feldern angebaut. Aber auch in Indien, Rußland sowie Mittel- und Südamerika ist Anis verbreitet.
Anispflanzen gehören zur Familie der Doldenblütler. Die süßlich duftende Pflanze mit petersilienähnlichen Blättern bildet Blütenstände mit lockeren Dolden. Darin sitzen kleine weiße Blüten, aus denen sich die winzigen Samen entwickeln. Zur Reifezeit wird die Pflanze geschnitten und anschließend gedroschen.

GESCHMACK UND AROMA

Anis riecht und schmeckt würzig-herb und süßlich-aromatisch.

VERWENDUNG

Die Samen gibt es ganz und gemahlen. Am intensivsten entwickelt sich das Aroma des gestoßenen Anis. Gemahlen oder als ganzer Samen wird Anis insbesondere zum Würzen von Weihnachtsgebäck, Brot und Kuchen verwendet. Er paßt auch zu Süßspeisen wie Obstsalaten, Birnen- und Apfelkompott, Milch- und Grießspeisen sowie Pflaumenmus.

Lagerung

In fest schließenden Dosen trocken, kühl und dunkel aufbewahren. So hält Anis sich etwa 12 Monate.

Anwendung in der Heilkunde

Anistee lindert Husten und Erkältung, beruhigt und wirkt schlaffördernd. Außerdem gibt er „reinen Atem“, wie schon der Römer Plinius zu berichten wußte.

Küchentips

- Ganze Samen, im Mörser zerstoßen, entwickeln doppelt so viel Aroma wie schon gemahlener Anis, der seine Würzkraft rasch verliert. Deshalb sollte man gemahlenen Anis nur in kleinen Mengen kaufen und rasch verbrauchen.

- Anis ist sehr würzkräftig, deshalb sparsam verwenden. Oft genügt schon eine Prise.

Rezeptvorschlag

Anisplätzchen

Für ca. 40 Stück

2 Eier
250 g Zucker
1 Prise Salz
1 Päckchen Vanillinzucker
250 g Mehl
1 TL gemahlener Anis
1 EL Stärkemehl
Butter für das Blech

Die Eier mit Zucker, Salz und Vanillinzucker im Wasserbad warm aufschlagen. Danach wieder kaltschlagen. Das Mehl mit dem Anis und dem Stärkemehl vermischen und unter die Ei-Zucker-Masse ziehen. Aus dem Teig mit einem Löffel oder mit Hilfe eines Spritzbeutels mit Lochtülle kleine Häufchen auf ein gefettetes Backblech setzen oder spritzen. Die Plätzchen bei Raumtemperatur über Nacht antrocknen lassen, bis sie eine feste Oberfläche erhalten. Dann den Backofen auf 170 °C vorheizen und die Anisplätzchen auf der mittleren Schiene etwa 10 Minuten backen, so daß die Oberfläche noch weiß bleibt.

BERGKÜMMEL

(Lat. Laserpitium siler), auch Echter Bergkümmel genannt.

Die getrockneten Früchte einer mehrjährigen, krautigen Doldenpflanze werden vor allem in der türkischen Küche verwendet. Auf den kalkreichen Gebirgsböden der Türkei wächst der Bergkümmel heute noch wild. Er stammt ursprünglich aus Südeuropa, dem Kaukasus, Iran und Kleinasien. Die Früchte des Bergkümmels sind länglich und haben mehrere in Längsrichtung verlaufende Hauptrippen. Die Samen sind 7–8 mm lang und 3–4 mm breit.

GESCHMACK UND AROMA

Bergkümmel schmeckt würzig scharf und eignet sich, wie auch der Schwarzkümmel und Kreuzkümmel, als Pfefferersatz.

VERWENDUNG

Man verwendet die Samen ganz oder gemahlen. Sie passen gut zu Eintöpfen, Tomaten- und Kohlgerichten, Chutneys und Pickles.

LAGERUNG

In fest schließenden Dosen kühl und dunkel aufbewahren.

KÜCHENTIPS

■ Wenn man die Samen vor der Verwendung kurz in einer trockenen Pfanne anröstet oder im Mörser zerstößt, dann ist das Aroma wesentlich intensiver.

■ Bergkümmel immer sehr sparsam verwenden, da es leicht passieren kann, daß andere Gewürze geschmacklich überdeckt werden.

BOCKSHORNKLEE

(Lat. Trigonella feonumgraecum), auch Griechisches Heu, Rehkorn, Kuhhorn oder Ziegenhorn genannt.

Die getrockneten Samen der bis zu 50 cm hohen, einjährigen Pflanze stammen ursprünglich aus Indien und den Ländern des östlichen Mittelmeerraumes. Sie werden auch heute noch vorwiegend von dort, aber auch aus China und der Ukraine, importiert.

Die zur Familie der Schmetterlingsblütler gehörende Pflanze besitzt blaßgelbe, manchmal auch hellviolette Blüten, aus denen sich bis zu 20 cm lange Hülsen entwickeln. Die Früchte enthalten 3–5 mm lange, sehr dicke, bräunliche Samen, die so buckelig geformt sind, daß die Buckel in der Form Ähnlichkeit mit Tierhörnern haben.

GESCHMACK UND AROMA

Bockshornklee riecht stark würzig, fast wie frisch gemähtes Heu, schmeckt eigenartig bitter und leicht mehlig.

VERWENDUNG

Bockshornklee verwendet man als ganze Samen oder gemahlen. Beides gibt indischen Currygerichten und Chutneys, ägyptischen und äthiopischen Fisch- und Fleischgerichten, aber auch heimischen Eintöpfen und Gemüsegerichten eine orientalische Note. Die Samen eignen sich zudem zum Bestreuen von gebratenen Fleischgerichten, aber auch von Brot und Kleingebäck.
In der indischen Küche verwendet man neben dem Samen auch die grünen Blätter, deren bitterer Geschmack eine angenehm erfrischende Würze gibt. Die keimenden Sprossen eignen sich ideal für Salate.

LAGERUNG

Samen in fest schließenden Dosen kühl und dunkel aufbewahren. Gemahlenen Bockshornklee möglichst schnell verbrauchen.

Küchentips

■ Rösten Sie die Samen vor der Verwendung in einer beschichteten Pfanne ohne Fett kurz an, der unangenehme Geruch und Geschmack verliert sich dadurch.

■ Bockshornklee immer mitkochen lassen, nur so entwickelt er seine Würzkraft. Er ist Bestandteil vieler Würzmischungen, wie auch der bulgarischen Tschubritza.

Blühende Bockshornkleepflanze

Rezeptvorschlag
Thunfischcurry

Für 4 Personen

500 g Thunfischsteaks
2 EL Öl
6–8 frische Curryblätter
1 Zwiebel
2 Knoblauchzehen
1 TL frisch geriebener Ingwer
1 TL gemahlener Koriander
2 TL gemahlener Kreuzkümmel
1 TL Chilipulver
1/2 TL gemahl. Bockshornklee
500 ml gesüßte Kokosmilch
etwas Salz, etwas Zitronensaft

Den Fisch in mundgerechte Stücke zerpflücken. Öl erhitzen und die Curryblätter darin leicht anbräunen. Zwiebelringe mit gehacktem Knoblauch und Ingwer anbraten, bis die Zwiebelringe glasig sind. Die restlichen Gewürze zugeben und unter Rühren rösten. Kokosmilch und Salz zugeben, unter Rühren zum Kochen bringen. Etwa 7–10 Minuten offen leicht köcheln lassen. Den Fisch hineinlegen und garen. Zum Schluß mit Zitronensaft würzen.

CAYENNEPFEFFER

(Lat. Capsicum frutescens), auch Spanischer, Kolumbianischer oder Roter Pfeffer, Guinea- oder Teufelspfeffer genannt.

Das blaßrote Pulver wird aus den kleinen Beerenfrüchten einer tropischen Capsicumart gewonnen, die vor allem in Süd- und Mittelamerika angebaut wird. Mit der Insel Cayenne hat das Gewürz nur den Namen gemein, es stammt aber nicht von dort. Diese Früchte, auch Vogelaugenchilis (→ S. 207) genannt, ähneln den Paprikaschoten, sind aber wesentlich kleiner. Ihre Früchte, die orangeroten bis goldgelben Schoten, werden getrocknet und dann zu Cayennepfeffer gemahlen.

GESCHMACK UND AROMA

Cayennepfeffer ist etwa zwanzigmal so scharf wie Paprikapulver, jedoch nicht ganz so aromatisch und pikant.

VERWENDUNG

Cayennepfeffer würzt Gerichte aus der chinesischen, indischen, südamerikanischen und auch der kreolischen Küche. Er paßt zu Grillsaucen, Suppen und Eintöpfen, kräftigen Schmorgerichten, wie Gulasch, aber auch zu kurzgebratenem Fleisch. Er gibt Fisch und Meeresfrüchten, aber auch Reis- und Eiergerichten, eine pikante Note. Außerdem steckt er in vielen Wurstwaren, wie Mortadella und Leberwurst, und wird auch als Einmachgewürz für Pickles und Gurken verwandt.

LAGERUNG

In fest schließenden Behältern kühl und dunkel aufbewahren. So hält er sich etwa 9 Monate.

KÜCHENTIPS

- Cayennepfeffer immer ganz vorsichtig dosieren, damit die Schärfe nicht alle anderen Gewürze übertönt.
- Er läßt sich auch durch feingemahlenes Chilipulver ersetzen. Dies ist etwas milder als Cayennepfeffer.

Kardamom

(Lat. Elettaria cardamomum), auch Cardamom genannt.

Die getrockneten Fruchtkapseln des Kardamomstrauches zählen zu den ältesten und feinsten Gewürzen überhaupt. Die Kardamompflanze mit ihren langen grünen Blättern und weißlila gefärbten Spitzen gehört zur Familie der Ingwergewächse und wird heute vor allem auf Ceylon sowie in Indien, Guatemala und Tansania kultiviert. An den schilfartigen Stauden reifen kleine, grüne Fruchtkapseln heran, die von Hand geerntet werden. Im Innern der Frucht befinden sich braunschwarze, klebrige Samen. Die grünen Kapseln werden noch vor der Reife geerntet und sofort getrocknet. Bei weißem Kardamom handelt es sich um grüne Kapseln, die zuvor gebleicht wurden. Braungelbliche Früchte werden an der Sonne getrocknet und würzen nicht ganz so intensiv wie grüne.

Geschmack und Aroma

Kardamom hat ein sehr feines, süßlich-scharfes Aroma, das ein bißchen an Eukalyptus erinnert.

Verwendung

Kardamom gibt es als geschlossene Fruchtkapseln, als ganze Samen und gemahlen. Gemahlener Kardamom darf nur aus Samenbestandteilen bestehen. Werden die Fruchtkapseln mitgemahlen, dann ist die Kennzeichnung „in bzw. mit der Schale gemahlen" gesetzlich vorgeschrieben.
Kardamomkapseln, halbiert oder zerstoßen, würzen Suppen und Saucen, orientalische Reis- und Currygerichte sowie geschmortes und gebratenes Kalb- und Schweinefleisch. Sie verfeinern Desserts, wie Obstsalat, Birnen- und Apfelkompott und Eiscreme, aber auch Glühwein, Punsch, Bowle und arabischen Kaffee.
Gemahlener Kardamom ist ein Muß in zartem Weihnachtsgebäck, z. B. Spekulatius, Lebkuchen und Stollen.

Fruchtkapsel des Kardamom

Lagerung

Die ganzen Früchte lassen sich luftdicht verschlossen, kühl und dunkel am längsten aufbewahren. Ganze oder gemahlene Samen verlieren schnell an Geschmack und Aroma.

Küchentips

- Kardamom entwickelt ein noch intensiveres Aroma, wenn man die Samen vor dem Gebrauch ohne Fett in einer beschichteten Pfanne kurz anröstet.

- Kardamomkapseln müssen mitgekocht werden, sonst entwickeln sie nicht ihr volles Aroma.

Koriander

(Lat. Coriandrum sativum), auch Wanzenkraut, Schwindelkorn und Hochzeitskügelchen genannt.

Die getrockneten Spaltfrüchte einer 30–60 cm hohen ein- bis zweijährigen Pflanze stammen vermutlich ursprünglich aus dem östlichen Mittelmeerraum. Heute ist Koriander überall in den Mittelmeerländern vertreten. Außerdem wird er in den Niederlanden, Ungarn, Rumänien und Rußland sowie Indien, Ostasien und Amerika angebaut. Wichtigste deutsche Anbaugebiete sind Thüringen, Württemberg und Franken.
Die unten fächerförmig, oben gefiederten Blätter der zu den Doldenblütlern gehörenden Pflanze haben weiße oder blaßrötliche Blüten, die kugelig runde, gelbbraune bis gelbrötliche, gerippte Früchte hervorbringen.
Koriander ist eines der ältesten Gewürze der Welt und wurde als eines der bitteren Kräuter des Passahfestes schon in der Bibel erwähnt. Samen fand man auch bei Ausgrabungen von neolithischen Kulturrelikten.

Geschmack und Aroma

Die Samenkerne schmecken würzig-pikant, leicht süßlich und erinnern ein bißchen an eine Mischung aus getrockneter Orangenschale, Zimt und Muskat.

Verwendung

Man verwendet die Samen ganz oder gemahlen. Koriander paßt gut zu Gemüse, wie Kohl, Kartoffeln, Getreide und Hülsenfrüchten, zu Suppen und Saucen, gebratenem Fisch, Fleisch und Geflügelgerichten. Es würzt süß-sauer eingelegtes Gemüse, Chutneys und Pflaumenmus. Außerdem gibt Koriander Brot und Weihnachtsgebäck, wie Spekulatius und Printen, die richtig Würze. Zum Würzen verwendet man aber auch die frischen Blätter der Korianderpflanze (→ S. 127).

Blühender Koriander

Lagerung

Ganze Samen in fest schließenden Behältern kühl und dunkel aufbewahren. So halten sie sich etwa 12 Monate. Das Pulver hingegen verliert schnell sein Aroma.

Anwendung in der Heilkunde

Zerdrückte Koriandersamen wirken krampflösend bei Magenschmerzen und Darmbeschwerden.

Küchentips

- Das Aroma wird noch intensiver, wenn man die Samen kurz vor der Verwendung ohne Fett in einer beschichteten Pfanne anröstet oder sie im Mörser zerstößt.
- Koriander harmoniert mit Knoblauch, Chili, frischer Minze und mit Kreuzkümmel.

Kreuzkümmel

(Lat. Cuminum cyminum), auch Mutter- oder Haferkümmel, Römischer Kümmel, Kumin oder Pfefferkümmel genannt.

Die kleinen, hellbraunen, getrockneten Samen ähneln denen des normalen Kümmels, sind von der Farbe aber etwas heller. Sie stammen von einer zu den Doldengewächsen gehörenden, etwa 25 cm großen, einjährigen Pflanze, die ursprünglich aus dem östlichen Mittelmeergebiet und Oberägypten stammt. Heute wird sie vor allem in der Türkei, dem Iran, Indien, Nordafrika und China angebaut. Kreuzkümmel fand sich schon in ägyptischen Pharaonengräbern und wurde im Alten Testament erwähnt. Die alten Griechen fluchten bei der Aussaat von Kreuzkümmel, um böse Geister zu vertreiben. Im alten Rom rauchten Schüler Kreuzkümmel, um blaß auszusehen und Überarbeitung vorzutäuschen.

Geschmack und Aroma

Kreuzkümmel riecht etwas aufdringlich und schmeckt aromatisch-würzig, leicht bitter.

Verwendung

Man verwendet die Samen ganz oder gemahlen. Kreuzkümmel würzt landestypische Gerichte, wie nordafrikanischen Couscous, mexikanisches Chili con carne und indische Currys. Er paßt gut zu Fisch, Lamm, Huhn, aber auch zu Gemüse sowie zu Saucen und Suppen.

Lagerung

Luftdicht verschlossen, kühl und dunkel aufbewahrt halten sich ganze Samen bis zu 1 Jahr. Gemahlene Samen verlieren innerhalb von 1–2 Monaten an Geschmack und Aroma.

Küchentip

Kreuzkümmel wird noch aromatischer, wenn man die Samen vor der Verwendung ohne Fett in einer beschichteten Pfanne kurz anröstet oder sie im Mörser zerstößt.

KÜMMEL

(Lat. Carum carvi), auch Feld- oder Wiesenkümmel, Kümmich oder Karbei genannt.

Die kleinen, hell- bis dunkelbraunen, getrockneten Samen einer zweijährigen Pflanze gehören zu den ältesten Gewürzen Europas. Die 60–100 cm hohe, zu den Doldenblütlern gehörende Pflanze wächst wild in ganz Europa, Vorderasien und Nordafrika. Sie wird heute aber vorwiegend in Frankreich, den Niederlanden und Polen angebaut.
Kümmel hat zartweiße Blütendolden und gleichmäßige gefiederte Blütenblätter. Aus ihnen entstehen die typischen Doppelspaltfrüchte. Im zweiten Jahr wird der Kümmel geschnitten, gedroschen und getrocknet.

Kümmel kennt man schon seit vielen tausend Jahren, man fand ihn in den Überresten jungsteinzeitlicher Pfahlbauten. Im Mittelalter benutzte man Kümmel, um böse Geister und Dämonen zu vertreiben.

Geschmack und Aroma

Kümmel duftet sehr aromatisch und schmeckt scharf und angenehm süßlich zugleich.

Verwendung

Kümmel gibt es als Samen oder gemahlen. Er paßt zu Sauerkraut und Kohlgerichten, wie Wirsing und Weißkohl, zu Schweine-, Lamm- und Gänsebraten, zu kräftigen Schmorgerichten und zu herzhaften Kartoffelgerichten, wie Bratkartoffeln. Er gibt Suppen und Saucen, aber auch Quark und Käse sowie Salaten eine pikante Note. Ein unentbehrliches Gewürz ist Kümmel auch im Kochsud von Langusten, Hummern und Krebsen. Die ganzen Körner streut man in oder über Brot, Brötchen und pikantes Gebäck.

Die jungen, frischen Blätter mit ihrem milden Aroma werden als Würze von Suppen und Salaten geschätzt.

Blühender Kümmel

Lagerung

In fest schließenden Behältern kühl und dunkel aufbewahren. Die Würzkraft des Kümmels nimmt übrigens mit zunehmender Lagerung zu.

Anwendung in der Heilkunde

Kümmelkörner wirken krampflösend und appetitanregend. Außerdem fördern sie den Stoffwechsel und die Verdauung und sind zudem ein bewährtes Anti-Kater-Mittel.

Küchentips

- Kümmel ist ein Einzelgänger, der eigentlich kein anderes intensives Gewürz neben sich duldet. Nur mit Pfeffer und Chilipulver verträgt er sich.

- Qualitativ hochwertiger Kümmel enthält weder Spelzen noch Sand oder fremde Körner. Gemahlen ist er von kräftiger, dunkler Farbe.

Kurkuma

(Lat. Curcuma longa), auch Gelbwurz, Chinesische Wurzel, Indischer Safran, Gelber Ingwer oder Turmerik genannt.

Die getrocknete Wurzelknolle stammt von der 1–2,5 m hohen, mehrjährigen Kurkumapflanze mit lanzettförmigen Blättern und lilienartigen, gelblichen Blüten. Die zu den Ingwergewächsen zählende Pflanze ist ursprünglich in Südostasien beheimatet, wird heute aber auch in Indien, Westindien und Südamerika angebaut. Die Wurzel wird nach der Ernte kurz gebrüht und dann in der Sonne getrocknet. Danach wird die äußere Schicht entfernt.

Geschmack und Aroma

Kurkuma duftet ingwerähnlich und schmeckt würzig, allerdings bitterer als Ingwer.

Verwendung

Kurkuma gibt es hauptsächlich gemahlen als gelbes Pulver, selten als getrocknete Wurzel. Das gelbe Pulver würzt Reis- und Nudelgerichte, Suppen, Saucen und Mayonnaisen. Es paßt zu Fisch, Meeresfrüchten, Rindfleisch, Geflügel und Eiern, aber auch zu Gemüsecurrys und Chutneys.

Lagerung

Gemahlenes Kurkumagewürz ist sehr lichtempfindlich. Deshalb das Pulver in fest schließenden Behältern kühl und dunkel aufbewahren.

Küchentips

- Kaufen Sie möglichst nur kleine Mengen, denn das Pulver verliert nach wenigen Monaten sein Aroma und seine Würzkraft und schmeckt dann leicht senfartig.
- Kurkuma gibt übrigens Curry und Senf seine gelbe Farbe und ist wesentlicher Bestandteil von Worcestersauce und Piccalilli Relish.

Blühender Ingwer

REZEPTVORSCHLAG

Stachelbeer-chutney

ca. 2 Gläser à 450 g

75 g Zucker
1 kg grüne Stachelbeeren
1 eingelegte Inwerknolle
4 Zwiebeln
Saft und abgeriebene Schale von 1 unbehandelten Zitrone
1/2 TL gemahlene Nelken
1 TL Kurkuma
1 TL Estragonsenf
2 EL Essig
1 EL Honig

Den Zucker mit 1/2 l Wasser zum Kochen bringen. Die geputzten, gewaschenen Stachelbeeren hineingeben und darin weich kochen. Feingehackten Ingwer und geschälte Zwiebeln, Zitronensaft und -schale, Gewürze, Senf, Essig und Honig zu den Stachelbeeren geben. Alles bei milder Hitze im offenen Topf dicklich einkochen lassen, dabei hin und wieder umrühren. Das kochend heiße Chutney in die vorbereiteten Gläser füllen, sofort mit Twist-Off-Deckeln verschließen. Am besten im Kühlschrank aufbewahren. Das Chutney paßt gut zu Schweine- und Lammfleisch.

Sie können auch einen kleinen Anteil der Stachelbeeren gegen Physalis, auch Kapstachelbeeren genannt, austauschen. Dann schmeckt das Chutney süßer.

Macis

(Lat. Myristica fragrans), auch Muskatblüte oder Macisblüte genannt.

Macis ist der getrocknete, hornartige Samenmantel der Muskatnußfrucht. Und die wiederum stammt von dem immergrünen Muskatnußbaum, der wildwachsend bis zu 20 Meter hoch und über 100 Jahre alt werden kann. Die eigentliche Heimat der Muskatnuß sind die Molukken und Neuguinea, heute wird Muskatnuß hauptsächlich in Indonesien und Westindien, aber auch auf Madagaskar, Mauritius und in Brasilien kultiviert.
Die orange-braune Hülle, also die Muskatnußblüte, wird mit der Hand von der dicken Fruchtfleischhülle der Muskatnuß abgezogen. Sie wird dann an der Sonne oder in Trockenhallen getrocknet und grob in Fäden gebrochen.

Geschmack und Aroma

Macis riecht angenehm würzig, schmeckt süßlich-bitter, ist noch feiner und zarter als Muskatnuß im Geschmack und Aroma.

Verwendung

Macis gibt es als schmale Streifen, die man mitkocht und vor dem Essen entfernt, aber auch zu Pulver gemahlen. Die Muskatblüte kann für die gleichen Gerichte wie die Muskatnuß verwendet werden, paßt aber besonders gut zu Süßspeisen, wie Cremes, Puddings, Fruchtgelees und Kompott. Sie würzt Suppen, Saucen, Pasteten und Eintöpfe ebenso wie Reis- und Fischgerichte und Weihnachtsgebäck, wie Lebkuchen und Printen, sowie Punschgetränke.

Lagerung

In fest schließenden Dosen kühl und dunkel aufbewahren. Gemahlener Macis verliert schnell an Aroma.

Küchentips

- Macis besitzt eine ausgeprägte Würzkraft, deshalb immer nur sparsam verwenden.
- Macisblütenstreifen lassen sich nicht von Hand reiben. Hier hilft eine Kaffeemühle, allerdings wird das Pulver dann sehr grobkörnig. Am besten kauft man jedoch bereits gemahlene Macis in kleinen Mengen.
- Christstollen wird übrigens besonders aromatisch, wenn man ihn mit einer Messerspitze Macis und Kardamom würzt.

Rezeptvorschlag

Heißer Apfelpunsch

Für ca. 4 Gläser

- 1/2 l Apfelsaft
- 2 Zimtstangen
- 1 TL Nelken
- 1 Prise gemahlener Macis
- 1 TL gemahlener Kardamom
- 2 EL Zucker
- 1/4 l trockener Apfelwein
- Saft und abgeriebene Schale von 3 unbehandelten Zitronen
- Saft und abgeriebene Schale von 1 unbehandelten Orange

Den Apfelsaft mit den Gewürzen, dem Zucker und dem Apfelwein in einem Topf verrühren. Den Zitronen- und Orangensaft sowie die Zitronen- und Orangenschale dazugeben. Alles bis kurz vor dem Siedepunkt erhitzen und etwa 5 Minuten ziehen lassen.

Mohn

(Lat. Papaver somniferum), auch Mohnsaat, Mohnsamen, Schlaf-, Blau- oder Gartenmohn genannt.

Die kleinen, getrockneten Samen stammen vom im Mittleren Osten und Asien beheimateten Schlafmohn, einer Pflanze, die bis zu 1,5 m hoch wächst. Sie hat große, längliche Blätter und blüht je nach Sorte weiß, purpurviolett oder dunkelrot. Aus der Blüte entwickelt sich nach der Befruchtung eine Samenkapsel, die unzählige kleine Samen, die Mohnkörner enthält.
Heute wird Schlafmohn vorwiegend in der Türkei, in Nord- und Vorderindien, in Griechenland, aber auch in Holland und Ostfriesland, Württemberg und Baden angebaut. Mohn war schon im alten Ägypten ein beliebtes Gewürz. Im antiken Griechenland und in Rom schätzten die reichen Leute Mohnsamen als Heilmittel. Und Kuchen aus Mohn und Honig waren in der Antike Kraftnahrung für die Athleten.

Geschmack und Aroma

Mohnsamen sind fast geruchlos, sie schmecken leicht nussig.

Verwendung

Mohn wird als Körner, gemahlen oder backfertig angeboten. Man unterscheidet ihn in zwei Farben: blauschwarzen und weißen Mohn. Letzterer wird vor allem in der indischen Küche für Saucen und Currys verwendet. Ganze Mohnkörner passen gut zu Broten, Brötchen, Keksen, Brezeln, süßen Aufläufen, aber auch zu herzhaften Braten, Nudel- und Kohlgerichten, Kartoffelpüree und Wurzelgemüse.
Gemahlener oder backfertig abgepackter Mohn dient als Grundzutat für Strudel, Stollen und Torten.

Lagerung

In luftdicht verschlossenen Behältern kühl und dunkel aufbewahren.

Mohnblüte und -kapsel

KÜCHENTIP

Die Samen lassen sich in speziellen Mühlen – erhältlich in Haushaltsfachgeschäften – mahlen. Wer keine Mühle besitzt, kann die Samen auch erst anrösten und dann in einer Gewürzmühle mahlen oder im Mörser mit dem Stößel zerreiben.

REZEPTVORSCHLAG

Mohnauflauf

Für 4 Personen

1/4 l süße Sahne
1/2 l Milch
1 Vanilleschote
200 g gemahlener Mohn
4 EL Zucker, etwas Salz
abgeriebene Schale von 1/2 unbehandelten Zitrone
500 g Weißbrot
200 g Rumrosinen
100 g Mandelblättchen

Sahne und Milch mit dem ausgekratzten Vanillemark und der Schote aufkochen lassen. Die Schote herausnehmen, Mohn, Zucker, Salz und Zitronenschale dazugeben und alles unter ständigem Rühren aufkochen lassen. Das Weißbrot in Scheiben schneiden und entrinden, eine eingefettete Auflaufform mit den Brotscheiben auslegen. Rumrosinen und Mandelblättchen bis auf einen kleinen Rest unter die Mohnmasse mischen und diese in die Form gießen. Den Auflauf glattstreichen und mit Mandeln und Rosinen bestreuen. Bei 200 °C etwa 20 Minuten auf mittlerer Schiene garen.

Muskatnuss

(Lat. Myristica fragrans), auch Bandanuß oder Suppennuß genannt.

Die Muskatnuß ist der Samenkern der aprikosenähnlichen Muskatnußfrucht. Sie trägt unter ihrem Fruchtfleisch einen steinigen Kern, der von einem orangeroten Samenmantel, Macis genannt (→ S. 39), umhüllt ist. Die Samenschalen der vom Samenmantel befreiten und getrockneten Samen werden aufgeschlagen und die netzartig gerunzelten, eiförmigen bis runden Samenkörner, die sogenannten Muskatnüsse, kommen zum Vorschein. Muskatnußfrüchte wachsen an Muskatnußbäumen in allen tropischen Gebieten nördlich und südlich des Äquators. Die besten Sorten kommen jedoch aus Westindien und Indonesien. Muskatnüsse gehören schon immer zu den begehrtesten Gewürzen. Und sie waren lange Zeit sehr teuer. Zu manchen Zeiten kostete ein Pfund Muskat so viel wie drei Schafe.

Geschmack und Aroma

Muskatnuß duftet aromatisch und schmeckt feurig-würzig und leicht bitter.

Verwendung

Mußkatnuß gibt es als ganze „Nuß“ oder bereits gemahlen zu kaufen. Sie würzt Suppen, helle Soßen, Gemüsegerichte, wie Spinat, Rosenkohl, Blumenkohl und Brokkoli, aber auch Eiergerichte, Kartoffeln und Nudeln. Sie paßt gut zu Fisch- und Fleischgerichten oder Ragouts, ebenso zu Pudding und zartem Gebäck. Außerdem gehört oft eine Prise Muskatnuß in Eierpunsch, Rum- und Fruchtbowlen.

Lagerung

In fest verschließbaren Behältern kühl und dunkel aufbewahrt halten sich ganze Muskatnüsse 2–3 Jahre.

Küchentip

Das Aroma der Muskatnuß wird erst beim Reiben frei, schwindet aber sehr schnell. Deshalb sollte man Muskatnuß immer frisch über die Gerichte reiben.

Nelken

(Lat. Syzygium aromaticum), auch Gewürznelke, Nägelein oder Nelkenkopf genannt.

Nelken sind die getrockneten Blütenknospen des zur Familie der Myrtengewächse gehörenden Gewürznelkenbaumes. Wie die Muskatnußbäume stammen die Gewürznelkenbäume von den Molukken, wo sie heute noch angepflanzt werden. Die Bäume wachsen nur in tropischen Küstenregionen und werden heute in Indonesien, Madagaskar, Tansania, Sri Lanka und Malaysia kultiviert. Die rosafarbenen Blütenknospen werden kurz vor dem Aufblühen geerntet, wenn die Blüten also noch geschlossen sind. Danach werden sie getrocknet und verfärben sich dabei dunkelbraun.

Geschmack und Aroma

Nelken duften enorm stark und schmecken feurigscharf bis leicht brennend. Sie enthalten bis zu 25% verschiedene ätherische Öle.

Verwendung

Nelken verwendet man ganz oder gemahlen. Sie würzen Süßspeisen und Eingemachtes, Wild- und Schweinebraten, aber auch Rotkohl, Glühwein, Feuerzangenbowle und Lebkuchen. Nelken sind ebenso unentbehrlich in Marinaden und Beizen.
Als Würzzutat für Suppen und Fonds dient häufig 1 mit 1–2 Nelken sowie 1 Lorbeerblatt gespickte Zwiebel.

Lagerung

In fest verschließbaren Behältern kühl und dunkel aufbewahren. So halten sie sich etwa 2 Jahre.

Blütenknospen der Gewürznelke

Anwendung in der Heilkunde

Nelken wirken anregend, steigern die Durchblutung, fördern den Appetit und die Verdauung.

Küchentips

- Frische und Qualität der Nelken lassen sich prüfen, indem man den Stiel einer Nelke knickt oder einritzt. Tritt ätherisches Öl aus, ist das Gewürz noch stark aromatisch.

- Das Nelkenaroma ist so intensiv, daß man äußerst sparsam damit umgehen sollte. Oft genügt nur eine Prise.

Paprikapulver

(Lat. Capsicum annuum), auch Gewürzpaprika, Spanischer, Indischer, Türkischer, Ungarischer, Roter Pfeffer oder Beißbeere genannt.

Paprikapulver ist die getrocknete und gemahlene Frucht des Gewürzpaprikas, einer einjährigen Pflanze, die zu den Nachtschattengewächsen gehört. Ihre Heimat ist Südamerika, heute wird sie jedoch vorwiegend in Ungarn, Rumänien, Bulgarien und Mittelamerika angebaut.
Die bis zu 1 m hohe Pflanze hat lange eiförmige Blätter mit gelblichen oder weißen Blüten. Aus den Blüten entwickeln sich längliche, konische oder kugelförmige, kräftigrote Beerenfrüchte, die zwischen 6–12 cm lang und bis zu 4 cm breit werden. In den Beerenfrüchten sitzen an den inneren Trennwänden kleine, hellgelbe Samen. Die geernteten Früchte zieht man auf Schnüre und läßt sie 3–4 Wochen in der Sonne trocknen. Danach werden sie fein gemahlen.

Geschmack und Aroma

Je nachdem ob Kerne und Rippen der Gemüsepaprikaschoten mitgemahlen werden, entstehen unterschiedliche Geschmacksstufen. Als Faustregel gilt: je intensiver die Rotfärbung, desto milder ist der Paprika.

Man unterscheidet folgende Sorten:

Delikatess-Paprika

Dieser ist ohne Rippen und Kerne, schmeckt mild-aromatisch und ist hellrot.

Edelsüss-Paprika

Dieses Pulver mit wenig Samen und ohne Rippen, schmeckt würzig mit milder Schärfe und ist tiefrot.

Halbsüss-Paprika

Dieses Pulver mit mehr Samen und ohne Rippen schmeckt sehr aromatisch, ist deutlich schärfer als Edelsüß-Paprika und gelblichrot.

Rosen-Paprika
Dieses Pulver mit Kernen und Rippen schmeckt sehr scharf und ist dunkel- oder gelblichrot.

Scharf-Paprika
Diese Sorte mit Rippen und Kernen – bei besseren Qualitäten ohne Rippen – schmeckt fast brennend scharf und ist bräunlichrot.

Schärfefreier Delikatess- und Mild-Paprika
Es sind schärfefrei gezüchtete Sorten, die sehr mild und bekömmlich sind, aber tiefrot färben.

Verwendung
Paprika ist ein wahrer Tausendsassa in der Küche. Er würzt Suppen und Saucen, Eierspeisen und Käsegerichte sowie Salate. Das Gewürz paßt zu Rind-, Schweine- und Kalbfleisch, zu Lamm und Geflügel, aber auch zu Fisch und Gemüse, wie Kohl, Tomaten, Pilzen und Gurken.

Lagerung
In fest schließenden Behältern kühl und dunkel aufbewahren. So behält es etwa 9 Monate sein Aroma. Bei Überlagerung wird es braun und schmeckt schal.

Küchentips

- Paprikapulver braucht Fett, um seinen typischen Geschmack und seine Färbung voll entfalten zu können. Deshalb milde Paprikasorten sofort nach dem Anbraten oder Andünsten ins Fett geben und dann bei milder Hitze kurz mitdünsten. Das Fett darf allerdings nicht zu heiß sein, sonst wird das Gewürz bitter.

- Scharfe Paprikasorten dürfen nicht mitkochen. Mit ihnen wird das Gericht ganz zum Schluß – und das am besten auch nur mit einer Messerspitze dosiert – abgeschmeckt.

- Da Paprikapulver nicht nur würzt, sondern auch bindet, darf man mit Delikateß- und Edelsüß-Paprika löffelweise umgehen.

- Paprika am besten nur in kleinen Mengen kaufen und schnell verbrauchen.

Pfeffer

(Lat. Piper nigrum)

Echter Pfeffer sind die Beerenfrüchte des immergrünen Pfefferstrauches, der ursprünglich in den feuchten Monsumwäldern Indiens beheimatet war, heute aber auch in Brasilien, Indonesien, Malaysia, auf Sri Lanka und Madagaskar angebaut wird. Die kugeligen Beerenfrüchte wachsen an Rispen, die den Johannisbeeren ähneln. Je nach Reifegrad sind die Beeren grün, rot oder gelb.
Kaum ein anderes Gewürz hat in der Geschichte so eindrucksvolle Spuren hinterlassen wie der Pfeffer. Bereits vor 3000 Jahren wurde „pippari" in alten Sanskritschriften lobend erwähnt. Im antiken Rom galten die scharfen Körner als begehrtes Statussymbol.Venezianer, Portugiesen und Holländer stritten sich um das Gewürzmonopol und ließen die kleinen Körner im wahrsten Sinne desWortes mit Gold aufwiegen.

Geschmack und Verwendung

Echten Pfeffer gibt es in unterschiedlichen Geschmacksrichtungen, von mild bis feurig, ganz, gemahlen, in Lake eingelegt, gefriergetrocknet oder grob geschrotet.
Hier ein Überblick über die Sorten:

Schwarzer Pfeffer

Die noch unreifen, grünen Beeren werden gepflückt und dann in der Sonne getrocknet, bis sie schwarz und schrumpelig sind. Gemahlen sollte der Pfeffer eher hellgrau als schwarz aussehen.
Schwarzer Pfeffer würzt besonders scharf und leicht brennend. Paßt gut zu Suppen, Saucen, Marinaden, Salaten, zu kurzgebratenem und gegrilltem Fleisch, Gulasch, Ragouts und zu Eintopfgerichten, aber auch zu Wild, Fleischfüllungen und Pastagerichten.

Weisser Pfeffer

Die vollreif geernteten, roten Beeren werden 8 Tage gewässert, vom Fruchtfleisch befreit und getrocknet, bis sie gelblich weiß sind. Gemahlen sollte der Pfeffer niemals grau, sondern weißlichgelb sein.
Weißer Pfeffer ist etwas milder und feiner im Geschmack als sein schwarzer Bruder.
Paßt gut zu hellen Saucen, Suppen und Kartoffelgerichten.

Grüner Pfeffer

Die noch unreifen, grünen Körner kommen nach der Ernte lose oder noch am Zweig in eine Essig- oder Salzlake, oder sie werden gefriergetrocknet.
Grüner Pfeffer ist ausgesprochen mild und voll aromatisch.
Paßt gut zu Steaks, Hackfleisch, Suppen, Saucen und Fleischfüllungen. Frisch eingelegt, eignet er sich für Lamm, Tatar, Marinaden, Ragouts, Frikadellen, Koteletts, Rouladen und sogar für Cocktails.
Selbst Früchte wie Erdbeeren bekommen durch ihn eine pikante Note.

Rosa Pfeffer

Die fast reifen rosafarbenen Beeren sind die Früchte des in Südamerika beheimateten Brasilianischen Pfefferbaumes, der aber nicht mit dem echten Pfeffer verwandt ist. Rosa Pfefferkörner schmecken süßlich-würzig, leicht scharf und sollten sparsam verwendet werden. In großen Mengen wirken sie toxisch.

Rispen des Pfefferstrauches

BUNTER PFEFFER

Dies ist eine Mischung aus schwarzen, weißen und grünen Pfefferkörnern. Sie paßt ausgezeichnet zu Koteletts, Steaks und Hackfleischgerichten.

MIGNONETTE

Eine französiche Bezeichnung für schwarzen Pfeffer, der in feine Stücke zerteilt, also grobgehackt ist. In Frankreich ist es als Tischgewürz sehr beliebt. Paßt gut zu kurzgebratenem und gegrilltem Fleisch.

LAGERUNG

Luftdicht verschlossen halten sich Pfefferkörner 2–3 Jahre. Gemahlener Pfeffer verliert dagegen an Aroma und Würzkraft schon nach wenigen Tagen. Ein geöffnetes Glas eingelegter grüner Pfeffer sollte innerhalb von 4–6 Wochen verwendet werden und sollte im Kühlschrank lagern.

KÜCHENTIPS

■ Als Faustregel gilt: weißer Pfeffer an helle Speisen, schwarzer an dunkle.

■ Ganze Pfefferkörner mitkochen. Gemahlenen Pfeffer erst am Ende der Garzeit zum Gericht geben.

■ Gemahlener Pfeffer verliert bei Gerichten mit langer Garzeit an Würzkraft. Deshalb lieber ein Säckchen mit Pfefferkörnern mitgaren und es vor dem Servieren entfernen.

Piment

(Lat. Pimenta dioica), auch Nelkenpfeffer, Jamaikapfeffer, Neugewürz, Englischgewürz und Allgewürz genannt.

Piment sind die getrockneten Früchte des immergrünen Nelkenpfefferbaumes aus der Familie der Myrtengewächse. Die Pflanze, die 6–13 m hoch wird, trägt weiße Blüten, aus denen sich dann zuerst grüne und später rote Beeren bilden. Sie stammt aus dem tropischen Mittelamerika und wird auch heute noch dort und auf Jamaika und Barbados angebaut. Die Beeren werden noch unreif, also grün, gepflückt und danach getrocknet. Übrigens hielt Kolumbus die Beeren einst für Pfeffer, und so nannte man sie Pimienta, was wiederum Pfeffer bedeutet.

Geschmack und Aroma

Piment schmeckt und riecht ein bißchen wie eine Kombination aus Pfeffer, Nelken, Muskat und Zimt, ist aber nicht ganz so scharf wie Pfeffer.

Verwendung

Piment gibt es als ganze Körner oder gemahlen zu kaufen. Ganze Körner würzen Fleischbeizen, Fischmarinaden, eingelegte Gurken und Mixed Pickles, aber auch Fischsuppen, Kochfischsud, wie Bouillabaisse und Kohlgerichte. Gemahlen paßt er zu Suppen, Eintöpfen und Saucen, aber auch zu Sauerkraut, zu Leberknödeln, Wild, Kalb-, Schweine- und Rindfleisch sowie Pasteten. Unentbehrlich ist es in Weihnachtsgebäck, wie Aachener Printen und Spekulatius.

Lagerung

In fest schließenden Behältern kühl und dunkel aufbewahren. Ganze Körner halten sich bis zu 3 Jahre. Gemahlener Piment verliert schnell an Aroma.

Küchentips

- Die Würzkraft von Piment ist stärker, wenn man die Körner im Mörser zerstößt oder sie in der Pfeffermühle vor Gebrauch frisch mahlt.
- Piment verträgt sich mit den meisten exotischen Gewürzen.

SAFRAN

(Lat. Crocus sativus), auch Gelbe Würze oder Suppengelb genannt.

Safran sind die getrockneten Blütennarben einer ursprünglich in Vorderasien beheimateten Krokusart aus der Familie der Liliengewächse. Heute wird die hellblauviolett blühende Pflanze vor allem in den Mittelmeerländern, in Österreich und in Ostasien angepflanzt. Die besten Sorten kommen übrigens aus Spanien und Frankreich.Während der 15 Tage dauernden Blüte werden täglich die roten Narben der geöffneten Blüte mit der Hand abgezwickt. Danach werden sie möglichst rasch getrocknet. Für 1g Safran braucht man 100000 bis 200000 Blütennarben, kein Wunder, daß Safran das teuerste Gewürz der Welt ist.

Schon der Grieche Homer berichtet, daß für Safran jeder geforderte Preis bezahlt wurde. Im Mittelalter war er dreimal so teuer wie Pfeffer. Über seine Herkunft streiten sich nach wie vor die Wissenschaftler. Sizilien, Indien und das Heilige Land stehen zur Diskussion. Sicher ist nur, daß Safran den Arabern seinen Namen verdankt. Denn von ihnen stammt die Bezeichnung „za'faran".

GESCHMACK UND AROMA

Safran schmeckt aromatisch herb, zartbitter bis würzig und hat eine starke Gelbfärbung.

VERWENDUNG

Safran ist in Fäden oder gemahlen in kleinen Döschen erhältlich. Man verwendet ihn für pikante, helle Saucen, Bouillons, mediterane Reisgerichte, wie spanische Paella, arabische Pilafs, Lamm- Geflügel- und Fischgerichte, wie Bouillabaisse oder spanische Zarzuela. Aber auch süße Gerichte, wie Pudding, Grießbrei, Rühr- und Hefeteig sowie Plätzchen, bekommen durch ein Prise Safran ein besonderes Aroma und eine leuchtend gelbe Farbe.

Safran – eine Krokusart

Lagerung

Luftdicht verschlossen und dunkel aufbewahren. Safran ist sehr lichtempfindlich.

Küchentips

■ Das beste Aroma bekommt Safran, wenn man die Fäden in einem Mörser aus Keramik zerreibt. Den Safran danach an die Speisen geben und den Mörser mit Garflüssigkeit säubern. Anstelle des Mörsers kann man sie auch mit einem Teelöffel zerdrücken.

■ Besonders gleichmäßig verteilen sich die Farbstoffe von Safran in den Speisen, wenn man die Fäden zuvor in heißem Wasser etwas einweicht und dann zusammen mit dem Einweichwasser ans Gericht gibt. Das Pulver kann man gleich in das Gericht streuen.

■ Hochwertige Safranfäden sind kräftig rot und fühlen sich leicht fettig an.

Sassafras

(Lat. Sassafras albidum), auch Filé-Pulver genannt.

Die getrockneten und gemahlenen Blätter des Sassafrasbaumes waren schon den indianischen Ureinwohnern Nordamerikas als Würzmittel bekannt. Der zur Familie der Lorbeergewächse gehörende, in Nordamerika beheimatete Baum wird bis zu 13 m hoch. Aus seinen gelben Blüten entwickeln sich dunkelblaue Beeren, die allerdings ungenießbar sind.
Früher bereitete man aus den Blättern und der getrockneten Rinde einen Tee, heute ist Sassafras nur noch als Filé-Pulver bekannt.

Geschmack und Aroma

Sassafras schmeckt fein-würzig.

Verwendung

Sassafras ist vor allem eine Spezialität Louisianas, wo man kreolische Gerichte, wie die Gumbos – herzhafte Eintöpfe aus Krustentieren und/oder Geflügel –, damit würzt und andickt. Wie das Gemüse Okra gibt Sassafras einen Schleimstoff ab, der den Gumbos ihre typische Konsistenz verleiht. Er paßt aber auch gut zu stark gewürzten Fleisch- und Gemüsegerichten und zu Fisch und Meeresfrüchten.

Lagerung

In fest schließenden Dosen kühl und dunkel aufbewahren.

Küchentip

Filé-Pulver immer in heiße, aber nicht mehr kochende Speisen einrühren. Danach darf das Gericht nicht mehr kochen, ansonsten zieht die Sauce Fäden.

REZEPTVORSCHLAG

Gumbo mit Meeresfrüchten

Für 4 Personen

- 4 EL Öl
- 2 EL Mehl
- 1 Zwiebel
- 100 g Staudensellerie
- 100 g rote Paprikaschote
- 1 Knoblauchzehe
- 60 g Chorizo (geräucherte Wurst)
- 250 g Krebsfleisch
- 3/4 l Fischfond (Glas)
- 2 Frühlingszwiebeln
- 1 EL gehackte Petersillie
- Salz
- Cayennepfeffer
- 1 EL Filé-Pulver
- 125 g kleine ausgelöste Garnelen
- 125 g gegartes Muschelfleisch

Das Öl in einem großen Topf erhitzen, Mehl darin anschwitzen. Gehackte Zwiebel, kleingeschnittenen Staudensellerie, Paprika und gewürfelte Knoblauchzehe sowie die in Scheiben geschnittene Wurst hineingeben und 3–5 Minuten andünsten. Die Hälfte des Krebsfleisches dazugeben. Unter ständigem Rühren nach und nach schöpfkellenweise den Fischfond dazugießen. Dabei darauf achten, daß keine Klümpchen entstehen. Das Ganze aufkochen lassen, Hitze reduzieren und etwa 30 Minuten köcheln lassen. Falls der Eintopf zu dick wird, noch etwas Fond angießen. Gehackte Frühlingszwiebeln und Petersilie unterrühren, mit Salz und Caynennepfeffer abschmecken. Filé-Pulver einrühren. Garnelen, restliches Krebsfleisch und Muscheln untermengen, etwa 5 Minuten köcheln lassen. Nochmals abschmecken.

Schwarzkümmel

(Lat. Nigella sativa), auch Zwiebelsamen oder Kalonji genannt.

Die getrockneten schwarzen Samen einer bis zu 60 cm hohen, einjährigen Pflanze kommen ursprünglich aus Westasien und Südeuropa. Sie werden heute jedoch vorwiegend in Indien, in Ägypten, in der Türkei und in den Ländern des Mittleren Ostens verwendet. Die fiederartigen Blätter der zu den Hahnenfußgewächsen zählenden Pflanze enthalten weiße und blaue Blüten, aus denen sich dann Früchte mit Samenhüllen bilden. Diese platzen am Ende der Reife auf und bringen die rauhen, dreikantigen, fast tropfenförmigen Samen hervor, die außen schwarz und innen ölig weiß sind.

Geschmack und Aroma

Schwarzkümmel schmeckt würzig scharf und eignet sich hervorragend als Pfefferersatz, obwohl er etwas bitterer ist.

Verwendung

Man verwendet die Samen gemahlen oder als ganze Körner. Beides paßt gut zu Gemüse, wie Bohnen, Zucchini, Kohl, Spinat und Gurken. Sie würzen indische Currys und Chutneys sowie Dals – indisches Hülsenfrüchtegericht –, Lamm und Geflügel, aber auch Süßspeisen und Früchte, wie Melonen. Als ganze Körner streut man sie wie Mohnsamen über Kuchen, Brot, Fladenbrot und Kleingebäck.

Lagerung

In fest schließenden Dosen kühl und dunkel aufbewahren.

Küchentip

Besonders intensiv wird der Geschmack und das Aroma von Schwarzkümmelsamen, wenn man sie vor der Verwendung ohne Fett in einer beschichteten Pfanne kurz anröstet.

REZEPTVORSCHLAG
Hefefladenbrot

Für ca. 10 Stück

- 1/4 Würfel Hefe
- 500 g Weizenmehl
- etwas Salz
- 2 Eier
- 3 EL Joghurt
- 3 EL Öl
- 50 g Schwarzkümmelsamen

Aus Hefe, 1/8 l lauwarmes Wasser, Mehl und Salz einen Vorteig herstellen. Etwa 15 Minuten gehen lassen, dann Öl hinzufügen und das Ganze zu einem elastischen Teig kneten. Diesen Teig an einem warmen Ort etwa 1 Stunde gehen lassen. Ihn anschließend noch einmal durchkneten. Den Backofen auf 250 °C vorheizen. Den Teig in 10 Stücke teilen und jedes auf einer bemehlten Arbeitsplatte zu einer etwa 20 cm langen Ovalform ausrollen. Das Brot mit Schwarzkümmel bestreuen. Die Fladen auf der mittleren Einschubleiste im Ofen in 4–5 Minuten goldgelb backen.

REZEPTVORSCHLAG
Indischer Spinat

Für 4 Personen

- 500 g Blattspinat
- 2 EL Ghee oder Butterschmalz
- 2 EL Öl
- 2 große Zwiebeln
- 2 Knoblauchzehen
- 1 TL feingehackter Ingwer
- 1 TL Kreuzkümmelsamen
- 1/2 TL gemahlener Kreuzkümmel
- 1/2 TL gemahlener Koriander
- 1/2 TL gemahlener Kurkuma
- 1/4 TL Chilipulver
- etwas Salz

Den Spinat mehrmals in frischem Wasser gründlich waschen. Die harten Stengel entfernen. In einem großen Topf Ghee oder Butterschmalz zusammen mit dem Öl erhitzen, feingehackte Zwiebel und Knoblauch darin andünsten. Die Gewürzsamen, die gemahlenen Gewürze und etwas Salz darin dazu unterrühren. Tropfnassen Spinat dazugeben, die Hitze reduzieren und das Gemüse unter häufigem Rühren offen 10–15 Minuten garen. Sollte der Spinat am Topfboden ansetzen, etwas Wasser angießen.

Senfkörner

Man unterscheidet zwischen drei Sorten:

Weisser Senf

(Lat. Sinapsis alba), auch Gelber Senf genannt.

Die Samen stammen von der bis zu 1 m hohen, einjährigen Pflanze, die zur Familie der Kreuzblütler gehört. Ihre Heimat ist der Süden und Osten Europas. Sie ist verbreitet bis hin nach Indien und China. Hauptsächlich angebaut wird sie heute jedoch in Frankreich, den Niederlanden, aber auch in Deutschland. Aus den in dichten Trauben stehenden, hellgoldgelben Blüten reifen Schoten, die nur im unteren Ende hellgelbe, kugelige Samen tragen. Senf wird überwiegend auf dem Feld angebaut. Kurz vor der Reife der Senfkörner mäht man die Pflanze und läßt sie trocknen. Dann wird der Senf gedroschen und die Körner werden erneut getrocknet.

Geschmack und Aroma

Weißer Senf ist geruchlos. Erst beim Zerkauen entwickelt sich sein würzig-scharfer, leicht nußartiger Geschmack.

Schwarzer Senf

(Lat. Brassica nigra) auch Grüner oder Holländischer Senf genannt.

Die etwas kleineren schwarzen Samen stammen von einer ursprünglich im Mittelmeergebiet heimischen Pflanze, die ebenfalls zu den Kreuzblütlern gehört. Sie wird allerdings etwa 1,20 m hoch. Ihre Blätter sitzen auf aufrechten Stengeln, die sich oberhalb verzweigen. Auch diese Senfpflanze blüht gelb. Schwarzer Senf wird heute vor allem in Osteuropa, China und Indien kultiviert.

Geschmack und Aroma

Schwarze Senfkörner sind schärfer als die weißen und haben einen leicht bitteren Geschmack. Schwarzer Senf wird ausschließlich zur Herstellung von Tafelsenf verwendet.

Brauner Senf

(Lat. Brassica juncea) auch Sareptasenf genannt.

Die kugeligen, 1,5–2 mm großen, braunen Samen stammen von einer nahen Verwandten des schwarzen Senfs. Auch sie gehört zur Familie der Kreuzblütler und ist vor allem in Indien und im Vorderen Orient beheimatet.

Geschmack und Aroma

Brauner Senf schmeckt scharf-würzig.

Verwendung

Senfkörner gibt es ganz oder gemahlen als Senfpulver. Aus ihnen wird Tafelsenf (→ S. 191) bzw. Mostrich hergestellt. Mit ganzen Körnern würzt man Wurst, Fisch-, Fleisch- und Wildmarinaden und Beizen, eingelegtes Gemüse, wie Mixed Pickles und Gurken, Sülzen und Kohlgerichte. Senfpulver paßt gut zu Geflügel- und Rindfleischgerichten, zu pikanten Suppen und Saucen sowie zu süß-sauren Früchten.

Lagerung

Senfkörner in fest schließenden Behältern kühl und dunkel aufbewahren. So halten sie sich 1–2 Jahre.

Anwendung in der Heilkunde

Senfpflaster helfen gegen Rheuma und Arthritis. Zudem wirkt Senf appetitanregend und verdauungsfördernd.

Küchentips

- Weiße Senfkörner von guter Qualität sind groß und gleichmäßig goldgelb.

- Senfpulver entwickelt seine brennende Schärfe erst, wenn es mit Flüssigkeit in Berührung kommt. Deshalb wird es mit Essig, Wasser, Bier oder Apfelwein verrührt, bis ein sämiger Brei entsteht. Die angerührte Paste sollte 15–20 Minuten durchziehen.

- Man kann Senfpulver aber auch zusammen mit Zwiebeln und Knoblauch in Öl leicht andünsten. Das gibt vor allem Eintöpfen und Fleischgerichten eine besondere Note.

Sesamsamen

(Lat. Sesamum indicum), auch Lein- oder Flachsdotter genannt.

Die kleinen, flachen Samen stammen von einer einjährigen, etwa 50 cm hohen Pflanze, die zu den Pedaliaceae, einer exotischen Pflanzenfamilie, gehört. Ihre Heimat sind die Tropen, vor allem in Ostafrika und in Indien ist sie beheimatet. Blätter und Blüten ähneln denen des Fingerhutes. Sie blühen weiß oder weinrot und bringen danach Fruchtkapseln hervor, die je nach Sorte weißgelbe, schwarze, rote oder braune Sesamsamen enthalten. Die Samen werden nach der Ernte getrocknet. Sesam ist die älteste Kulturpflanze der Welt, die hauptsächlich wegen ihres Ölgehaltes angebaut wurde. Schon zu Zeiten der Pharaonen machten die Ägypter Mehl daraus, in China wurde vor über 2000 Jahren aus dem Ruß, der aus dem Öl stammt, Tinte hergestellt. Die Römer und Griechen streuten den Samen über ihr Brot und auf ihr Gebäck und machten daraus eine Paste (Tahina oder Tahin), die heute noch im Mittleren Osten und im Mittelmeerraum beliebt ist.

Geschmack und Aroma

Sesamsamen schmeckt leicht süßlich, etwas nußartig.

Verwendung

Sesam gibt es als getrocknete Samen zu kaufen. Man streut ihn über Brot, Brötchen, Kekse und über das berühmte Halva, ein türkisches Konfekt. Er paßt aber auch zu Rind- oder Hühnerfleisch, zu Gemüse, wie Spinat, Spargel, Blumenkohl und grünen Bohnen. Die Amerikaner benutzen ihn oft als Fischgewürz, in Japan und Korea wird er erst geröstet und dann gemahlen verwendet.

Lagerung

In fest verschließbaren Dosen kühl und dunkel aufbewahren.

KÜCHENTIPS

- Der nussige Geschmack wird noch intensiver, wenn man die Samen kurz vor Verwendung ohne Fett in einer beschichteten Pfanne anröstet.

- Die Samen lassen sich auch gut in einer Gewürzmühle mahlen oder im Mörser zerstoßen.

Sesamrispen

REZEPTVORSCHLAG
Türkische Sesamkringel

8 Stücke

- 500 g Mehl
- 1 Päck. Trockenhefe
- 1 Pr. Zucker
- 50 g weiche Butter
- 1 TL Salz
- 1 Ei
- 100 g Sesamsamen

Mehl in eine Schüssel sieben, in die Mitte die Hefe, den Zucker und 1/4 l lauwarmes Wasser geben. Alles miteinander verrühren. Butter und Salz zufügen und alles zu einem Teig verkneten. Den Teig etwa 1 Stunde gehen lassen. Danach in 8 Portionen teilen und mit der Hand die Teigstücke rollen und zu Kränzen formen. Die Teigkringel kurz in Wasser tauchen und auf ein gefettetes Backblech legen. Das Ei verquirlen und die Oberfläche der Kringel damit bepinseln. Kringel mit Sesam bestreuen und im vorgeheizten Backofen bei 180 °C 20–30 Minuten backen.

Sternanis

(Lat. Illicium verum), auch Chinaanis oder Badian genannt.

Die getrockneten Früchte des bis zu 6 m hohen, immergrünen Sternanisbaumes kommen ursprünglich aus China und gehören zur Familie der Magnoliengewächse. Sie werden heute jedoch auch in Südostasien kultiviert: in der Reifezeit springen die Sternanisfrüchte auf und zeigen zwischen ihren Fächern jeweils 8–10 glänzende, braune „Sterne". Diese werden geerntet und anschließend getrocknet.

Geschmack und Aroma

Sternanis gleicht im Geruch und Geschmack dem Anis. Sein Aroma ist jedoch feiner, wenngleich auch etwas bitterer.

Verwendung

Sternanis wird als ganze Frucht oder gemahlen angeboten. Es würzt Glühwein oder Teemischungen.

Gemahlen paßt Sternanis zu zartem Gebäck, wie Anisplätzchen, Springerle, Lebkuchen, aber auch zu süß-saurem Schweinefleisch- und zu chinesischen Entengerichten mit Dim-Sum-Füllungen. Es würzt Süßes, wie Pflaumenmus und Pudding.

Lagerung

In fest schließenden Dosen kühl und dunkel aufbewahren. So halten sich die getrockneten Früchte bis zu 3 Jahre.

Anwendung in der Heilkunde

Sternanis gilt als reizmilderndes und schleimförderndes Hustenmittel, ist in Bronchitis- und Gallentees enthalten und wirkt außerdem blähungstreibend.

Küchentip

Sternanis verträgt sich gut mit anderen Gewürzen, so z. B. mit Pfeffer, Nelken, Ingwer, Zimt und auch Sojasauce. Deshalb ist es auch Bestandteil vieler Gewürzmischungen, wie Fünfgewürzpulver und Pfefferkuchengewürz.

SUMACH

(Lat. Rhus coriaria), auch Sizilianischer Zucker oder Sumak genannt.

Die getrockneten, braunroten Samen eines bis zu 3 m hohen, buschigen Strauches werden vor allem in der Küche des Nahen und Mittleren Ostens geschätzt. Und dort, vor allem im Libanon, in Syrien, in der Türkei und im Iran, wird der Sumachstrauch auch vorwiegend angepflanzt. Seine Äste und Blätter sind behaart. Aus den kleinen, gelblichen Blütenrispen bilden sich dunkelrote Beeren, die übrigens schon von den Römern als Säuerungsmittel geschätzt wurden. Nach der Ernte werden die Sumachbeeren getrocknet und gemahlen.

GESCHMACK UND AROMA

Sumach schmeckt fruchtig-säuerlich, bedingt durch seinen hohen Anteil an Fruchtsäuren, wie Apfel- , Zitronen- und Weinsäure. Er ist jedoch nicht so säurehaltig wie Essig oder Zitronensaft.

VERWENDUNG

Sumach gibt es als ganze Beeren oder gemahlen. Oft enthält das ziegelrote bis purpurrote Pulver auch einen Zusatz von Kochsalz. Man erhält Sumach vor allem in türkischen Lebensmittelläden und verwendet ihn vor allem gemahlen zum Einreiben von Grillfleisch, Fisch, Geflügel, und für Kebabs, streut das Pulver über Salate und rührt es in Joghurtsaucen. Sumach paßt aber auch zu Reis, Hülsenfrüchten und Gemüsesalaten.

LAGERUNG

In fest schließenden Behältern kühl und dunkel aufbewahren. Das Pulver hält sich nur für ein paar Wochen.

KÜCHENTIP

Aus dem Samen läßt sich eine köstliche Marinade zum Einlegen von Grillfleisch, Fisch und Geflügel zubereiten: 100 g Sumachbeeren im Mörser zerstoßen, in 350 ml Wasser 20–30 Minuten einweichen, dann durch ein Mulltuch drücken und über das Grillgut gießen.

SZECHUANPFEFFER

(Lat. Zanthoxylum piperitum), auch Anispfeffer, Japanischer Pfeffer oder Sichuanpfeffer genannt.

Die getrockneten Früchte eines zur Familie der Rautengewächse gehörenden, kleinen Baumes werden vor allem in der chinesischen und japanischen Küche verwendet. Der in Japan, Korea und im Norden Chinas wachsende Baum hat gefiederte Blätter, die denen des Vogelbeerbaumes ähneln. Aus den weißen oder grünlichen Blüten werden Kapseln, die man im unreifen Zustand erntet und dann trocknet, Szechuanpfeffer ist aber nicht mit dem echten Pfeffer verwandt.

GESCHMACK UND AROMA

Szechuanpfeffer schmeckt stark pfeffrig, beißend scharf und hat ein leichtes Zitronenaroma.

VERWENDUNG

Szechuanpfeffer gibt es ganz oder gemahlen zu kaufen. Im Mörser grob zerstoßen oder in einer Pfeffermühle gemahlen paßt er besonders gut zu Fisch, aber auch zu Schweinefleisch, Hähnchen und Ente sowie zu Suppen Reis und Nudeln. Beliebt ist er auch an chinesischen Gerichten.

KÜCHENTIPS

- Die rostroten Körner werden vor Gebrauch stets ohne Fett in einer beschichteten Pfanne angeröstet, damit sich ihr Aroma optimal entfaltet. Danach mahlt man sie oder zerstößt sie im Mörser. Szechuanpfeffer immer sparsam dosieren.

- Die Chinesen mischen den gerösteten und gemahlenen Szechuanpfeffer im Verhältnis 5:1 mit Salz und würzen mit dieser Mischung gerne gegarte Speisen.

Vanille

(Lat. Vanilla planifolia)

Die getrocknete Fruchtkapsel einer im südlichen Mexiko beheimateten Kletterorchidee gilt als Königin der Gewürze. Heute wird die Vanille liefernde Orchidee vor allem in den ehemals französischen Kolonien im Indischen Ozean, wie Madagaskar, Reunion (früher Bourbon) und den Komoren kultiviert. Die Pflanze wird an Spalieren bis zu einer Höhe von 2 m gezogen. Aus den nur einen Tag lang blühenden gelben Blüten bilden sich nach Bestäubung des Fruchtknotens die grünen Frucktkapseln, auch Schoten genannt. Diese werden kurz vor der Reife gepflückt. Die Vanilleschoten läßt man wiederholt in luftdichten Behältern „schwitzen“ und an der Sonne trocknen, so entwickeln sie ihr typisches Aroma. Als schokoladenbraune Vanilleschote oder Vanillestange kommen sie dann in den Handel.

Bei dem Indianerstamm der Montezumas galt Vanille als Freudenspender und Kostbarkeit. Die Azteken würzten mit Vanille ihr köstliches Schokoladengetränk und zahlten sogar ihre Steuern in Form von Vanilleschoten. Im 16. Jh. n. Chr. brachte der spanische Konquistador Hernan Cortés die Orchidee mit nach Spanien. Erst im 19. Jh. n. Chr. bemerkte man, daß allein eine kleine Biene unter natürlichen Bedingungen in der Lage ist, die Vanilleblüten zu bestäuben.

Geschmack und Aroma

Vanille riecht intensiv, sehr lieblich und schmeckt süßlich-würzig.

Verwendung

Vanille wird als weiche biegsame Schote im Glasröhrchen oder der Samen, aus der Schote gekratzt, angeboten. Sie würzt Desserts, wie Pudding, Cremes, Obstkompott, Quark- und Joghurtspeisen, Eiscreme, süße Aufläufe, aber auch Teepunsch, Kaffee, heiße Schokolade und Kakao. Sie ist unentbehrlich bei Marmeladen, süßen Suppen und Saucen sowie Gebäck und Kuchen, paßt aber auch zu pikanten Geflügel- und Kalbfleischgerichten.

Vanilleblüten

LAGERUNG

Ganze Schoten in Schraubgläsern luftdicht, kühl und dunkel lagern. Unverpackte Vanillestangen nehmen schnell fremde Gerüche an und trocknen aus.

KÜCHENTIPS

- Das feine Aroma der Vanille sitzt im Mark und in der Schale. Das Mark wird aus der aufgeschlitzten Schote gekratzt. Die Schote kann noch weiterverwendet werden. Man kann Vanilleschoten mitkochen, dabei übertragen sich die Aromastoffe auf das Gericht.
- Die Vanillestange kann man in ein mit Zucker gefülltes, gut verschlossenes Glas geben und so seinen eigenen Vanillezucker herstellen.
- Vanilleschoten von bester Qualität glänzen fettig und haben oft einen weißen Überzug aus Vanillekristallen.
- Vanille harmoniert übrigens gut mit Zimt, Anis, Nelken, Ingwer und Kardamom.
- Neben der Schote und dem Pulver gibt es auch echten Vanillezucker im Handel (→ S. 270).

Wacholder

(Lat. Juniperus communis), auch Kaddigbeere, Krammetbeere, Krana- oder Kronawitt, Machandel, Räucherstrauch, Rech- oder Reckolder genannt.

Die getrockneten, 6–8 mm großen Beerenpflanzen des immergrünen Wacholderstrauches, der zu den Zypressengewächsen gehört, findet man in ganz Europa und im gemäßigten Asien. Kultiviert wird der Strauch vor allem in Italien. Aus den unscheinbaren Blüten, die an den stacheligen Nadeln sitzen, bilden sich grüne oder auch dunkelviolette Beeren, in Form eines Zapfens. Durch das Trocknen bekommen die Wacholderbeeren ihre bläulichschwarze Farbe. Wacholder ist ein uraltes Heil-, Würz- und auch Zaubermittel.

Die alten Ägypter verwendeten die Wacholderbeeren für Mundwasser, den Griechen und Römern galt Wacholder als Mittel gegen Schlangenbisse und im Mittelalter glaubte man, mit Wacholderzweigen den Teufel vertreiben zu können.

Geschmack und Aroma

Wacholder schmeckt süßlich-würzig, leicht harzig-bitter und riecht sehr kräftig.

Verwendung

Wacholder gibt es als ganze getrocknete Beeren zu kaufen. Sie passen sehr gut zu Fleisch- und Wildmarinaden, zum Fischsud, zu herzhaften Rind- und Schweinefleischgerichten, Sauerkraut, Rot- und Weißkohl, aber auch zu Pasteten, und eingelegtem Gemüse. Zerdrückt oder grob zerstoßen würzen sie Gelees, Suppen und auch Saucen.

Lagerung

In fest schließenden Behältern – am besten mit Schraubverschluß – kühl und dunkel aufbewahren. So halten sie sich bis zu 3 Jahre.

Anwendung in der Heilkunde

Als Tee wirkt Wacholder harntreibend, appetitanregend, blutreinigend und gegen Darm- und Magenbeschwerden.

Küchentips

- Der Geschmack von Wacholder ist sehr kräftig und kann jedes andere Aroma übertönen. Deshalb nicht mehr als 6–8 Beeren auf einmal verwenden. Frisch getrocknete Beeren haben die stärkste Würzkraft.

- Der Geschmack hängt aber auch von der Gegend ab, wo die Beeren herkommen. So ist die Wacholder aus Italien wesentlich aromatischer als der aus Norddeutschland.

- Wacholder harmoniert mit Lorbeer, Knoblauch, Majoran, Tymian, Fenchel, Pfeffer und Senfkörnern.

Rezeptvorschlag

Brombeer-Wacholder-Gelee

Für ca. 4 Gläser à 250 g

500 g Brombeeren
500 g Holunderbeeren
8 Wacholderbeeren
Gelierzucker (auf 4 Teile Saft 5 Teile Gelierzucker)
2 EL Zitronensaft
4 EL Gin

Brombeeren verlesen, kurz waschen, Holunderbeeren waschen, von den Dolden streifen und mit den zerdrückten Wacholderbeeren und den Brombeeren aufkochen lassen. Danach zerdrücken und Saft ziehen lassen. Die Beeren in ein Sieb mit Mulltuch geben und über Nacht ablaufen lassen. Am nächsten Tag auf 4 Teile Saft 5 Teile Gelierzucker abwiegen. Saft, Gelierzucker und Zitronensaft erhitzen und etwa 4 Minuten sprudelnd kochen lassen. Danach mit Gin abschmecken und in saubere Twist-off-Gläser füllen.

Zimt

Es ist eine Sammelbezeichnung für Ceylon-Zimt, Kassia-Zimt und Padang-Zimt.

Die getrocknete innere Rinde des Zimtbaumes, der zu den Lorbeergewächsen gehört, zählt zu den ältesten Aromastoffen der Welt. Schon vor über 4500 Jahren verströmte Zimt in den chinesichen Küchen seinen aromatischen Duft. Die Ägypter verwendeten Zimt vornehmlich, um ihre Mumien damit einzubalsamieren. Bei den Völkern des Alten Orients erfreute sich Zimt als Duftstoff großer Beliebtheit. Und auch als Medizin war er gegen jegliches Leiden beliebt. Seine Würzkraft entdeckte man erst im Mittelalter. Die Klosterköche von St. Gallen sollen ihn zuerst als Zutat an Fischgerichten verwendet haben.

Bei Zimt unterscheidet man zwischen drei Arten:

Ceylon-Zimt

(Lat. Cinnamomum verum), auch Canehl oder Kaneel genannt.

Er stammt aus Ceylon, dem heutigen Sri Lanka, und wird auch in Indonesien, auf Madagaskar, auf den Kleinen Antillen und in Mittelamerika angebaut. Die Rinde der Zimtbaumschößlinge wird abgelöst und von allen Kork- und Primärschichten befreit. Dann schiebt man 6–10 dieser hauchdünnen Innenrinden ineinander und trocknet sie.

Geschmack und Aroma

Ceylon-Zimt ist hocharomatisch, fein und süßlich im Geschmack und von hellbrauner Farbe. Es gibt ihn als Stangenzimt oder als gemahlenes Pulver zu kaufen.

Padang-Zimt

(Lat. Cinnamomum burmanii), auch Cassia vera genannt.

Er stammt aus Indonesien und wird heute vor allem auf Sumatra angebaut. Wie auch der China-Zimt wird Padang-Zimt weniger aufwendig entrindet. Beim Trocknen rollt sich seine Rinde beidseitig auf. Er wird oft gemahlen oder in groben Stücken angeboten.

Geschmack und Aroma

Padang-Zimt schmeckt etwas herber und nicht so fein wie Kassia-Zimt.

Kassia-Zimt

(Lat. Cinnamonum aromatica), auch China-Zimt genannt.

Er kommt aus dem südlichen China und aus Indonesien, wird ähnlich angebaut wie der Ceylon-Zimt. Allerdings wird er weniger aufwendig entrindet. Beim Trocknen rollen sich die Rinden einseitig zusammen. Kassia-Stangen sind derb und dunkelbraun in der Farbe. Er wird allerdings hauptsächlich gemahlen angeboten.

Geschmack und Aroma

Kassia-Zimt schmeckt etwas bitterer als Ceylon-Zimt, ist allerdings hocharomatisch.

Verwendung

Zimt verwendet man gemahlen, als ganze Stange oder in Stücke gebrochen. Als ganze Stange oder Bruch paßt er zu Kompott, Saucen, Milch- und Obstsuppen, aber auch zu Wildragouts, zu Punsch, Glühwein, Rumtopf und eingelegten Früchten. Gemahlen würzt das Pulver Milchreis und Bratäpfel, aber auch Lamm- und Geflügelgerichte. Der Kruste eines Schweinebratens gibt Zimt eine besonders delikate Note.

Lagerung

Zimtstangen in fest schließenden Behältern kühl und dunkel aufbewahren. Sie behalten ihr Aroma bis zu 3 Jahre. Zimtpulver verliert schnell an Aroma.

Küchentip

Zimt vor guter Qualität ist gleichmäßig gebräunt.

Rezeptvorschlag

Pflaumenketchup

Für 4 Personen

- 500 g frische Pflaumen
- 125 g Schalotten
- 1 Knoblauchzehe
- 1 Stück frischer Ingwer (ca. 4 cm lang)
- 2 eingelegte Chilischoten
- 4 EL Rotwein
- Schale und Saft von 1 unbehandelten Orange
- 2–3 EL Rotweinessig
- 70 g brauner Rohrzucker
- 1/2 TL Macis, etwas Salz
- 1/2 TL gemahlener Zimt

Die Pflaumen waschen, halbieren und entkernen. Die Schalotten und den Knoblauch schälen und in Würfel schneiden. Den Ingwer schälen und ebenfalls würfeln. Pflaumen, Schalotten, Knoblauch und Ingwer zusammen mit dem Rotwein, dem Orangensaft und der -schale sowie mit Essig, Zucker, Chilischoten und den Gewürzen in einem Topf zum Kochen bringen. Alles zugedeckt etwa 15 Minuten bei schwacher Hitze köcheln lassen, dann weitere 30 Minuten ohne Deckel bei schwacher Hitze einkochen lassen. Die Sauce im Mixer pürieren und erneut erhitzen. Sie nochmals mit den Gewürzen gegebenenfalls abschmecken, in ein Schälchen geben und abkühlen lassen.

Gewürzmischungen und Salze

GEWÜRZMISCHUNGEN

Ob Pizza oder Punsch, Steak oder Schmorbraten – für fast jede Zubereitung und auch für fast jeden Geschmack bietet der Handel inzwischen fertige Mischungen aus verschiedenen Gewürzen an. Groß ist das Angebot, verwirrend aber auch oft die Bezeichnung auf der Gewürzpackung. Nach den „Leitsätzen für Gewürze und andere würzende Mittel" unterscheidet man unter anderem zwischen folgenden Arten:

GEWÜRZMISCHUNGEN

Sie bestehen ausschließlich aus reinen Gewürzen und werden nach ihrer Art oder ihrem Verwendungszweck bezeichnet. Andere Zutaten, wie auch Salz, dürfen nicht enthalten sein. Zu den Gewürzmischungen gehören z. B. Pizzagewürz und Chili-con-carne-Gewürz.

GEWÜRZZUBEREITUNGEN

Sie bestehen mindestens zu 60 % aus einem oder mehreren Gewürzen, die mit anderen geschmacksgebenden und/oder geschmacksverbessernden Zutaten, wie Stärke, Bierhefe und Glutamat vermischt sind. Auch bis zu 5 % Kochsalz kann in Gewürzzubereitungen enthalten sein, dieser Zusatz muß nicht deklariert werden. Zu den Gewürzzubereitungen gehören z. B. Tzatziki-Gewürzzubereitung.

GEWÜRZSALZE

Sie sind Mischungen von Kochsalz mit einem oder mehreren Gewürzen und/oder Gewürzzubereitungen. Der geforderte Gewürzanteil liegt bei mindestens 15 % (außer bei Knoblauchsalz). Der Knoblauchgehalt liegt bei über 40 %. Zu dieser Gruppe gehören z. B. Bratkartoffel-Gewürzsalz, Tomaten-Gewürzsalz, bezeichnet nach ihrem Verwendungszweck, oder auch Selleriesalz, Kräutersalz, bezeichnet nach ihrer Art.

GEWÜRZAROMAZUBEREITUNGEN UND GEWÜRZAROMASALZE

So werden die Erzeugnisse genannt, bei denen Gewürze in der Gewürzzubereitung oder im Gewürzsalz ganz oder teilweise durch „Gewürzaromen" ersetzt sind. Dazu gehört z. B. Hickory-Rauchsalz-Aroma.

CHILIPULVER

Eine dunkelrote Mischung aus getrockneten, gemahlenen Ancho-Chilis (→ S. 207) sowie Oregano, Cayennepfeffer, Kreuzkümmel, Knoblauchpulver, Nelken, Piment und manchmal auch Zwiebelpulver. Weniger hochwertiges Chilipulver enthält auch Zusätze von Glutamat. Die Mischung, auch unter dem Namen „Chilipowder" angeboten, soll angeblich von englischen Siedlern in Texas erfunden worden sein, die 1835 erstmals damit ein deftiges Fleischgericht im mexikanischen Stil würzten. Damals bestand die Mischung allerdings nur aus Cayennepfeffer und Oregano. Vermutlich benutzten aber schon die Azteken Chilipulver.

GESCHMACK UND AROMA

Chilipulver ist feurigscharf, allerdings etwas milder als Cayennepfeffer.

VERWENDUNG

Chilipulver wird vor allem in der amerikanischen, mexikanischen und spanischen Küche eingesetzt. Es würzt Fleisch-, Fisch- und Gemüsesuppen sowie Marinaden und Beizen. Es paßt zu Eierspeisen, zu Gulasch und Tatar sowie zu Gemüsegerichten und Salaten, mit Bohnen und Paprika. Außerdem ist es unentbehrlich im Chili con carne.

LAGERUNG

In festen schließenden Behältern kühl und dunkel aufbewahren.

KÜCHENTIP

Man kann sich sein Chilipulver auch selbst mischen. Dazu werden frische Chilis auf Fäden gezogen und dann getrocknet. Danach zerkleinert man die Schoten in der Gewürzmühle und mischt sie z. B. mit zerdrücktem Kreuzkümmel, getrocknetem Oregano und Knoblauchpulver.

CURRYPULVER

Die wohl bekannteste Gewürzmischung der Welt besteht aus 12–20, oft sogar bis zu 36 verschiedenen Gewürzen. Ein Standardrezept für Currypulver gibt es nicht. Die wichtigsten Zutaten sind jedoch Ingwer, Kardamom, Cayenne- und schwarzer Pfeffer sowie Koriander, Piment, Paprikapulver, aber auch Nelken, Macis, Zimt, Kreuzkümmel, Bockshornklee und unbedingt Kurkuma, das für die gelbe Farbe sorgt. Manchmal wird auch Salz zugesetzt und bei billigem Currypulver das Mehl von Hülsenfrüchten.
In Indien, der Heimat des Currypulvers gibt es fast so viele Mischungen wie Menschen. Denn keine indische Hausfrau würde fertig gemischtes Currypulver verwenden. Sie mischt sich ihr Currypulver für jede Mahlzeit neu, je nach Art des Gerichtes. Der Name Curry stammt vermutlich vom talmilischen Wort „kari" ab, was Gewürzmischung oder Gewürzsauce heißt.
Eigentlich ist das Currypulver eine englische Erfindung. Den britischen Kolonialherren schmeckten die für ihren Geschmack ausgefallenen, indischen Gerichte so gut, daß sie ihre Köche anwiesen, ebenso zu würzen. Denen war das Zubereiten mit so vielen verschiedenen Gewürzen zu kompliziert und so mischten sie der Einfachheit halber ein Pulver.
Unter Curry verstehen die Inder nicht die Gewürzmischung, sondern bezeichnen damit Schmorgerichte aus Fleisch, Fisch, Geflügel und Gemüse. Die Zusammensetzung der Gewürze fürs Curry variiert je nach Rezept und Region. Im Norden mag man es lieblich mild, im Süden dagegen feurigscharf.

Geschmack und Aroma

Currypulver wird in verschiedenen Geschmacksrichtungen angeboten. So gibt es den mildfruchtigen „Indischen Curry", den mildaromatischen „Madras-Curry" und den würzigscharfen „Bengalen-Curry". In asiatischen Läden findet man zusätzliche Mischungen, wie Currypulver aus Pakistan, aber auch aus Java, aus Siam und aus Malabar.

Lagerung

In fest schließenden Gefäßen kühl und dunkel aufbewahren. So bleibt das Currypulver etwa 6 Monate frisch.

Küchentips

■ Curry entfaltet sein Aroma am besten, wenn man das Gewürz zunächst im Fett etwas andünstet und danach die Flüssigkeit zugibt. Doch Vorsicht: das Fett darf nicht zu heiß sein, damit der Curry nicht verbrennt und bitter wird.

■ Curry harmoniert mit Zwiebeln, Knoblauch, Lorbeer, Paprikapulver und Pfeffer.

Rezeptvorschlag

Curryspaghetti

Für 4 Personen

1 gelbe Paprikaschote
1 rote Paprikaschote
1 Zwiebel
400 g Hähnchenbrustfilet
1 EL Butterschmalz
2 EL Currypulver
1/8 l Hühnerbrühe
500 g Kokosnußcreme (Dose)
2 EL Zitronensaft
2 EL helle Sojasauce
etwas Salz
weißer Peffer aus der Mühle
400 g Spaghetti

Die Paprikaschoten waschen, putzen und in kleine Würfel schneiden. Die Zwiebel schälen und fein hacken. Das Hähnchenbrustfilet unter kaltem Wasser waschen, gründlich trockentupfen und in feine Streifen schneiden. Das Butterschmalz in einer Pfanne zerlassen. Die Zwiebelwürfel darin glasig braten. Das Hähnchenbrustfilet und die Paprikawürfel dazugeben und beides unter Rühren kurz mitbraten. Das Currypulver hinzufügen und alles durchrühren. Die Hühnerbrühe und die Kokoscreme zur Paprika-Fleisch-Mischung geben und alles 8–10 Minuten zugedeckt köcheln lassen. Die Sauce mit Zitronensaft, Sojasauce, Salz und Pfeffer abschmecken und weitere 5 Minuten köcheln lassen. In der Zwischenzeit 4 l Salzwasser in einem großen Topf zum Kochen bringen. Die Spaghetti hineingeben und in 8–10 Minuten bißfest kochen. Die Nudeln in ein Sieb schütten, gut abtropfen lassen und sofort mit der Curry-Fleisch-Sauce mischen.

Einmachgewürz

Es wird auch Gurken- und Mariniergewürz genannt. Diese Mischung enthält Senfkörner, Dillsaat, schwarzen und weißen Pfeffer sowie Nelken und Ingwer, aber auch Lorbeer, Piment und Kümmel, manchmal Chilis und Estragon. Es gibt aber auch Mischungen aus roten Chilis, schwarzem Pfeffer, Nelkenpfeffer, Ingwer und Muskat.

Geschmack und Aroma

Einmachgewürz schmeckt süß-säuerlich.

Verwendung

Einmachgewürz paßt ideal zum Einlegen und Einkochen von Gewürzgurken, süß-sauren Gurken, Senfgurken, Zwiebeln, Mixed Pickles, Tomatenpaprika, Essiggemüse und Chutneys. Man kann es aber auch zum Marinieren von Sauerbraten und grünen Heringen verwenden.

KÜCHENTIP

Einmachgewürz wird immer in Essig-Wasser-Lösung aufgelöst und dann heiß über das Einlege- oder Mariniergut gegossen.

REZEPTVORSCHLAG

Süß-saure Gurken

Für ca. 5 Gläser à 1 l

- 2,5 kg Gewürzgurken
- etwas Salz
- 250 g kleine Zwiebeln
- 1 l Weinessig
- 500 g Zucker, 1 EL Salz
- 1 Beutel Einmachgewürz

Die Gurken waschen und über Nacht in leicht gesalzenes Wasser legen. Die Zwiebeln schälen und mit den gut abgetrockneten Gurken in Gläser schichten. Essig mit Zucker, Salz, 1 l Wasser und dem Einmachgewürz aufkochen. Diese Mischung über die Gurken gießen.
Die Gläser mit einem Twist-off-Verschluß verschließen.

REZEPTVORSCHLAG

Rotwein-zwiebeln

Für ca. 3 Gläser à 1/2 l

- 1 kg kleine Zwiebeln
- 4 EL Salz
- 1 l Rotwein
- 1/2 l Rotweinessig
- 200–250 g Zucker
- 1 Beutel Einmachgewürz

Die Zwiebeln schälen und in die vorbereiteten Gläser füllen. In einem Topf 1/2 l Wasser zusammen mit 2 Eßlöffeln Salz aufkochen. Das heiße Salzwasser über die Zwiebeln gießen und etwa 12 Stunden ziehen lassen. Danach die Flüssigkeit abgießen. Rotwein zusammen mit Essig, restlichem Salz, Zucker und Einmachgewürz aufkochen und etwa 3 Minuten kochen lassen.
Dann die Zwiebeln hinzufügen und alles 5–8 Minuten kochen lassen, bis die Zwiebeln glasig, aber noch fest sind. Die Zwiebeln aus dem Sud nehmen und in die Gläser füllen. Dann den Sud kochenheiß darüberfüllen und die Gläser sofort verschließen. Vor dem Servieren 4–5 Tage ruhen lassen.

Exotische Gewürz-mischungen

Die Kunst, Gewürze zu mischen, ist mindestens so alt und populär wie die des Teemischens. Und so haben im Laufe von Jahrhunderten unzählige Gewürzmischungen ihren festen Platz in den Küchen der Welt erobert. Und immer wieder kommen neue hinzu. Hier ein Überblick über die bekanntesten:

Gomasio ①

Es ist eine in Japan sehr populäre Mischung aus 3 Teilen schwarzen Sesamkörnern und 1 Teil Salz. Der Sesam wird ohne Fett in einer Pfanne angeröstet und nach dem Abkühlen mit dem Salz in einem Mörser fein zerrieben. Im engeren Sinne ist Gomasio ein Gewürzsalz, da es überwiegend aus Salz besteht.

①

②

③

Geschmack und Aroma

Gomasio schmeckt würzig-aromatisch.

Verwendung

Man streut die Mischung über rohes Gemüse, Reisgerichte oder pfannengerührte Fleisch- und Gemüsegerichte. Sehr gut schmeckt sie auch über neue Kartoffeln.

Lagerung

In luftdicht verschlossenen Behältern trocken und dunkel aufbewahren.

Quatre épices ②

Es handelt sich um eine in Frankreich äußerst beliebte Mischung aus schwarzem oder weißem Pfeffer, Nelken, Muskatnuß und Ingwer. Auch wenn die Mischung wörtlich übersetzt „Vier Gewürze" heißt, so kann sie nach Belieben aufgestockt werden. Einige geben Piment und Zimt dazu, die tunesische Quatre-épices-Gewürzmischung besteht aus getrockneten Rosenknospen, Pfeffer, Paprikapulver und Zimt.

Geschmack und Aroma

Die Mischung schmeckt würzig-aromatisch.

Verwendung

Quatre épices würzt vorwiegend Wurst und Pasteten aus Schweinefleisch. Sie schmeckt aber auch gut zu deftigen Schmorgerichten mit Rind, Schwein und Geflügel.

Lagerung

In fest schließenden Behältern kühl und trocken aufbewahren.

Ras el hanout ③

Es ist eine aus Nordafrika stammende Mischung aus 10 bis 100 verschiedenen Gewürzen. Sie wird heute vorwiegend in der marokkanischen Küche verwendet. Ein Standardrezept gibt es nicht, fast jede Familie in Marokko hat ihre eigene Hausmischung. Hauptbestandteile sind jedoch Muskatnuß, Zimt, Rosenknospen sowie Ingwer, Nelken, Pfeffer, Kreuzkümmel und Cayennepfeffer. Außerdem können Macis, Anis, Lavendel, Piment und Kardamom enthalten sein.

Geschmack und Aroma

Ras el hanout schmeckt und riecht leicht süßlich-aromatisch.

Verwendung

Die Mischung würzt vor allem Reis, Couscous, Fleisch- und Geflügelgerichte. Man bekommt die Mischung fertig in orientalischen Lebensmittelgeschäften zu kaufen.

Lagerung

In fest schließenden Behältern kühl und dunkel aufbewahren.

PANCH PHORON

Ein Klassiker unter den Gewürzmischungen ist Panch phoron, eine bengalische Gewürzmischung. Sie enthält 2 Teile Fenchel, 1 Teil Bockshornklee, 2 Teile schwarzen Senf und 1–2 Teile Schwarzkümmel. Alle Zutaten werden unzerkleinert miteinander vermischt.

GESCHMACK UND AROMA

Panch phoron schmeckt feurig-aromatisch.

VERWENDUNG

Die Mischung paßt ideal zu gebratenem Fisch, Fleisch und Geflügel, aber auch zu Gemüse, wie Tomaten, Auberginen und Hülsenfrüchten.

SHICHIMI TOGARASHI

Es wird auch Japanisches Siebengewürz genannt. Die scharfe, japanische Mischung dient vor allem als Tischwürze. Sie besteht aus getrocknetem roten Pfeffer, „sansho" (japanischem Pfefferblatt), Leinsamen, Mohn, schwarzen Sesamkörnern, getrockneten Tangarinenschalen und nori (Seetang).

GESCHMACK UND AROMA

Das japanische Siebengewürz ist ausgesprochen scharf.

VERWENDUNG

Shichimi togarashi würzt Suppen, Nudelgerichte sowie Eintöpfe und Gemüsegerichte. Vorsichtig dosieren. Man bekommt es in Asienläden zu kaufen.

TANDOORI

Auch Tadoori genannt. Dies ist eine indische Würzmischung aus Knoblauch, Ingwer, getrockneter Tamarindenschale sowie Koriander, Kreuzkümmel, Kurkuma und Cayennepfeffer. Einige Tandoori-Mischungen enthalten zusätzlich Paprika- und Chilipulver sowie Zimt, Nelken und Safran.

GESCHMACK UND AROMA

Tandoori schmeckt fruchtig-scharf.

VERWENDUNG

Die Mischung würzt alle indischen Tandoorigerichte mit Geflügel und Fleisch. Sie eignet sich auch hervorragend zum Marinieren.

REZEPTVORSCHLAG

Tandoori-Hähnchen

Für 4 Personen

1 küchenfertige Poularde (à 1,5 kg)
3 TL Limettensaft
1 kleine Zwiebel
3 TL Tandoori
2 TL Garam masala
2 EL frisch geriebener Ingwer
Salz
300 g Joghurt

Die Poularde kalt abspülen, trockentupfen und in 8 Teile schneiden. Die Teile in eine flache Schüssel legen. Limettensaft, geschälte, gewürfelte Zwiebel, Tandoori, Garam masala, Ingwer, Salz und Joghurt in einem Mixer schaumig schlagen. Über das Geflügel gießen und zugedeckt im Kühlschrank über Nacht durchziehen lassen. Überschüssige Marinade abgießen und die Geflügelteile in einem Bräter im vorgeheizten Backofen bei 200 °C etwa 1 1/2 Stunde braten.

Fisch- und Schalentier-gewürze

Ganz gleich, ob Sie nun Fisch aus der Pfanne oder aus dem Sud servieren, ob Sie zum zünftigen Muschel- oder herzhaften Heringsessen einladen wollen, fertige Würzmischungen erleichtern die Zubereitung.

Bratfisch-Gewürzsalz

Es enthält neben Salz u. a. Zitronensäure, Petersilie, Ingwer und Meerrettich. Paßt gut zu gegrilltem und gebratenem Fisch und erspart zusätzliches Salzen.

Heringsgewürz

Es enthält etwa 12 verschiedene Kräuter und Gewürze. Paßt gut zu eingelegten Heringen, Matjes und zum Einlegen von Gabelbissen.

Fisch-Gewürz-mischung

Sie enthält getrocknete Kräuter, wie Lorbeerblätter, Estragon, und Gewürze wie Nelken, sowie getrocknete Möhren, aber auch Orangen- und Zitronenschale. Paßt gut zu Kochfisch, Fischsuppen und Muschelgerichte sowie zum Würzen von Fischmarinaden.

Muschelgewürz

Es enthält verschiedene Kräuter, Gewürze und Wurzelgemüse. Man gibt es dem Kochsud bei. Paßt gut zu Muschelgerichten, aber auch zu Speisen mit Fisch und Meeresfrüchten.

Lagerung

In fest schließenden Behältern kühl und dunkel aufbewahren. So halten sie bis zu 1 Jahr nach Packungsöffnung.

Fleischgewürze

Ob nun für einen zünftigen Braten, ein leichtes Ragout oder ein saftigen Steak – Gewürzmischungen sind gerade für Kochanfänger eine große Hilfe. Für Gerichte mit Fleisch gibt es eine große Auswahl an Gewürzmischungen, die bekanntesten finden Sie in diesem Kapitel.

Fleisch-Würzmischung

Sie enthält Senfkörner, Pfeffer, Koriander, Chilis und Zwiebeln. Paßt ideal zu gegrilltem und gebratenem Fleisch.

Gulasch-Würzmischung

Sie enthält Paprikapulver, getrocknete Zwiebeln, Majoran, Kümmel, Chili und Knoblauch. Paßt ideal zu ungarischem Gulasch, aber auch zu Gulaschsuppe und zu Ragouts von dunklem Fleisch sowie zu herzhaften Braten und dunklen Saucen.

Gyros-Würzer

Er enthält neben Paprikapulver, Oregano, Chilis, Zwiebeln, Knoblauch, Kreuzkümmel sowie Majoran, Rosmarin, Thymian und Salz auch Natriumglutamat. Paßt ideal zu der griechischen Fleischspezialität Gyros, aber auch zu gegrilltem Rind, Lamm oder Schwein sowie zu Fleischspießen aller Art.

Hackfleisch-Gewürz-zubereitung

Sie enthält Paprikapulver und Pfeffer, aber auch Thymian, Muskat und Kümmel. Paßt gut zu allen Hackfleischgerichten, aber auch zu Ragouts und Geschnetzeltem. Hier ist ein zusätzliches Salzen erwünscht.

Kotelett- und Schnitzel-Würzer

Sie enthalten neben Paprikapulver, Pfeffer, Senfsaat und Curry auch Pastinakenmehl, getrocknete Zwiebeln, Salz, gekörnte Brühe und Stärke. Passen gut zu Kalb- und Schweineschnitzel sowie zu Kotelett, aber auch zu Putenschnitzel und zu Fleischspießen. Den Würzer am besten nach dem Braten über das Fleisch streuen. Zusätzliches Salzen ist nicht mehr notwendig.

Lamm-Gewürzzubereitung

Sie enthält u. a. Thymian, Basilikum und Rosmarin. Paßt ideal zu allen gegrillten, gebratenen und geschmorten Lammgerichten aus der Keule und Schulter sowie zu Frikassee.

Sauerbraten-Gewürz

Es enthält neben Wacholderbeeren, Pfeffer, Macis, Nelken und Piment auch Koriander und Zimt. Es wird in eine Mischung aus Essig, Wasser und Zucker eingerührt und ergibt so eine schnelle Beize. Paßt gut zum Sauerbraten, aber auch zu Wildgerichten.

Schaschlik-Gewürz

Es besteht u. a. aus Paprikapulver, Zwiebeln, Senfkörnern, aber auch aus Liebstöckel, Chilis und Lorbeer. Paßt gut zu Schaschlik und alle anderen Grillspießen. Aus dem roten Pulver läßt sich aber auch sehr gut eine Sauce rühren, indem man 2 EL Schaschlik-Gewürz mit 2 EL Öl verrührt und diese Mischung nach und nach in 1 Tasse Tomatenketchup einrührt.

Steak-Würzmischung oder Steak-Würzer

Sie enthalten Paprikapulver, Pfeffer, Senfkörner, Chilis, getrocknete Zwiebeln und Sellerie, oft auch getrocknete Kräuter oder Rauchsalzaroma. Die Mischungen können auch Natriumglutamat enthalten, achten Sie auf die Zutatenliste der Packung. Passen gut zu Steaks, wie Porterhouse oder Rumpsteak, würzen aber auch Pfannen- und Schmorgerichte sowie Lamm und Geflügel. Am besten pinselt man das Fleisch mit Öl ein und streut dann das Gewürz darüber.

REZEPTVORSCHLAG

Bunte Fleischspieße

Für 4 Personen

- 200 g Rumpsteak
- 200 g Schweinenacken
- 200 g Hähnchenbrustfilet
- je 1/2 rote, grüne und gelbe Paprikaschote
- 100 g kleine Champignons
- 2 Zwiebeln
- 3 Knoblauchzehen
- 2 EL Schaschlik-Gewürz
- 180 ml Olivenöl

Das Fleisch in Stücke schneiden. Auf einige Spieße abwechselnd Paprikastücke, Zwiebelviertel, Rind- und Schweinefleisch stecken. Auf die anderen Paprikastücke, Zwiebelviertel, Pilze und Geflügelfleisch. Den Knoblauch schälen und zerdrücken. Mit dem Schaschlik-Gewürz und dem Olivenöl zu einer Marinade verrühren. Die Fleischspieße etwa 10 Stunden zugedeckt in einer flachen Schale im Kühlschrank marinieren. Danach die Spieße aus der Marinade nehmen und gut abtropfen lassen. Die Spieße unter häufigem Wenden etwa 10 Minuten grillen. Sie dabei mit der Marinade bestreichen.

FLEISCHZARTMACHER

Mischung aus Salz und Papain – ein aus der Papayafrucht gewonnenes pflanzliches Enzym. Dieses Enzym, das übrigens auch in der Ananas enthalten ist, baut teilweise Eiweiß im Fleisch ab, dadurch wird vor allem das weniger gereifte Fleisch in kurzer Zeit etwas mürber und zarter.

GESCHMACK UND AROMA

Es macht das Fleisch würzig und schmeckt leicht salzig.

VERWENDUNG

Paßt gut zu Rind- und Schweinefleisch, aber auch zu Hähnchen- oder Putenschnitzel.

KÜCHENTIP

Es gibt noch eine andere, etwas exotische Methode, Fleisch zarter zu machen. Eine noch nicht ganz reife Papaya schälen, entkernen und in Streifen schneiden. Das Fruchtfleisch in eine flache Schüssel geben, das Fleisch darauf legen und soviel Sojaöl darübergießen, daß das Fleisch gut bedeckt ist. Alles zugedeckt mindestens 24 Stunden kühl stellen.

FÜNFGEWÜRZPULVER

Kakaofarbene Mischung aus Sternanis, Zimt, Nelken, gemahlenen Fenchelsamen und Szechuanpfeffer. Sie ist die wohl bekannteste chinesische Gewürzmischung und wird als Pulver angeboten.

GESCHMACK UND AROMA

Fünfgewürzpulver schmeckt würzigscharf mit leichtem Lakritzgeschmack.

VERWENDUNG

Mit Fünfgewürzpulver würzt man Saucen, Marinaden, Rind- und Schweinefleisch sowie Hähnchen- und Entengerichte.

LAGERUNG

In fest verschlossenen Behältern kühl und dunkel aufbewahren.

REZEPTVORSCHLAG

Rindfleisch mit Paprika

Für 4 Personen

30 g getrocknete Mu-Err-Pilze
500 g Filetsteak
1 grüne und 2 rote Paprikaschoten
2 EL Öl
1 Knoblauchzehe
1/4 TL Fünfgewürzpulver
1 TL Maismehl
2 Zwiebeln
1/4 l Hühnerbrühe (Instant)
1 EL Sojasauce

Die Pilze in heißem Wasser 20 Minuten einweichen, das Einweichwasser abgießen, die Pilze trockentupfen und in Stücke schneiden. Filetsteak und Paprikaschoten in feine Streifen schneiden. Öl in einer großen Pfanne oder im Wok erhitzen, gehackten Knoblauch, Fünfgewürzpulver mit dem Fleisch hineingeben und anbraten, Zwiebelwürfel und Paprika nacheinander dazugeben und 2 Minuten garen. Maismehl mit Hühnerbrühe und Sojasauce verrühren. Das Wok-Gericht damit binden.

GARAM MASALA

Eine indische Gewürzmischung aus trockenen, gemahlenen Gewürzen. Es gibt Hunderte von Variationen, je nach Region und Gelegenheit. Fast jede indische Hausfrau hat ihr eigenes Rezept. Es ist eine ausgefeilte Mischung von Gewürzen, die vielfach von den geographischen Faktoren bestimmt wird. Eine auf den europäischen Geschmack abgestimmte Mischung ist:

4 EL Koriandersamen
2 EL Kreuzkümmelsamen
1 EL schwarze Pfefferkörner
8 Korianderkapseln
3 in Stücke gebrochene Zimtstangen
1 TL ganze Nelken
1 halbe Muskatnuß

In einer kleinen Pfanne ohne Fett nacheinander die Gewürze bis auf die halbe Muskatnuß anrösten. Die Gewürze zum Abkühlen beiseite stellen. Die Korianderkapseln aufbrechen und die Samen herauslösen. Die Kapseln wegwerfen. Alle Gewürze bis auf die halbe Muskatnuß in kleinen Portionen in einem Universalzerkleinerer zu feinem Pulver zermahlen. Die halbe Muskatnuß fein reiben und untermischen. Wer es nicht ganz so pfeffrig mag, läßt die Pfefferkörner und die Muskatnuß weg und mischt Zimt, Koriander, Nelken und Macis. Je nach Gericht und Anlaß kann man auch noch Fenchelsamen, Kurkuma – für die gelbe Farbe – Ingwer, Anis oder Senfkörner dazugeben. Wichtig ist, daß alle Gewürze getrennt angeröstet werden. Nur so entfalten sie ihr volles Aroma. Garam masala gibt es auch als fertige Gewürzmischung zu kaufen.
Neben dem trockenen Masala gibt es auch noch feuchte Masalas. Dafür werden unter die trockene Gewürzmischung zusätzlich Kräuter, wie Minze, Koriandergrün oder frische Chilischoten, gemischt.

Geschmack und Aroma

Je nach Zusammensetzung schmeckt Garam masala scharfwürzig bis angenehm süßlich.

Verwendung

Garam masala würzt vor allem indische Currys mit Fisch, Fleisch oder Gemüse. Es paßt aber auch zu gegrilltem Fisch und Schalentieren, Fleisch und Geflügel.

Lagerung

In fest schließenden Behältern kühl und dunkel aufbewahren. So hält es sich mehrere Monate.

Küchentips

- Garam masala gibt man gewöhnlich am Ende der Garzeit unter die Speise oder streut es zum Schluß darüber.

- Die Gewürzkörner lassen sich auch sehr gut im Backofen rösten. Dafür alle Gewürze auf das Backblech streuen und bei 100 °C etwa 30 Minuten auf der untersten Schiene rösten. Dabei zwei- bis dreimal wenden.

Rezeptvorschlag

Indischer Tomatenreis

Für 4 Personen

250 g Basmatireis
2 Zwiebeln
1 Knoblauchzehe
1/4 TL Ingwerpulver
1/4 TL Chilipulver
60 g Butterschmalz
1/2 TL Garam masala
1 Dose Tomatensaft (300 ml)
1/2 TL Salz

Reis unter kaltem Wasser abspülen. Zwiebeln und Knoblauch schälen. Zwiebeln in Ringe schneiden. Knoblauch zerdrücken und mit dem Ingwerpulver und Chilipulver vermischen. Das Butterschmalz in einer Pfanne zerlassen und die Zwiebeln darin glasig braten. Knoblauchpaste und Garam masala zugeben und für etwa 2 Minunten anbraten. Den abgetropften Reis darin anbraten. Dann Tomatensaft, etwas Salz und so viel Wasser zugeben, daß der Reis etwa 2,5 cm hoch bedeckt ist. Den Reis zum Kochen bringen und dann bei schwacher Hitze zugedeckt etwa 20 Minuten quellen lassen.

Geflügel- und Wildgewürze

Ob Brathähnchen oder Hasenpfeffer – auch hier bietet der Handel für fast jede Zubereitung eine fertige Mischung an:

Geflügel-Gewürzzubereitung

Sie enthält vor allem Majoran, Beifuß, Salbei und Curry. Paßt zu allen gegrillten und gebratenen Geflügelgerichten, zu Ragouts sowie zu Pasteten aus Ente, Pute und Gans oder Hähnchen, aber auch zu gebratenem Schweine- und Lammfleisch.
Bei gegrilltem und gebratenem Geflügel reibt man das Fleisch am besten vor dem Garen mit dem Gewürz ein.

Geflügel-Würzer

Er enthält in erster Linie Salz, Kurkuma, gemahlene Senfkörner, Paprikapulver, Macis, Rosmarin, Salbei, Petersilie, Zucker und Natriumglutamat. Paßt gut zu gebratenem Geflügel, zu Hähnchenrisotto und Frikassee, aber auch zu Hühnersuppe und Geflügelsalat. Zusätzliches Salzen ist nicht nötig.

Wildgewürz

Es enthält neben Wacholderbeeren, Pfeffer, geriebener Zitronenschale, Lorbeer auch Piment, Nelken, Salbei und Ingwer. Paßt gut zu gebratenem und geschmortem Wild, wie Hase, Reh und Hirsch, zu Wildragouts und Wildgeflügel.

Gewürz- und Kräutersalze

Das mit Gewürzen oder Kräutern aromatisierte Salz ist eine hilfreiche Ergänzung eines jeden Gewürzschrankes. Hat man gerade keinen Knoblauch zur Hand, macht eine Prise Knoblauchsalz aus der Not eine Tugend. Es gibt im Handel eine Vielzahl fertiger Mischungen. Hier ein kleiner Überblick:

Gewürztes Salz

Es enthält neben Salz auch Pfeffer und Paprika. Paßt zu Suppen, Saucen, Salaten und Gemüse sowie zu Fleisch, Fisch und Geflügel.

Knoblauchsalz

Es ist eine Mischung aus Salz und Knoblauch. Das Universalgewürz paßt zu Saucen, Suppen und Salaten sowie zu Quark und Eiergerichten, aber auch zu Pasta und Gemüsegerichten. Außerdem würzt es Geflügel, Lamm, Fisch und Schalentiere sowie Fondues. Mit körnigem Frischkäse und Kräutern ergibt es einen pikanten Brotaufstrich oder Dip.

Kräutersalz

Eine Mischung aus Salz und getrockneten Kräutern, wie Lorbeerblatt, Thymian, Rosmarin und Oregano. Paßt zu Suppen, Saucen und Salaten sowie zu Gemüse, Quark, Fleisch- und Fischgerichten. Läßt sich auch ideal selbstmachen:

125 g Meersalz
1 zerbröseltes Lorbeerblatt
1 TL gerebelter Thymian
1 TL getrockneter Rosmarin
1/4 TL gerebelter Oregano

Alle Zutaten mit einem Stößel im Mörser fein zerreiben. Das Kräutersalz in fest schließenden Behältern aufbewahren.

Selleriesalz
Eine Mischung aus gemahlenen Selleriesamen und Salz. Paßt zu Suppen, Tomaten- und Gemüsesäften sowie zu Rohkost, Fleisch, Geflügel und Fisch. Außerdem würzt man Kartoffeln, Hülsenfrüchte, Gemüse und Eierspeisen damit.

Zwiebelsalz
Es ist eine Mischung aus getrockneten, geriebenen Zwiebeln und Salz. Paßt zu allen Gerichten, die einen dezenten Zwiebelgeschmack haben sollen, wie Suppen, Saucen und Schmalzbrot, aber auch Gemüse- und Pilzgerichten, Dressings und Eierspeisen.

Küchentips

- Bei allen Salzmischungen ist ein Nachsalzen nicht mehr nötig.

- Der Anteil von Salz ist jedoch unterschiedlich. Deshalb sollte man vor Gebrauch die Zutatenliste auf der Packung lesen, damit die Gerichte nicht versalzen werden.

Glutamat

Es wird auch Nariumglutamat oder Mononatriumglutamat genannt. Dabei handelt es sich um das Natriumsalz der Glutaminsäure. Und die wiederum ist eine Aminosäure des Nahrungseiweißes. Das ursprünglich aus Seetang und Weizenkleber gewonnene Salz wurde zuerst im Orient entdeckt. Heute ist es wichtiger Bestandteil der asiatischen Küche.

Geschmack und Aroma
Das weiße, pulvrige, feinkristalline Glutamat besitzt selbst keinen Eigengeschmack, verstärkt aber den Geschmack von anderen, nicht süßen Speisen.

Verwendung
In sehr kleinen Mengen verbessert es den Fleisch- oder Salzgeschmack. Paßt gut zu Suppen und Saucen, aber gehört vor allem zu chinesischen und japanischen Gerichten.

Lagerung
In luftdicht verschlossenen Behältern kühl und dunkel aufbewahren.

GRILLGEWÜRZ

Auch Barbecuegewürz genannt. Es besteht zumeist aus einer Mischung aus Zwiebel, Knoblauch, Paprikapulver, Pfeffer, Sellerie und Chilis. Es kann aber auch getrocknete Kräuter, wie Oregano, oder Salz enthalten.

GESCHMACK UND AROMA

Grillgewürz schmeckt pfeffrig-aromatisch.

VERWENDUNG

Grillgewürz paßt zu allen Grillspezialitäten aus Rind- und Schweinefleisch sowie Lamm und Geflügel. Es würzt Steaks jeder Art sowie Fleisch- und Gemüsespieße und Fleischpfannengerichte. Außerdem paßt es zu Pilzgerichten, Gemüse- und Tomatensaucen.

LAGERUNG

In fest schließenden Behältern kühl und dunkel aufbewahren.

KÜCHENTIPS

- Schaschlik, Hackfleisch und Gemüsespieße erst nach dem Grillen mit dem Gewürz bestreuen.
- Man kann auch das Grillgewürz mit etwas Öl verrühren und das Grillgut damit bepinseln.
- Und so mischen Sie sich eine pikante Grillgewürzmischung selbst: 2 Teile getrockneten Oregano mit je 1 Teil Chilipulver, Knoblauchpulver und Zwiebelpulver, Salz, zerdrücktem Selleriesamen, Paprikapulver und braunem Zucker mischen.

REZEPTVORSCHLAG

Süß-saure Spareribs

Für 4 Personen

8 EL Sojasauce
8 EL trockener Sherry
8 EL Honig, 2 TL Grillgewürz
etwas Ingwerpulver
1/4 l Öl
2 kg Spareribs

Die Rezeptzutaten bis auf die Spareribs miteinander verrühren. Die Spareribs damit einpinseln und über Nacht durchziehen lassen. Während des Grillens die Spareribs von allen Seiten mit der Sauce bestreichen.

Internationale Gewürzmischungen

Für alle, die gern fremdländisch kochen, sich aber mit den typischen Landesgewürzen nicht so recht auskennen, gibt es eine Vielzahl fertiger Mischungen, die beim Würzen und Kochen helfen.

Italienische Gewürzmischung ①

Sie enthält vor allem Oregano, Thymian, Basilikum, Knoblauch, Paprikapulver, aber auch Pfeffer, Salbei und Piment. Paßt zu allen italienischen Spezialitäten, wie Pasta, Lasagne, Pizza. Außerdem ist sie beliebt bei Spaghettisaucen, Tomatengerichten und Salaten, sowie bei italienischen Fisch- und Fleischgerichten.

Indische Gewürzzubereitung ②

Sie enthält vor allem Curry, Knoblauch und Koriander. Es gibt sie mit und ohne Salz und Glutamat. Die würzig-pikante Mischung paßt zu Reis, aber auch zu Geflügel, Lamm, Schweine- und Hackfleisch sowie zu gedünstetem Gemüse, Suppen und Aufläufen.

Griechische Gewürzzubereitung ③

Neben Paprikapulver, Zwiebeln, Oregano, Knoblauch, Thymian und Majoran enthält sie Pastinakenmehl, Pfeffer, Salz und Glutamat. Paßt zu allen griechischen Spezialitäten, wie Moussaka, Gyros, Souvlaki, aber auch zu Eintöpfen, Aufläufen und Pfannengerichten.

①

②

③

④

Französische Gewürz-zubereitung ①

Sie ist eine Mischung aus Pfeffer, gemahlenen Senfkörnern, Curry, Zwiebeln, Ingwerpulver, Piment, Petersilie, Schnittlauch, Kerbel sowie Salz und Glutamat. Paßt gut zu Fisch-, Krusten- und Schalentieren sowie zu Eintöpfen, Pfannengerichten, Gemüseragouts und Saucen.

Ungarische Gewürzmischung ②

Sie enthält vor allem reichlich Paprikapulver, Zwiebeln und Knoblauch. Paßt zu herzhaften Eintöpfen sowie zu Schmorgerichten mit Lamm, Schwein und Geflügel.

China-Gewürz-zubereitung ③

Sie enthält u. a. Koriander, Kurkuma, Ingwer und Sellerie. Paßt gut zu Suppen und Saucen, zu Reis- und Nudelgerichten sowie zu Geflügel und Schweinefleisch.

Mexikanische Gewürzmischung ④

Neben Salz, Chili- und Paprikapulver sowie Pfeffer und Knoblauch enthält sie Zucker, Ingwer, Koriander, Senfsaat, Thymian und Oregano. Paßt zu allen typisch mexikanischen Spezialitäten, wie Tortilla, Tacos, Salsa und den mexikanischen Bohnengerichten. Ist aber auch ideal als Grillgewürz für Fleisch, Geflügel und Fisch sowie als Würze für Reis, Gemüse und Salate.

Kräuter der Provence

Diese Gewürzmischung wird auch „Herbes de Provence" genannt. Eine Mischung aus getrockneten Kräutern nach Rezepten aus der französischen Region Provence. Sie besteht meistens aus Thymian, Rosmarin, Bohnenkraut, wildem Majoran, Oregano und Lavendel. Oft wird sie aber auch um zerdrückte Lobeerblätter, Fenchel und etwas geriebene Orangenschale ergänzt.

Geschmack und Aroma

Sie schmeckt würzig-pikant und riecht sehr aromatisch.

Verwendung

Sie paßt zu Gemüsesuppen und Gemüsegerichten mit Tomaten, Auberginen und Zucchini. Würzt Salate, aber auch Geflügel, Lamm, Kurzgebratenes und Gegrilltes. Kräuter der Provence lassen sich auch sehr gut in Öl oder Essig einlegen und als Marinaden benutzen.

Lagerung

In luftdicht verschlossenen Behältern kühl und dunkel aufbewahren.

Küchentips

- Das Aroma der Kräuter der Provence kann sich am besten entfalten, wenn man sie zwischen den Handballen zerreibt.
- Kräuter der Provence sollten immer mitgegart werden.

Pfeffermischungen

Immer dann, wenn man Pfeffer und nur einen Hauch von Aroma, wie Zwiebel, Knoblauch oder Zitrone haben möchte, sind Pfeffermischungen unentbehrlich im Gewürzregal.

Gewürzter Pfeffer

Eine pikante Mischung aus Pfeffer, Paprika, Zucker und Oregano. Paßt zu Fleisch, Fisch und Geflügel sowie zu Suppen, Salaten und Gemüse.

Knoblauch-Pfeffer

Eine würzige Mischung aus Knoblauch, Pfeffer und etwas Petersilie. Paßt zu allen Gerichten, die Knoblauch vertragen, wie zu Lamm, Fisch, Rind- und Schweinefleisch, aber auch zu Geflügel und Gemüse, wie Tomaten, Auberginen, Zucchini und zu Salaten und Suppen.

Kräuter-Pfeffer

Eine pikante Mischung aus getrockneten Kräutern, wie Basilikum, Oregano, Thymian und Pfeffer. Paßt zu Kräuterbutter und Kräuterquark, aber auch zu gegrilltem und gebratenem Fleisch, zu Geflügel und Fisch sowie zu Meeresfrüchten. Deftige Salate, Marinaden, Gemüse-, Pilz- und Pfannengerichte lassen sich gut mit Kräuter-Pfeffer abschmecken.

Orangen-Pfeffer

Eine fruchtigpikante Mischung aus geriebener Orangenschale und Pfeffer. Paßt zu Geflügel, zu Wild und Wildsaucen, wie auch zu Ragouts, Salaten und Salatsaucen. Orangenpfeffer verfeinert besonders gut die Sauce eines saftigen Wildschweinbratens.

Steak-Pfeffer

Eine pikante Mischung aus schwarzem Pfeffer, Salz, Paprikapulver, Zwiebeln, Knoblauch, Thymian und Basilikum. Er kann auch Glutamat enthalten. Paßt zu Steaks und Koteletts, aber auch zu Rinder- und Schweinebraten sowie zu Fondue. Steak-Pfeffer immer erst nach dem Braten verwenden, da er Salz enthält.

Zitronen-Pfeffer

Eine fruchtigaromatische Mischung aus geriebener Zitronenschale und Pfeffer. Paßt zu Fleisch-, Fisch- und Geflügelgerichten sowie zu Meeresfrüchten, aber auch Salaten, Saucen und Gemüsesäften. Besonders gut schmeckt er zu Carpacchio.

Zwiebel-Pfeffer

Eine pikante Mischung aus Zwiebeln, Senfsamen, Pfeffer, Paprikapulver und Petersilie. Paßt zu allen Gerichten, die einen dezenten Zwiebelgeschmack vertragen, wie zu Suppen, Saucen und zu Salaten, aber auch zu Gemüsegerichten und zu Gemüsesäften. Er ist sehr beliebt zum Würzen von Ragouts, Hackfleisch, Rind- und Schweinefleisch.

Rezeptvorschlag

Limettendip

Für 4 Personen

- 150 g Petersilie
- 2 Limetten
- 2 EL Crème fraîche
- Zitronenpfeffer

Die Petersilie unter kaltem Wasser abspülen und gründlich trockenschleudern. Danach die groben Stiele entfernen. 1 Limette heiß abwaschen, abtrocknen und die Schale fein abreiben. Beide Limetten auspressen. Die Petersilie zusammen mit dem Limettensaft und der -schale im Mixer pürieren. Dann die Crème fraîche darunterrühren und den Dip mit Zitronenpfeffer abschmecken. Ihn dann etwa 30 Minunten zugedeckt in den Kühlschrank stellen.

Speisesalz

Auch Kochsalz genannt. Chemisch gesehen ist es eine fast reine Verbindung der beiden Mineralstoffe Natrium und Chlor zu Natriumchlorid. Historisch ist es das älteste und wohl gebräuchlichste Würzmittel für Speisen aller Art. Bereits die alten Römer schätzten Salz als wertvolle Handelsware. Und das Wort „Salär", also Gehalt, wird vom lateinischen „selarium" abgeleitet, was soviel wie Salzgeld bedeutet. Die römischen Soldaten, die in der Fremde Dienst leisteten, bekamen zum üblichen Sold eine Extraportion Salz.
Speisesalz wird aus Meerwasser, durch den Abbau von unterirdischen Salzlagern oder durch Auslaugen von Steinsalzlagern gewonnen.
Und so werden im Handel unter anderem folgende Sorten angeboten:

Meersalz

Es wird aus Meerwasser oder aus dem Wasser salzhaltiger Binnenseen durch Verdampfen gewonnen. In sogenannten Salzgärten verdunstet das Wasser durch die Sonnenwärme. Übrig bleibt verkrustetes Salz. Meersalz ist reich an Spurenelementen und enthält im Gegensatz zum Steinsalz nur 34 % Natriumchlorid. Meersalz gibt es gereinigt oder naturbelassen, grobkörnig oder gemahlen zu kaufen.

Steinsalz

Es wird unter Tage in Salzbergwerken durch den Abbau von Steinsalzbrocken gewonnen. Diese Brocken werden dann gemahlen und anschließend gesiebt. Man bekommt es als grobgemahlenes Salz – ideal für die Salzmühle – oder feines Steinsalz. Manche halten Steinsalz für das Würzmittel mit dem feinsten Aroma.

Siede- oder Salinensalz

Die Salzlösung (Sole) wird aus unterirdischen Salinen gefördert und anschließend eingedämpft. Man bekommt es als feinkörniges oder grobkörniges Salz.

Tafelsalz
Bei Tafelsalz handelt es sich um feingemahlenes Kochsalz aus Salzbergwerken und Salinen, das für bessere Rieselfähigkeit auch Calciumkarbonat oder andere Trennmittel enthalten kann.

Jodiertes Salz
Es ist Kochsalz, dem Natrium- oder Kaliumjodat zugesetzt wurde. Und zwar 15–25 mg Jod pro 1 kg Salz. Dieses Salz wird vor allem zur Vorbeugung eines Jodmangels empfohlen.

Diätsalz
Es ist ein natriumarmes Salz, dessen Natriumanteil weitgehend durch Kalium und Magnesium ersetzt wurde. Oft hat es einen leicht bitteren Nachgeschmack.

Nitritpökelsalz
Es ist Kochsalz, dem Natriumnitrit zugesetzt wurde. Der Anteil muß zwischen 0,4 und 0,5 % liegen. Dieses Salz wird vor allem zur Herstellung von Wurst- und Fleischwaren verwendet. Die damit behandelten Waren haben ein typisches Pökelaroma.

Verwendung
Salz ist eine Grundwürze für fast alle Speisen. Außerdem braucht man es zum Konservieren.

Lagerung
Salz immer kühl und trocken aufbewahren, sonst klumpt es. Am besten ist ein Salzfäßchen aus Keramik geeignet.

Küchentips

- Fleisch immer erst nach dem Braten salzen, weil sonst der aromatische Fleischsaft austritt.

- Salz verstärkt den Eigengeschmack von Gemüse. Deshalb Gemüse immer in Salzwasser garen.

- Beim Garen in der Mikrowelle Salz immer erst am Ende der Garzeit zusetzen. Das Fleisch wird sonst zäh und das Gemüse verbrennt.

- Um das Verklumpen von Salz zu verhindern, können Sie Reiskörner in den Salzstreuer geben. Der Reis sorgt für eine gute Rieselfähigkeit des Salzes, da er die Feuchtigkeit aufnimmt.

Streuwürzen

Sie sind eine Mischung aus Glutamat, Stärke, Fett, Gewürzen und Salz. Es gibt sie in Streudosen oder als Würfel. Sie heben den Eigengeschmack aller herzhaften Speisen und geben ihnen eine pikante, würzige Note.

Verwendung

Streuwürzen sind universelle Würzmittel und würzen Suppen und Saucen, Gemüse, Salate sowie Kartoffeln, Reis- und Teigwaren. Auch Eiergerichte, Fisch, Fleisch und Geflügel werden mit ihnen abgeschmeckt.

Küchentips

■ Streuwürzen können anstelle von Salz verwendet werden. 1–2 TL Streuwürze reichen für 500 g Fleisch oder Gemüse sowie für 1/2 l Sauce oder Suppe.

■ Streuwürzen können vor, während und nach der Zubereitung von warmen und kalten Speisen verwendet werden.

Suppengewürz

auch Suppengrün genannt. Mischung aus getrocknetem, würzendem Gemüse, wie Möhren, Sellerie, Tomaten, Porree, Pastinaken und Zwiebeln, sowie Gewürzen und getrockneten Kräutern, wie Petersilie und Macis. Es darf kein Salz enthalten.

Geschmack und Aroma

Suppengewürz schmeckt aromatisch würzig.

Verwendung

Getrocknetes Suppengewürz verfeinert Bouillons, Hühner- und Rindfleischsuppen sowie Kartoffel-, Reis- und Nudelsuppen, aber auch Eintöpfe mit Erbsen, Bohnen und Linsen.

Küchentips

■ Getrocknetes Suppengewürz würzt wesentlich intensiver als frisches Suppengrün. Sie brauchen für 1 l Suppe nicht mehr als 2 gehäufte EL Suppengewürz.

■ Das Gewürz sollte von Anfang an mitkochen.

Weihnachtsgebäckgewürze

Wer ausschließlich zur Weihnachtsbäckerei Anis, Koriander, Kardamom oder Macis braucht, für den gibt es bereits fix und fertig gemischte Gewürzmischungen.

Lebkuchen- oder Honigkuchengewürz

Eine Mischung aus Zimt, Koriander, Anis, Sternanis, Nelken, Orangen- und Zitronenschalen sowie Kardamom, Muskatnuß, Macis und Piment. Paßt gut zu Lebkuchen, Honigkuchen und Weihnachtsgebäck.

Spekulatiusgewürz

Mischung aus Zimt, Koriander, Sternanis, Nelken, Piment, Orangen- und Zitronenschalen, Kardamom, Ingwer, Macis und Muskatnuß. Paßt gut zu Spekulatius und anderem Weihnachtsgebäck, in dem ein kleines Ingweraroma erwünscht ist.

Rezeptvorschlag

Lübecker Leckerli

ca. 25 Stück

150 g Marzipanrohmasse
75 g Puderzucker
1 Eigelb, 250 g Butter
1 Päck. Vanillezucker
100 g Puderzucker
250 g Speisestärke
75 g Mehl, 3 EL Kakao
1/2 TL Spekulatiusgewürz

Für die Füllung Marzipan, Puderzucker und Eigelb verkneten. Die Masse mit angefeuchteten Händen zu pfennig-großen Kugeln formen. Den Backofen auf 175 °C vorheizen. Für den Teig das Fett schaumig rühren und Vanille- und Puderzucker dazugeben. Speisestärke, Mehl, Kakao und Spekulatiusgewürz darunterrühren und alles gut verkneten. Aus dem Teig Rollen (ca. 2 cm ø) formen und 1 cm dicke Scheiben abschneiden. Auf jede Scheibe ein Marzipankügelchen legen und zu Kugeln formen. Ein Backblech mit Backpapier auslegen, die Kugeln darauf setzen und 15 bis 20 Minuten backen.

Kräuter

Basilikum

(Lat. Ocimum basilicum), auch Königskraut, Basilkraut oder Hirnkraut genannt.

Das einjährige Kraut mit den zartgrünen, leicht gezahnten Blättern und weißlichen Blüten, das zur Familie der Lippenblütler gehört, stammt ursprünglich aus Indien. Noch heute ist eine Basilikumart den Hindus heilig. Von Indien kam es nach Südeuropa. Und von Italien schließlich ließ es Karl der Große importieren und in den Klostergärten nördlich der Alpen anbauen.
Das Wort Basilikum leitet sich übrigens von dem griechischen „basileus" ab, und das heißt König. Deshalb wird Basilikum auch Königskraut genannt.

Geschmack und Aroma

Frisches Basilikum schmeckt und duftet süßlich pfeffrig, ein bißchen nach Nelken. Getrocknet hat das Kraut einen eher herbstumpfen Geschmack.

Verwendung

Basilikum gibt es frisch und getrocknet, d. h. gerebelt – die Blätter sind von den Zweigen abgestreift. Basilikum paßt besonders gut zu frischen Salaten, wie Tomatensalat, zu Eier- und Nudelgerichten sowie zu Gemüse, wie Zucchini, Möhren, Auberginen, Gurken und Pilzen. Auch in Kräutersaucen, wie im weltberühmten Pesto, und auf Pizza darf das Kraut nicht fehlen. Auch Fisch, Lamm, Geflügel und Kalb werden mit Basilikum gewürzt.

Lagerung

Frisches Basilikum hält sich im Frischhaltebeutel im Kühlschrank 1–2 Tage. Getrocknetes Basilikum, kühl und dunkel aufbewahrt, mehrere Monate.

Anwendung in der Heilkunde

Basilikum wirkt appetitanregend, magenberuhigend, verdauungs- und stoffwechselfördernd.

Küchentips

■ Die empfindlichen Basilikumblättchen erst kurz vor der Verwendung von den Stielen zupfen. Nicht mitkochen, sondern nur kurz erwärmen.

■ Besonders würzig ist Basilikum, das im Bund mit Wurzeln angeboten wird.

■ Im August und September wird auch manchmal rotblättriges Basilikum angeboten. Es schmeckt ein bißchen nach Ingwer und Fenchel.

■ Aus Israel kommt neuerdings Anis-Basilikum auf unsere Märkte. Die Blätter sind besonders aromatisch, schmecken gut zu Geflügel und Nudeln.

■ Basilikum harmoniert mit Salbei, Knoblauch, Rosmarin, Oregano und Thymian.

■ Es eignet sich gut zum Einfrieren und zum Einlegen in Essig oder Öl.

Rezeptvorschlag

Pesto

Für 4 Personen

2 Bund Basilikum
2 EL Pinienkerne
3 Knoblauchzehen
etwas Salz
2 1/2 EL frisch geriebener Parmesan
2 1/2 EL frisch geriebener Pecorino
1/8 l kaltgepreßtes Olivenöl

Basilikumblätter waschen, trockentupfen, von den Stielen zupfen und in feine Streifen schneiden. Pinienkerne in einer Pfanne ohne Fett schwach rösten. Abkühlen lassen. Mit dem geschälten und feingehackten Knoblauch den Basilikumstreifen und 1 Prise Salz im Mörser zu einer Paste zerreiben oder im Mixer fein pürieren. Nach und nach den Käse und das Öl dazugeben und alles so lange rühren, bis das Pesto schön cremig ist.

Beifuss

(Lat. Artemisia vulgaris), auch Beinweich-, Besen-, Bibis-, Jungfern-, Gänse- oder Johanniskraut genannt.

Die bis zu 2 m hohe, wie Unkraut wachsende, mehrjährige Pflanze ist mit dem Wermut verwandt und stammt ursprünglich aus Asien. Heute wird sie jedoch auch in Frankreich, den Balkanstaaten und Deutschland kultiviert. Die Blätter der zur Familie der Korbblütler gehörenden Pflanze sind oft am Rand eingerollt und haben eine dunkelgraue Oberseite und eine weiße, filzige Unterseite. In den zahlreichen Blütenkörbchen blühen dunkelgelbe Blüten. Als Würze am besten geeignet sind die Rispen mit den noch geschlossenen Knospen.

Der Name Beifuß wird vom mittelhochdeutschen Wort „bîbôz" = „Beigestoßenes" – also ein Gewürz, das zur Speise gestoßen wurde – abgeleitet. Das Gewürz wurde vor Gebrauch geschlagen oder zerstampft. Die alten Germanen umgürteten sich zur Sonnenwendfeier mit Beifußstengeln als Schutz vor Lendenkrankheiten. Im 15. Jh. n. Chr. war Beifuß so beliebt wie heute bei uns Petersilie.

Geschmack und Aroma

Beifuß schmeckt herb, leicht bitter und riecht wie eine Mischung aus Minze und Wacholder.

Verwendung

Beifuß gibt es selten frisch, hauptsächlich getrocknet. In getrockneter Form kommt er gemahlen und gerebelt in den Handel. Er paßt zu allen fetten Braten, wie Gans, Ente, Schwein, Lamm, aber auch zu kräftigen Fleischeintöpfen und Kohlgerichten.

Lagerung

Frischer Beifuß hält sich im Frischhaltebeutel im Kühlschrank etwa 2 Tage. Getrockneten Beifuß in luftdicht verschlossenen Behältern kühl und dunkel aufbewahren.

Anwendung in der Heilkunde

Beifuß wirkt harntreibend und krampfstillend.

Küchentips

- Beifuß sollte immer mitgaren, da er sein Aroma erst durch Hitze entfalten kann.
- Frischer Beifuß läßt sich gut einfrieren.
- Beste Erntezeit für Beifuß ist Anfang August.

Rezeptvorschlag

Norddeutscher Gänsebraten

Für 8 Personen

1 küchenfertige Gans (à 3–4 kg)
Salz
4 Äpfel
½ Bund Beifuß
1 EL Stärke

Die Gans innen und außen kalt abwaschen und innen salzen. Ins Innere die Apfelviertel zusammen mit einigen Stengeln Beifuß legen und die Öffnung mit Baumwollgarn zunähen. Die Gans mit der Brust nach unten in eine Fettpfanne legen. Mit ¼ l Wasser übergießen und im auf 200 °C vorgeheizten Backofen braten. Nach 1 Stunde die Gans wenden, das Fett abschöpfen und ¼ l heißes Wasser zugießen. Während der bis zu 3 Stunden dauernden Bratzeit in Abständen die Gans mit dem Bratfond begießen. In der letzten Viertelstunde der Bratzeit die Haut mit kaltem Salzwasser bestreichen, damit sie knusprig wird. Anschließend die fertig gebratene Gans herausnehmen und warmstellen. Das Fett von der Sauce abschöpfen, den Bratfond durch ein Sieb gießen, etwas Wasser mit der Stärke verrühren, die Sauce damit binden und abschmecken. Das Garn aus der Gans entfernen.
Die Sauce getrennt zur Gans reichen.

BEINWELL

(Lat. Symphytum officinale), auch Wallwurz oder Schwarzwurzel genannt.

Das zur Familie der Rauhblattgewächse zählende Kraut mit seinen grünen, behaarten Blättern und den glockenförmigen, gelblichweißen oder lilafarbenen Blüten ist vor allem in Europa und Asien heimisch. Die bis zu 1,20 m hohe Pflanze liebt Wegränder, feuchte Wiesen, Böschungen von Wassergräben und wächst dort wie Unkraut. Der Name Beinwell beruht darauf, daß man meinte, die Wurzel heile Knochenbrüche.

GESCHMACK UND AROMA

Beinwell schmeckt und riecht frisch würzig und ist sehr aromatisch.

VERWENDUNG

Die jungen Blätter kann man wie Spinat als Gemüse essen. Kleingeschnitten sind sie ein vorzügliches Salat- und Suppengewürz. In der Mittelschweiz backt man die Blätter in einem Teig. Die Stengel können wie Sellerie verwendet werden. Vorher sollte man sie jedoch blanchieren.

LAGERUNG

Frischer Beinwell hält sich im Frischhaltebeutel im Kühlschrank 1–2 Tage.

ANWENDUNG IN DER HEILKUNDE

Umschläge mit Beinwelltee helfen gegen Verstauchungen und Schwellungen.

KÜCHENTIPS

- Beinwellblättchen vertragen eine längere Kochzeit.
- Sie lassen sich auch sehr gut trocknen und einfrieren.

Die glockenförmigen Blüten des Beinwell

REZEPTVORSCHLAG

Frische Beinwellsuppe

Für 4 Personen

1 mittelgroße Stange Lauch
30 g Butter
150 g Beinwellblätter
3/4 l Fleischbrühe
350 g Kartoffeln
Salz
weißer Pfeffer

Geschwaschene Lauchstange in Ringe schneiden und in der Butter andünsten. Beinwell waschen und die Blätter in schmale Streifen schneiden. Zusammen mit dem Lauch etwa 5 Minuten unter Wenden dünsten. Fleischbrühe angießen, zum Kochen bringen. Geschälte, in dünne Stifte geschnittene Kartoffeln zur Suppe geben, etwa 25 Minuten bei mittlerer Hitze weich kochen lassen. Mit Salz und Pfeffer würzen.

BOHNENKRAUT

(Lat. Satureja hortensis), auch Pfeffer-, Wein-, Aalkraut oder Josefle genannt.

Das Kraut mit seinen schmalen, dunkelgrünen Blättern und den zartlilafarbenen, zweilippigen Blüten gehört zur Familie der Lippenblütler und wird bis zu 50 cm hoch. Ursprünglich stammt die Verwandte des Oreganos und des Thymians aus dem östlichen Mittelmeergebiet. Man findet sie heute jedoch in ganz Süd- und Mitteleuropa, Westasien, aber auch Südafrika und Nordamerika. Man unterscheidet in das einjährige Sommerbohnenkraut und das mehrjährige Winter- oder Bergbohnenkraut, das etwas herber im Geschmack ist.

GESCHMACK UND AROMA

Bohnenkraut schmeckt scharf, pfefferartig brennend und riecht aromatisch würzig.

VERWENDUNG

Bohnenkraut gibt es frisch oder getrocknet, gerebelt und gemahlen. Es paßt zu grünen und weißen, aber auch zu allen anderen Bohnensorten. Es würzt Eintöpfe mit Hülsenfrüchten, Kartoffel- und Fleischsalate und Tomatengerichte. Beliebtes Gewürz ist es auch bei Ragouts, Lamm, Schwein und Kaninchen, aber auch Fisch, wie Aal. Auch eingelegte Gurken und Essiggemüse können damit gewürzt werden.

LAGERUNG

Frische Blätter im Frischhaltebeutel im Kühlschrank aufbewahren. Getrocknetes Bohnenkraut luftdicht verschlossen kühl und dunkel lagern.

ANWENDUNG IN DER HEILKUNDE

Bohnenkraut bewirkt bei allen Gerichten mit Hülsenfrüchten, daß sie zu weniger Blähungen führen. Zudem wirkt es appetitanregend und krampfstillend.

Blühendes Bohnenkraut

KÜCHENTIPS

■ Zu frischen Bohnengerichten am besten frisches Sommerbohnenkraut, zu getrockneten Bohnen das kräftigere Bergbohnenkraut verwenden.

■ Vorsichtig dosieren, denn erst beim Kochen entwickelt es seinen vollen Geschmack.

■ Beim frischen Kraut nimmt man die Blättchen oder jungen Triebe. Man kocht sie unzerkleinert mit den Speisen mit oder gibt sie zum Schluß feingehackt über das Gericht.

■ Bohnenkraut läßt sich sehr gut einfrieren und trocknen.

Borretsch

(Lat. Borago officinalis), auch Gurkenkraut, Borgil, Gegenfraß, Herzfreude, Liebäuglein und Wohlgemutskraut genannt.

Das bis zu 45 cm hohe, einjährige Kraut stammt aus Europa und wird auch in Deutschland als Kulturpflanze angebaut. Die Pflanze, die zur Familie der Borretschgewächse gehört, hat ovale, leicht behaarte Blätter und sternförmige, blaue Blüten.

Geschmack und Aroma

Borretsch schmeckt frisch würzig, hat einen leichten Gurkenbeigeschmack. Die Blätter riechen aromatisch und ein bißchen nach Zwiebeln.

Verwendung

Borretsch ist ein richtiges Sommerkraut, daß man am besten nur frisch verwendet. Getrocknet verliert es an Aroma. Es paßt ideal an Gurkensalate, eingelegte Gurken und Schmorgurken, aber auch zu Salaten, Saucen, kaltem Fleisch, Kräuterquark und Kräuterbutter. Es würzt Gemüse, wie Kohlrabi, Wirsing und Spitzkohl, aber auch Hackfleisch, Fischgerichte und Eierspeisen. Mit saurer Sahne und gehackten Nüssen vermischt, ergibt es einen leckeren Brotaufstrich.
Zudem eignet es sich zum Aromatisieren von Bowlen und Fruchtsäften. Man kann die Blätter übrigens wie Spinat zubereiten. Auch die dekorativen Blüten lassen sich mitessen. Sie sind ideal zum Dekorieren von Salatplatten und Desserts oder zum Blaufärben von Essig.

Lagerung

Frische Blätter welken rasch. Allerdings lassen sich die Blätter gut einfrieren.

Anwendung in der Heilkunde

Aufgegossene Blätter wirken harntreibend. Außerdem wirkt das Kraut herz- und nierenstärkend sowie erkältungslindernd.

Küchentips

- Verwenden Sie möglichst junge, zart behaarte Blätter. Schneiden Sie diese in recht dünne Streifen, damit die Borsten beim Essen nicht stören. Außerdem ist so das Aroma am intensivsten.

- Borretsch nicht mitkochen, sondern nur kurz miterwärmen.

Rezeptvorschlag

Gurkensalat in Borretschsahne

Für 4 Personen

1 große Salatgurke
125 g süße Sahne
2 EL Kräuteressig
1/2 TL Salz, 1 EL Zucker
1/2 Bund Borretsch

Geschälte Gurke längs halbieren, entkernen und die Hälften in feine Scheiben hobeln. Sahne mit Essig, Salz und Zucker verrühren. Die Borretschblätter von den Stielen zupfen, in feine Streifen schneiden und unter die Sahne rühren. Gurken in das Dressing geben und einige Minuten durchziehen lassen.

Bouquet garni

(Kräutersträußchen)

Bezeichnung für ein Kräutersträußchen, das in der französichen Küche eine große Rolle spielt. Das klassische, frische Bouquet garni besteht aus 3 Petersilienstengeln, 1 kleinen Thymianzweig und 1 kleinen Lorbeerblatt. Daneben gibt es noch getrocknetes Bouquet garni. Es besteht aus gleichen Teilen getrocknetem Lorbeerblatt, Petersilie und Thymian. Man kann es fertig kaufen oder es auch selbst zubereiten. Dafür die Kräuter auf ein Stück Musselin geben und zu einem Säckchen zusammenbinden.

Verwendung

Je nach Art des Gerichtes kann das traditionelle, frische Sträußchen jedoch beliebig abgewandelt werden.
Für Lamm und Rindfleisch, wie Boeuf bourguignonne, bindet man Rosmarin, Thymian, Bohnenkraut, Minze und Petersilie zusammen.
Zu Schweinefleisch paßt ein Bündel aus Salbei, Thymian und Majoran.
Für geschmortes Geflügel, wie Coq au vin, nimmt man 1 Stück Selleriestange, 1 Stengel Petersilie, 1 Zweig Thymian, 1 Zweig Majoran, 1 Zweig Estragon und 1 Lorbeerblatt. Für Wildgerichte ergänzt man diese Mischung durch ein paar Wacholderbeeren.
Meeresfrüchte schmecken am besten mit Dill, Estragon und Zitronenschale.
Getrocknetes Bouquet garni paßt ideal zu Eintöpfen, Schmorgerichten und allen Gerichten mit langer Garzeit.

Lagerung

Frische Kräuter verlieren schnell ihr Aroma, deshalb sollte man das Bouquet garni möglichst kurz vor der Zubereitung zusammenstellen. Getrocknetes Bouquet garni in luftdicht verschlossenen Behältern kühl und dunkel lagern.

Küchentip

Frisches und getrocknetes Bouquet garni gibt man zu Beginn der Kochzeit zum Gericht und entfernt es vor dem Servieren wieder.

BRUNNENKRESSE

(Lat. Nasturtium officinale), auch Bach- oder Wasserkresse, Wassersenf oder Quellenrankenkraut genannt.

Die bis zu 70 cm hohe, mehrjährige Pflanze mit ihren gefiederten, dunkelgrünen, fleischigen Blättern und den weißen Blüten gehört wie ihre Verwandte, die Gartenkresse, zur Familie der Kreuzblütler. Allerdings macht sie sich ziemlich rar und wächst wild nur an klaren Quellen, Bächen und Flußläufen in gemäßigten Klimazonen. Heute wird sie jedoch auch kultiviert, so daß man sie fast das ganze Jahr über kaufen kann. Brunnenkresse enthält reichlich Vitamin C.

GESCHMACK UND AROMA

Brunnenkresse hat einen mildpfeffrigen Geschmack, der ein bißchen an Rettich erinnert, und ein edles, sehr feines Aroma.

VERWENDUNG

Brunnenkresse schmeckt als knackiger Salat. Sie würzt, wie Kerbel, helle Saucen, sahnige Suppen, Kräuterquark, Tomaten- und andere Salate. Zudem ist sie ein leckerer Brotbelag.

LAGERUNG

Die zarten Blättchen welken schnell. Deshalb am besten innerhalb eines Tages nach dem Einkauf verbrauchen.

KÜCHENTIP

Brunnenkresse verträgt keine starke Hitze. Deshalb Blätter nicht mitkochen, sondern nur kurz erwärmen.

CURRYBLÄTTER

(Lat. Murraya koenigii), auch Murraya genannt.

Der Strauch mit seinen schmalen, glänzend olivgrünen Blättern und seinen duftenden, weißen Blüten und lilafarbenen Beeren gehört zur Familie der Rautengewächse und ist ein naher Verwandter des Citrusbaumes. Die Blätter erinnern an kleine Lorbeerblätter, sind allerdings etwas weicher. Die Heimat des Strauches sind die südlichen Hänge des Himalaja, er wächst aber auch wild in Indien, Sri Lanka und Malaysia. Curryblätter werden vor allem in der südindischen Küche verwendet. Dort nennt man sie auch „nim“ oder „kariphulia“.

GESCHMACK UND AROMA

Curryblätter schmecken würzig und aromatisch. Ihr Duft erinnert leicht an Curry.

VERWENDUNG

Curryblätter gibt es frisch oder getrocknet zu kaufen. Beide Sorten würzen Currys, Fleisch- und Fischgerichte, aber auch herzhaftes Gemüse, Chutneys und Relishes. Getrocknet und gerieben sind sie wesentlicher Bestandteil der Madras-Curry-Mischungen. Sie passen aber auch zu Marmeladen, Dressings, Suppen und kräftigen Eintöpfen.

LAGERUNG

Frische Curryblätter sollten möglichst schnell nach dem Kauf verbraucht oder eingefroren werden. Getrocknete Blätter luftdicht verschlossen aufbewahren. So halten sie sich mehrere Monate.

KÜCHENTIPS

- Frische Blätter sind wesentlich aromatischer als getrocknete. Wenn Sie getrocknete kaufen, achten Sie darauf, daß diese vakuumverpackt sind.

- Im äußersten Notfall lassen sich Curryblätter durch frische Lorbeerblätter ersetzen.

Rezeptvorschlag

Garnelen in Kokosmilch

Für 4 Personen

750 g rohe Garnelen
1 EL Butterschmalz
2 Zwiebeln
2 Knoblauchzehen
1 TL feingeriebener, frischer Ingwer
2 frische, rote Chilis
1 TL gemahlener Kurkuma
8 frische Curryblätter
500 ml Kokosmilch (Dose)
etwas Salz
Zitronensaft

Die Garnelen aus der Schale lösen, die Innereien herausnehmen. Garnelen kalt abspülen und trockentupfen. Butterschmalz zerlassen und feingehackte Zwiebeln und zerdrückten Knoblauch sowie den Ingwer darin anbraten. Entkernte, feingehackte Chilis, Kurkuma und Curryblätter dazugeben, etwa 10 Minuten offen einkochen lassen. Garnelen einlegen und 5–10 Minuten garen. Nach Geschmack mit Zitronensaft abschmecken.

DILL

(Lat. Anethum graveolens), auch Gurken- und Karpern- oder Hexenkraut genannt.

Die einjährige Dillpflanze mit ihren feingefiederten Blättern und dottergelben Blüten wird bis zu 1,20 m hoch und gehört zur Familie der Doldengewächse. Ihr ursprüngliches Heimatland läßt sich schwer bestimmen. Vermutlich liegt es jedoch in Gebieten mit heißem, trockenem Klima.
Im alten Ägypten war Dill schon als Kulturpflanze bekannt. Die Griechen nahmen Dill als Heilmittel gegen Schluckauf, die Römer würzten damit Geflügel und Wein. Heute wird Dill so gut wie überall in Europa angebaut. Er spielt vor allem in der Küche Nordeuropas eine große Rolle.

GESCHMACK UND AROMA

Dill schmeckt mild, etwas kümmelartig. Er riecht sehr aromatisch.

VERWENDUNG

Dill gibt es frisch und getrocknet sowie als ganze oder gemahlene Samen zu kaufen. Frisch oder auch getrocknet würzt er helle Saucen, Mayonnaise und Remoulade. Hühner- und Kalbfleischragouts, Fisch, wie Aal und Matjes werden gerne mit Dill abgeschmeckt und natürlich sollte das Kraut auch nicht an Fischsud, Krabben, Hummer und Krebsen fehlen. Es paßt aber auch zu Gemüse, wie Gurken, Zucchini und Bohnen, sowie zu Salaten und Rohkostplatten. Die Samen eignen sich zum Bestreuen von Brot, für geschmorten Kohl und Fleischeintöpfe.

LAGERUNG

Frischen Dill am besten im Plastikbeutel im Kühlschrank aufbewahren. Die getrockneten Blätter und Samen luftdicht verschlossen kühl und dunkel lagern.

Blühender Dill

Anwendung in der Heilkunde

Dillsamen wirken beruhigend und verdauungsfördernd.

Küchentips

■ Dill verträgt keine große Hitze. Deshalb nur kurz, am besten überhaupt nicht mitgaren. Er wird sonst grau, verändert allerdings sein Aroma nicht.

■ Getrocknete Blätter sind weniger aromatisch als frische. Sie schmecken fast wie Heu.

■ Dill läßt sich gut einfrieren. Am besten feingehackt mit etwas Wasser in Eiswürfelschalen geben.

■ Dill ist ein Einzelgänger. Er verträgt sich nur mit Zwiebeln, Senfkörnern, Petersilie oder Knoblauch.

Estragon

(Lat. Artemisia dracunculus), auch Dragen-, Schlangen-, Eier- oder Trabenkraut genannt.

Die bis zu 1,50 m hohe, mehrjährige Pflanze mit ihren hell- bis dunkelgrünen, lanzettähnlichen Blättern gehört zur Familie der Korbblütler und stammt vermutlich aus China. Auch die Araber würzten ihre Speisen damit. Und von dort kam das Kraut wohl auch nach Europa – entweder durch die Mauren oder die Kreuzritter. Von Frankreich aus trat Estragon dann schließlich seinen Siegeszug durch die Feinschmeckerküchen Europas an.

Geschmack und Aroma

Estragon schmeckt bittersüß und feinwürzig. Er duftet wie eine Mischung aus Waldmeister und Anis. Je nach Jahreszeit ist das Aroma jedoch sehr unterschiedlich, im Sommer wesentlich intensiver als im Frühjahr.

Verwendung

Estragon gibt es frisch und getrocknet – gerebelt und gemahlen – zu kaufen. Die frischen Zweigspitzen und die Blätter sind unentbehrlich in der klassischen Sauce béarnaise. Sie würzen aber auch Butter- und Sahnesaucen sowie helles Fleisch, Geflügel, Fisch und Eier. Estragon paßt gut an Salate und Gemüse, wie Tomaten, Zucchini und Steinpilze, sowie an Kräuterbutter, Kräuterquark, Senf und Essig, aber auch an Obstsalate. Besonders köstlich: etwas Estragon an die Sauerbratenbeize oder in die Gewürzgurkenmarinade zu geben.

Lagerung

Frische Blätter halten sich im Plastikbeutel im Kühlschrank einige Tage. Getrockneten Estragon in luftdicht verschlossenen Behältern kühl und dunkel aufbewahren.

Blühender Estragon

KÜCHENTIPS

■ Bei Estragon unterscheidet man zwei Sorten: Deutschen oder Französischen und Russischen oder Sibirischen Estragon. Der deutsche schmeckt angenehm würzig und anisartig, der russische dagegen etwas bitter und beißend, eher kerbelartig.

■ Für würzige Fleischbrühen oder Fischgerichte ganze Estragonstengel mitkochen.

■ Sonst die Blätter fein hacken und auch leicht erwärmen.

■ Estragon läßt sich nicht gut trocknen, er schmeckt dann heuartig. Tiefgefrieren ist jedoch möglich.

REZEPTVORSCHLAG

Feine Rahmsuppe

Für 4 Personen

40 g Butter
1 1/2 EL Mehl
1/2 l Fleischbrühe
250 g süße Sahne
2 EL Cognac, 1 TL Zitronensaft
je 1 Bund Schnittlauch, Petersilie, Kerbel und Estragon
schwarzer Pfeffer, 1 Eigelb

Die Butter zerlassen, das Mehl darin goldgelb andünsten. Mit Brühe ablöschen. Etwa 10 Minuten leise kochen lassen. Sahne, Cognac und Zitronensaft unterrühren. Einmal aufkochen lassen. Die Kräuter kalt abspülen, trockenschütteln und fein hacken. Unter die Suppe rühren und mit Pfeffer würzen. Zum Schluß die Suppe mit dem Eigelb legieren. Die Rahmsuppe nicht mehr kochen lassen.

Fines herbes

(Feine Kräuter)

Französische Kräutermischung aus frischem Schnittlauch, Kerbel, Petersilie und Estragon. Sie ist unentbehrlich in der klassischen französischen Küche.

Geschmack und Aroma
Fines herbes haben ein besonders feines Aroma und einen intensiven Kräutergeschmack.

Verwendung
Für Fines herbes kauft man die einzelnen Kräuter und verwendet sie zu gleichen Teilen. Es gibt auch eine getrocknete Fertigmischung. Sie enthält allerdings auch Majoran, Salbei und Bohnenkraut und ist mit dem Original nicht zu vergleichen.
Feingehackt würzen Fines herbes Eierspeisen, wie Omeletts und Rührei, sowie gebundene Suppen, Quark und Frischkäse, Kräuterbutter.
Weiße Saucen, helles Fleisch und Geflügel sowie Fisch werden ebenfalls gerne mit der Kräutermischung abgeschmeckt.

Lagerung
Im Frischhaltebeutel bleiben die einzelnen Kräuter im Kühlschrank einige Tage frisch.

Küchentips

- Die klassische Vier-Kräuter-Mischung kann durch gehackte Champignons oder Trüffel, aber auch durch Schalotten, weißen Pfeffer und eventuell Knoblauch erweitert werden.

- Fines herbes müssen immer frisch sein. Ist eines der Kräuter frisch nicht erhältlich, dann kann man es weglassen oder eventuell statt dessen Dill oder ein wenig Basilikum nehmen.

- Da Hitze das Aroma der Kräuter beeinträchtigt, sie immer erst am Ende der Garzeit zufügen oder zum Garnieren über die Speisen streuen.

KAPUZINERKRESSE

(Lat. Tropaeolum majus)

Die bei uns einjährige Pflanze, die bis zu 5 m weit am Boden entlang oder in die Höhe rankt, stammt ursprünglich aus Lateinamerika. Von dort brachte sie der Holländer Bewerning 1684 nach Mitteleuropa, wo sie in Klostergärten gezogen und zwecks ihres hohen Vitamin-C-Gehalts als Heilmittel gegen Skorbut geschätzt wurde. Die üppig rotgelb blühende Pflanze mit ihren dunkelgrünen Blättern und hellgrünen Stielen ist nicht mit unserer heimischen Kresse verwandt.

GESCHMACK UND AROMA

Die Blätter und die Blüten schmecken leicht pfeffrig, etwas süßlich und kresseähnlich. Ihr Duft ist angenehm aromatisch.

VERWENDUNG

Gehackte oder feingeschnittene Blätter würzen Salate, Saucen, Eier- und Kartoffelgerichte, Frischkäse und Quark. Die eßbaren Blüten würzen Essig, schmücken Salate und Desserts. Blätter, Blütenknospen sowie Blüten und unreife Früchte lassen sich zu einem wohlschmeckenden Salat anmachen.

LAGERUNG

Kapuzinerkresse welkt schnell und läßt sich deshalb nicht lange aufbewahren. Sie ist weder zum Trocknen noch zum Tiefkühlen geeignet.

KÜCHENTIP

Aus den grünen, unreifen Früchten können „falsche Kapern“ hergestellt werden. Man läßt sie über Nacht, leicht eingesalzen, stehen, übergießt sie dann mit Essig und bewahrt sie in einem verschlossenen Glasgefäß auf.

Kerbel

(Lat. Anthriscus cerefolium), auch Korfel-, Korbel- oder Kufelkraut, Suppen- oder Küchenkraut genannt.

Die einjährige, bis zu 60 cm hohe Pflanze mit ihren farnähnlichen, hellgrünen Blättchen und den weißen Blüten gehört zur Familie der Doldengewächse und stammt ursprünglich aus Südostrußland. Schon die Römer kannten Kerbel und würzten damit Gerichte mit Hühnerfleisch. Kerbelblätter ähneln denen der glatten Petersilie, sind aber viel zarter.

Geschmack und Aroma

Kerbel schmeckt leicht süßlich und erinnert im Geschmack etwas an Fenchel und Anis.

Verwendung

Kerbel gibt es frisch oder getrocknet zu kaufen. Er ist unentbehrlich in der beliebten Kerbelsuppe, in Kräutermayonnaise oder -remoulade. Kerbel paßt gut an Eiergerichte, wie Rührei und Omelett, und an zarte Cremesuppen sowie an Quark, Joghurt, Frischkäse. Helle Fleisch- und Fischragouts werden gerne mit Kerbel abgeschmeckt.

Lagerung

Die Blätter können einige Tage im Frischhaltebeutel im Kühlschrank aufbewahrt werden. Getrockneten Kerbel luftdicht verschlossen, kühl und dunkel lagern.

Küchentips

- Kerbel verliert durch langes Kochen ein Großteil seines Aromas. Darum nie lange mitkochen lassen. Am besten ein Teil des gehackten Krauts erst gegen Ende der Garzeit an das Gericht geben.
- Das Aroma des Kerbels verflüchtigt sich beim Trocknen und Einfrieren.

KORIANDERGRÜN

(Lat. Coriandrum sativum), auch Cilantro oder Wanzenkraut genannt.

Das einjährige Kraut mit seinen zarten, hellgrünen, petersilieähnlichen Blättern und den weißen bis rosafarbenen Blüten gehört zur Familie der Doldengewächse (→ S. 32). Ursprünglich stammt die Pflanze aus Südeuropa und dem Vorderen Orient, wird heute aber vor allem in der indischen, mexikanischen und brasilianischen Küche verwendet.
Die Griechen nannten das Kraut auch Wanzenkraut, weil es ihrer Meinung nach unangenehm nach Wanzen duftet.

Geschmack und Aroma

Koriandergrün schmeckt und riecht sehr spezifisch. Für viele ist sein scharfbitterer Geschmack gewöhnungsbedürftig.

Verwendung

Koriandergrün gibt es inzwischen das ganze Jahr über zu kaufen. Die frischen Blätter würzen Suppen und Eintöpfe sowie Currys und Blattsalate. Zu Fisch, Geflügel, Bohnen-, Möhren- und Tomatengerichten paßt das Kraut genauso gut wie zu Chutneys und Relishes.

Lagerung

Frische Blätter sind nur begrenzt haltbar. Am besten Koriandergrün mir feuchtem Küchenpapier umwickeln und im Kühlschrank aufbewahren. Getrocknetes Koriandergrün trocken und dunkel im fest schließenden Behältern lagern.

Küchentips

- Koriandergrün ist besonders aromatisch, wenn man die Blätter erst vor dem Servieren an die fertigen Speisen gibt.
- Es harmoniert mit frischer Minze und Kreuzkümmel.
- Feingehackt würzen die Wurzeln des Korianders Currys.

KRESSE

(Lat. Lepidium sativum), auch Gartenkresse genannt.

Das einjährige, schnell keimende und wachsende Kraut das etwa 50 cm hoch wird, gehört zur Familie der Kreuzblüter. Das weißblühende Gewürz mit seinen zarten kleinen Blättchen stammt aus Nordostafrika und dem Vorderen Orient. In Mittel- und Nordeuropa wird es seit dem frühen Mittelalter angebaut.

GESCHMACK UND AROMA

Gartenkresse schmeckt scharf, meerrettichähnlich und riecht angenehm frischaromatisch.

VERWENDUNG

Die würzige Gartenkresse gibt es das ganze Jahr über frisch, im Kästchen zu kaufen. Man kann sie aber auch ganzjährig auf der Fensterbank selbst ziehen. Verwendet werden nur die zarten Blättchen. Sie würzen frische Salate, feine Sahne- und Mayonnaisesaucen. Kresse paßt zu Kräutersuppen, zu Fisch- und Schalentieren sowie zu Geflügel und Eiergerichten. Außerdem ist Kresse ein beliebtes Gewürz bei Kräuterquark und -frischkäse.

LAGERUNG

Kresse, die noch nicht abgeschnitten ist, kann man ein paar Tage – gut feuchtgehalten – im Gemüsefach des Kühlschranks aufbewahren.

KÜCHENTIPS

- Kresse mag keine Hitze. Deshalb sollte man sie immer erst ganz am Schluß an die Speise geben.

- Außerdem sollte man Kresse nicht waschen. Die zarten Blättchen fallen sonst zusammen und verlieren dadurch ein Großteil ihres Aromas.

LIEBSTÖCKEL

(Lat. Levisticum officinale), auch Maggi- oder Badekraut, Leber-, Wurst- oder Laubstock genannt.

Das mehrjährige Kraut mit seinen dreieckig-rhombischen, sellerieähnlichen, dunkelgrünen Blättern und gelben Blütendolden gehört zur Familie der Doldengewächse. Das bis zu 2 m hohe Würzkraut, das vermutlich ursprünglich aus Persien stammt, verdankt seinen charakteristischen Geruch ätherischen Ölen und vor allem Alkylphaliden. In der Antike und im Mittelalter war Liebstöckel eines der meistgebrauchten Würzkräuter in der Küche Liguriens. Und in Deutschland aromatisierten junge Mädchen damit ihr Badewasser, um junge Männer zu becircen.

GESCHMACK UND AROMA

Liebstöckel schmeckt kräftig würzig und erinnert im Geruch an Sellerie.

VERWENDUNG

Liebstöckel gibt es frisch, getrocknet und gemahlen. Am intensivsten sind jedoch die frischen Blätter. Sie würzen kräftige Eintöpfe und Schmorbraten, herzhafte Salate und Suppen wie Bohnen-, Erbsen- und Kartoffelsuppe. Das Kraut paßt zu Kohlrabi, Blumenkohl und Möhren und wird gerne in Omeletts und Salatsaucen verwendet.

LAGERUNG

Frische Blätter im Frischhaltebeutel einige Tage im Kühlschrank aufbewahren. Getrocknetes Liebstöckel luftdicht verschlossen kühl und dunkel lagern.

KÜCHENTIPS

- Liebstöckel ist sehr intensiv. Zum Würzen eines Gerichts reichen oft 1–2 Blätter aus.
- Liebstöckel kann mitgekocht werden, da es im Gegensatz zu vielen anderen Kräutern die Hitze verträgt.

LORBEER

(Lat. Laurus nobilis), auch Suppenblatt oder Lorbeerblatt genannt.

Die immergrünen, ledrigen Blätter des Lorbeerbaumes kommen ursprünglich aus Kleinasien, werden heute jedoch vorwiegend in den Mittelmeerländern geerntet. Schon in der Antike war Lorbeer eine Kultpflanze. Sie war dem Gott Apoll gewidmet. Mit Lorbeerzweigen schmückte man seine Tempel, seine Priesterin Pythia verkündete ihre Orakelsprüche in Delphi, indem sie auf einem Lorbeerblatt kaute. Und später schmückten sich Sänger, Dichter und Feldherren mit Lorbeer. Als Gewürz taucht das Lorbeerblatt allerdings erst im 16. Jh. n. Chr. auf.

GESCHMACK UND AROMA

Lorbeerblätter schmecken herbaromatisch und riechen stark würzig.

VERWENDUNG

Seit Ururgroßmutters Zeiten verwendet man vorwiegend getrocknete Lorbeerblätter. Es gibt neuerdings aber auch frische Blätter zu kaufen. Beide würzen Marinaden für Fleisch, Sauerbraten, Wild und Fisch. Außerdem gehört ein Lorbeerblatt an viele Frikassees. Lorbeer paßt zum Einlegen von Gurken und zum Aromatisieren von Essig.

LAGERUNG

Getrocknete Lorbeerblätter in fest verschlossenen Behältern kühl und dunkel aufbewahren. Frische Blätter halten sich einige Tage im Frischhaltebeutel im Kühlschrank.

KÜCHENTIPS

- Der Geschmack von Lorbeer entfaltet sich nur langsam, deshalb die Blätter immer mitkochen. Wenn man zuvor die Ränder etwas einreißt, würzt Lorbeer noch intensiver.
- Getrocknete Blätter von guter Qualität sind grünlichbräunlich und glänzend.

LÖWENZAHN

(Lat. Taraxacum officinale), auch Apostelkraut, Pusteblume oder Kuhlattich genannt.

Die mehrjährige, bis zu 50 cm hohe Staude hat eine tiefreichende, dickfleischige Wurzel, lanzettähnliche, gezackte und gezahnte, tiefgrüne Blätter und leuchtend gelbe Blüten. Schon die Griechen kannten die Heilkraft des Löwenzahns. Im Mittelalter schätzte man vor allem seine harntreibende Wirkung, und Friedrich der Große verwendete auf ärztlichen Rat Löwenzahnextrakt als Mittel gegen seine Nierenerkrankung. Ab Mitte des 17. Jh. n. Chr. wurden die Blätter des Löwenzahns als Salat verzehrt, und zwar vor allem von den Schweizern, Franzosen, Italienern und Belgiern. Auch heute noch sind das die Länder mit dem größten Anbau und Konsum von Löwenzahn. Lange Zeit als Hasenfutter und lästiges Unkraut verschrien, gehört Löwenzahn aber inzwischen auch bei uns zu den wiederentdeckten Salatkräutern.

GESCHMACK UND AROMA

Löwenzahnblätter schmecken herbwürzig und leicht bitter. Der Kulturlöwenzahn ist wesentlich milder als der wilde, grüne von der Wiese.

VERWENDUNG

Die jungen zarten Blätter eignen sich hervorragend als Salatkraut und ergeben, mit einer Vinaigrette angemacht, einen idealen Wildsalat gegen Frühjahrsmüdigkeit. Fein streifig geschnitten schmecken die Blätter aber auch in Kräutersaucen, in Quarkgerichten oder als Brotbelag.

LAGERUNG

Löwenzahnblätter sind nur begrenzt haltbar. In Papier eingewickelt halten sie sich im Gemüsefach des Kühlschranks 1–2 Tage.

KÜCHENTIP

Die Frische der Löwenzahnblätter erkennt man übrigens an ihren Schnittstellen. Tritt ein weißer milchiger Saft aus, sind sie erntefrisch. Je dunkler und trockener die Schnittstelle ist, desto älter sind die Löwenzahnblätter.

MAJORAN

(Lat. Origanum majorana), auch Wurst- oder Maiwürzkraut genannt.

Das bei uns einjährige Kraut mit seinen eiförmigen, dunkelgrünen behaarten Blättern und den weißen bis blaßlilafarbenen Blüten stammt ursprünglich aus Mitteleuropa, wird heute aber auch in Spanien und Frankreich kultiviert. Schon bei den alten Römern gehörte Majoran zu den zehn in der Küche am meisten verwendeten Gewürzen. Kräuterdoktoren in der Antike bescheinigten dem Würzkraut eine aphrodisierende Wirkung und verschrieben „müden Männern" Majoranwein als potenzförderndes Mittel.

GESCHMACK UND AROMA

Majoran schmeckt kräftig würzig und leicht herb aromatisch. Er duftet sehr intensiv.

VERWENDUNG

Majoran gibt es frisch und getrocknet zu kaufen. Getrockneter Majoran kommt gerebelt und gemahlen in den Handel. Er ist das klassische Wurstgewürz und fehlt weder in der Thüringer Bratwurst noch in Blut- und Leberwurst. Er paßt zu herzhaften Lebergerichten, wie Leberknödel und Leberpastete, zu deftigen Eintöpfen mit Hülsenfrüchten aber auch zu Bratkartoffeln und Kartoffelsuppen. An Enten- und Gänsebraten, Schwein und Lamm sollte man auch Majoran geben. Außerdem würzt er Fisch-, Fleisch- und Wurstsalate, Käsegerichte und Schmalz.

LAGERUNG

Frischer Majoran kann einige Tage im Frischehaltebeutel im Kühlschrank aufbewahrt werden. Die getrockneten Blättchen luftdicht verschlossen, kühl und dunkel lagern.

KÜCHENTIP

Majoran nur in geringen Mengen mitgaren, da er sehr intensiv würzt.

Minze

(Lat. Mentha)

Schier unübersehrbar ist die Anzahl der Mitglieder, die zur großen Familie der Minze gehören. Denn da die sich ständig untereinander kreuzen, gibt es immer wieder neue Unterarten. Eines haben jedoch alle gemeinsam: sie gehören zur Gattung der Lippenblütler, sind 50–100 cm hoch, haben kleine Blättchen und zumeist violette Blüten und sie alle enthalten einen charakteristischen Inhaltsstoff, das Menthol.

Grüne Minze

(Lat. Mentha spicata) in englisch „spearmint" genannt.

Sie hat leuchtendgrüne, längliche, eiförmige Blätter mit gezahnten Rändern und ein frisches, pfeffriges Aroma.

Krause Minze

(Lat. Mentha crispata)

Sie ist eine Zuchtart der Grünen Minze. Sie hat krause Blätter und ist etwas milder im Aroma als die Grüne Minze.

Pfefferminze

(Lat. Mentha piperita), auch Tee- oder Edelminze genannt.

Sie ist eine Kreuzung aus wildwachsender Wasserminze und Grüner Minze. Sie hat ein strenges Mentholaroma und wird vorwiegend für die Pfefferminzölherstellung verwendet. Ihre Blätter sind dunkler als die der Grünen Minze.

Basilikumminze

Sie ähnelt in ihren Blättern dem Basilikum und duftet lieblich nach Zitrone.

Apfelminze

(Lat. Mentha rotundifolia), auch Rundblättrige Minze genannt.

Sie ist eine Zuchtart der Grünen Minze. Sie hat gelbgrüne runde Blätter, die nach Äpfeln duften. Ihr Aroma ist lieblich und milder als das der anderen Minzen.

Ananasminze

(Lat. Mentha rotundifolia variegata)

Sie ist ebenfalls eine Zuchtart der Grünen Minze. Sie hat grüne, weiß gesprenkelte Blätter und einen fruchtig aromatischen Geschmack.

Verwendung

Während Pfefferminze aufgrund ihres derben Aromas in der Küche weniger geeignet ist, lassen sich die anderen Minzearten vielseitig verwenden. Minze ist Grundzutat der Englischen Mintsauce. Sie würzt insbesondere Lammfleisch und Erbsen, aber auch Huhn, Ente und Hackfleischgerichte sowie Tomaten, Gurken, Zucchini, Kürbis und Hülsenfrüchte. Frische Salate, Suppen, Chutneys, Relishes, Currygerichte werden ebenfalls gerne mit Minze abgeschmeckt. Sie paßt zu Süßspeisen und Obst, wie Melone, Birne und Erdbeeren, außerdem zu kühlen Drinks und Bowlen.

Lagerung

Frische Minze hält sich im Frischhaltebeutel im Kühlschrank einige Tage. Getrocknete Minze in festschließenden Behältern kühl und dunkel aufbewahren.

KÜCHENTIPS

- Minze kann man entweder mitgaren oder man streut sie kurz vor dem Servieren über ein Gericht.
- Eine Prise Zucker macht das Aroma noch feiner.
- Vorsichtig die Minze dosieren, sie würzt sehr intensiv.
- Minze ist ein Einzelgänger, deshalb möglichst nicht mit anderen Kräutern zusammen verwenden.
- Sie läßt sich auch im Eiswürfelbehälter gut einfrieren.

REZEPTVORSCHLAG

Grapefruitgelee mit Minze

Für 4 Personen

- 3/8 l frisch gepreßter Saft von rosafleischigen Grapefruits
- 3/8 l Zitronensaft
- 7 Blatt weiße Gelatine
- 1/8 l trockener Weißwein
- 120 g Zucker
- 1/4 l Orangenlikör
- 1 Töpfchen Minze

Grapefruit- und Zitronensaft durch ein Sieb geben. Gelatine in Wasser einweichen. Ein Drittel des Safts mit Wein und Zucker erhitzen. Gelatine darin auflösen. Restlichen Saft und Likör zufügen. Minze fein hacken und das Gelee einrühren. Eine Form mit kaltem Wasser ausspülen. Die Flüssigkeit 3–4 Stunden fest werden lassen.

Oregano

(Lat. Origanum vulgare), auch Dost oder Wintermajoran genannt.

Das mehrjährige Kraut mit seinen spitzen, eiförmigen Blättern und blaßroten, manchmal auch weißen Blüten ist ein wahrer „Sonnenanbeter". Denn nur in der heißen, prallen Sonne Südeuropas entwickelt das zur Familie der Lippenblütler gehörende Kraut sein volles, intensives Aroma.
Der Verwandte des Majorans war vor allem im Mittelalter als Zauber- und Heilpflanze bekannt. Erst im 17. Jh. n. Chr. taucht Oregano in einem Schweizer Rezept als Würzmittel für Pfannkuchen auf.

Geschmack und Aroma

Oreganoblätter schmecken scharfwürzig, bitterherb und riechen angenehm würzig.

Verwendung

Oregano gibt es frisch und getrocknet zu kaufen. Getrocknet bekommt man ihn gerebelt und gemahlen. Er ist das Pizzagewürz schlechthin. Ebensogut paßt er zu Suppen, Sugos und Saucen wie auch zu fettem Schweinebraten und geschmortem Rindfleisch. Gemüse, wie Auberginen, Paprika und Zucchini, aber auch Kartoffelgerichte und Chili con carne werden ebenso wie grüner und gemischter Salat mit Oregano gewürzt.

Lagerung

Frische Oreganoblätter halten sich in einem Frischhaltebeutel im Kühlschrank einige Tage. Getrockneten Oregano in fest schließenden Behältern kühl und dunkel aufbewahren.

Küchentips

- Trotz seines intensiven Geschmacks verträgt sich Oregano gut mit anderen Kräutern, wie Thymian oder Rosmarin. Nur Majoran mag er nicht.

- Oregano entfaltet sein volles Aroma erst beim Kochen. Deshalb sollte man ihn spätestens 15 Minuten vor Ende der Garzeit ans Gericht geben.

- Sparsam dosieren, denn seine Würzkraft ist sehr groß. Oregano behält auch getrocknet sein kräftiges Aroma.

Rezeptvorschlag

Rumpsteaks mit Tomaten

Für 4 Personen

- 500 g Tomaten
- 2 Knoblauchzehen
- 5 EL Olivenöl
- 4 Rumpsteaks à 200 g
- 1 TL gerebelter Oregano
- etwas Salz
- schwarzer Pfeffer aus der Mühle

Die Tomaten enthäuten, entkernen und grob hacken. Knoblauchzehen schälen. 2 EL Öl in einer Pfanne erhitzen, die Steaks auf jeder Seite 3–4 Minuten braten. Aus der Pfanne nehmen und warmhalten. Restliches Öl erhitzen, Knoblauch darin leicht anbraten, nicht bräunen. Tomaten dazugeben, mit Oregano, Salz und Pfeffer würzen. Bei starker Hitze etwa 5 Minuten eindicken lassen. Das Fleisch kurz in der Sauce ziehen lassen.

PETERSILIE

(Lat: Petroselinum crispum), auch Peterling, Peterle, Suppenwurzel oder Bittersilche genannt.

Das zweijährige Kraut aus der Familie der Doldenblütler ist das wohl populärste und auch allerwichtigste Küchenkraut. Schon im 3. Jh. v. Chr. wurde Petersilie in einem griechischen Kochbuch beschrieben. Der Name Petersilie stammt übrigens auch aus dem griechischen: „patros" = „der Fels", „selinon" = das „Doldengewächs". Also ist Petersilie ein auf Felsen wachsendes Doldengewächs. Urheimat des bis zu 50 cm hohen Krautes ist das Mittelmeergebiet. Man unterscheidet zwischen krauser und glattblättriger Petersilie.

GESCHMACK UND AROMA

Blatt und Stengel riechen stark aromatisch und schmecken würzig frisch. Die glatte Petersilie ist übrigens kräftiger im Geschmack und hat ein feineres Aroma als die krause Petersilie.

VERWENDUNG

Petersilie gibt es frisch, getrocknet oder tiefgefroren zu kaufen. Krause Petersilie eignet sich vor allem zum Garnieren von Platten. Feingehackt würzt sie, wie ihre glatte Schwester, aber auch Mayonnaisen, Joghurt- und Quarkgerichte sowie Kräuterbutter, Kartoffelgerichte und Salatsaucen. Glatte Petersilie paßt zu Schmorgerichten, Eintöpfen, leichten Bouillons und Eierspeisen, aber auch zu Gemüsegerichten, wie Erbsen, Möhren, Kohlrabi, Pilzen, Tomaten und Steckrüben. Außerdem würzt sie viele Fisch-, Fleisch- und Geflügelgerichte.

Lagerung

Glatte Petersilie welkt besonders schnell. Deshalb am besten gleich nach dem Kauf die Stengel ins Wasser stellen oder die gewaschenen Stengel naß im Frischhaltebeutel in den Kühlschrank legen. Getrocknete Petersilie in fest schließenden Behältern kühl und dunkel aufbewahren.

Küchentips

■ Krause Petersilie sollte nie mitgekocht werden, weil sie dadurch Geschmack, Farbe und Vitamine einbüßt. Glatte Petersilie verträgt dagegen Hitze.

■ Petersilie läßt sich sehr gut einfrieren. Dafür gehackte Blätter in Eiswürfelbehälter geben, mit Wasser auffüllen und gefrieren lassen. Bei Bedarf die Petersilienwürfel abbrechen und in heißen Speisen auftauen.

■ Petersilie veträgt sich gut mit Dill, Kerbel, Schnittlauch und Melisse.

■ Außerdem ist sie Bestandteil der Persilade, einer Mischung aus feingehackter Petersilie und Knoblauch. Sie wird kurz angebraten und in letzter Minute an gegrilltes Lammfleisch oder Steaks, gebratenes Huhn oder Gemüse gegeben.

■ Zudem gehört Petersilie in die Gremolata, eine Mischung aus geriebener Zitronenschale, feingehacktem Knoblauch und Petersilie, die über das klassische italienische Ossobucco gestreut wird.

PIMPINELLE

(Lat. Pimpinella saxifraga), auch Bibernelle, Pfefferkraut oder Steinpetersilie genannt.

Das zur Familie der Doldenblütler gehörende Kraut wird bis zu 1 m hoch und hat einen behaarten Stengel, leicht gefiederte Blätter und weiße oder rosafarbene Blüten. Pimpinelle wächst vorwiegend wild auf Wiesen und in Wäldern Vorderasiens und Europas. Sie ist in der Küche ein bißchen in Vergessenheit geraten. Dabei zählt sie zu den Kräutern mit dem höchsten Vitamin-C-Gehalt und ist äußerst vielseitig zu verwenden.

GESCHMACK UND AROMA

Pimpinelle schmeckt und riecht mildfrisch, etwas gurkenartig.

VERWENDUNG

Die zarten kleinen Blättchen der Pimpinelle würzen grüne und gemischte Salate sowie Gemüse, wie Gurken, Spinat, Tomaten und Kohlrabi, aber auch Rohkostplatten, Kräutersaucen und -suppen. Außerdem paßt das Kraut zu Aalgerichten sowie zu gekochtem und gebratenem Fisch, zu Marinaden und Eiergerichten. Es würzt Essig, Butter, Quark und Mayonnaise. Als Dekoration verschönern die Blättchen Longdrinks und sommerliche Cocktails.

Lagerung

Pimpinelleblätter welken rasch. Daher unmittelbar nach dem Pflücken im Frischhaltebeutel im Kühlschrank aufbewahren.

Küchentips

■ Das Pimpinellearoma wird noch intensiver, wenn man einige Spritzer Zitronensaft zum Gericht gibt.

■ Einen kräftigen Kräuteressig bekommt man, wenn man 2–3 Stengel Pimpinelle mit Essig in eine Flasche gibt und diese etwa 2 Wochen durchziehen läßt.

■ Pimpinelle darf nicht mitgekocht werden. Sie läßt sich sehr gut einfrieren.

Rezeptvorschlag

Frankfurter Grüne Sauce

Für 4 Personen

2 Bund Petersilie
je 1 Töpfchen Pimpinelle, Sauerampfer, Schnittlauch, Majoran und Kerbel
2 Kästchen Kresse
2 hartgekochte Eier
200 g Crème fraîche
4 EL Öl
2 TL mittelscharfer Senf
75 g Joghurt
etwas Salz
schwarzer Pfeffer aus der Mühle

Alle Kräuter waschen, trockentupfen und hacken. Eier pellen und halbieren. Eigelb zu den Kräutern geben. Zusammen mit Crème fraîche mit einem Pürierstab pürieren. Öl darunterschlagen. Senf und Joghurt zugeben, mit Salz und Pfeffer würzen. Eiweiß fein würfeln, in die Sauce geben. Paßt zu kaltem Braten oder Siedefleisch.

PORTULAK

(Lat. Portulaca oleracea), auch Burzelkraut oder Postelein genannt.

Die einjährige, etwa 50 cm hohe Pflanze mit ihren dickfleischigen, eiförmigen grünen Blättern und gelblichen Blüten gehört zur Familie der Portulakgewächse und stammt wahrscheinlich aus Südostasien. Seit Tausenden von Jahren ist Portulak schon als Küchen- und Heilkraut bekannt.

GESCHMACK UND AROMA

Portulak schmeckt erfrischend, leicht säuerlich und salzig.

VERWENDUNG

Die jungen Blätter schmecken feingehackt in Salatsaucen, Kräutersaucen und -suppen sowie Kräuterbutter und -quark. Sie passen zu Tomaten, Gurken und Paprika, aber auch zu Fisch, Geflügel, Kalb, Rind und Schwein.

LAGERUNG

Die Blätter welken schnell, deshalb am besten gleich nach dem Kauf ins Wasser stellen oder im Frischhaltebeutel im Kühlschrank aufbewahren.

KÜCHENTIPS

- Portulak darf nicht mitkochen, er verliert sonst sein Aroma. Feingehackte Blätter immer erst zum Schluß über das Gericht streuen.

- Vorsichtig dosieren, er ist sehr salzig. Die jungen Blätter lassen sich aber auch ideal mit Öl, Essig und Pfeffer als Salatsauce anmachen. Die älteren Blätter ißt man wie Spinat.

Rauke

(Lat. Eruca vesicaria ssp. sativa), auch Rucola, Roquette, Senfkohl, Ruke oder Ölrauke genannt.

Die einjährige, bis zu 75 cm hohe Pflanze gehört zur Familie der Korbblütler und stammt ursprünglich aus einem Gebiet, das sich vom südlichen Mitteleuropa über die Mittelmeerländer bis hin nach Afghanistan erstreckte. Heute wird das Kraut, das den Römern übrigens schon vor Christi Geburt bekannt war, vor allem in Italien, Südfrankreich, Ägypten und Asien kultiviert. Man unterscheidet zwischen Echter Rauke und Wilder Rauke. Die Blätter der Echten Rauke sind 5–10 cm lang und erinnern an Radieschenblätter. Die Blätter der Wilden Rauke dagegen sind lang, schmal, gezackt und knackig. Da die Blätter der Echten Rauke rasch welken, wird zunehmend Wilde Rauke angeboten.

Geschmack und Aroma

Rauke schmeckt scharfwürzig bis leicht bitter und hat ein nussiges Aroma. Ein bißchen erinnert der Geschmack an Kresse und Radieschen. Wilde Rauke ist kräftiger im Geschmack als Echte Rauke. Im Frühjahr und Herbst schmeckt Rauke übrigens milder als im Sommer.

Verwendung

Das grünblättrige Kraut würzt Suppen, Saucen, Quarkgerichte und Eierspeisen. Außerdem ist Rauke zusammen mit gehobeltem Parmesan eine klassische Zugabe zum Carpaccio.

Lagerung

Rauke bleibt 1–2 Tage frisch, wenn man sie in ein feuchtes Tuch einschlägt und kühl aufbewahrt.

Küchentip

Kaufen Sie junge, kleine Blätter ohne Druckstellen. Ältere sind oft bitter und zäh.

Rosmarin

(Lat. Rosmarinus officinalis), auch Weihrauchkraut oder Maria Reinigung genannt.

Der immergrüne, holzige Strauch mit seinen tannennadelähnlichen Blättchen und blauen Blüten gehört zur Familie der Lippenblütler und ist im Mittelmeerraum beheimatet. Dort kannte man das Kraut schon in der Antike, allerdings mehr als Kult- und Heilmittel. Die Griechen und Römer flochten daraus Kränze für ihre Götter, die Mönche im Mittelalter heilten damit Husten und die Pest. Und auch als Glücksbringer, der die bösen Geister vertreiben sollte, tat Rosmarin früher seine Dienste. Als Küchengewürz war Rosmarin zuerst in den Mittelmeerländern und hier vor allem in Italien beliebt, ehe es in die deutsche Küche kam.

Geschmack und Aroma

Die Blättchen schmecken etwas harzigpikant und duften stark aromatisch.

Verwendung

Rosmarin gibt es frisch oder getrocknet zu kaufen. Er würzt Lamm, Kaninchen, Schweinefleisch, Wild und Geflügel. Rosmarin paßt ebensogut zu Gemüse, wie Tomaten, Zucchini, Auberginen, Pilzen und Hülsenfrüchten, auch darf er auf keiner Pizza fehlen. Zudem lassen sich Rosmarinzweige ideal in Essig und Öl einlegen.

Lagerung

Frische Zweige halten sich mehrere Tage, wenn man sie im Frischhaltebeutel im Kühlschrank aufbewahrt oder in frisches Wasser stellt. Getrockneten Rosmarin luftdicht verschlossen, kühl und dunkel lagern.

Anwendung in der Heilkunde

Rosmarin wirkt gegen Erschöpfung und zu niedrigen Blutdruck, stärkt den Kreislauf und beruhigt die Nerven.

Blühender Rosmarin

KÜCHENTIPS

■ Rosmarin entfaltet sein Aroma erst so richtig durch Hitze. Man sollte ihn darum immer mitkochen, mitbraten oder grillen. Beim Grillen Zweige auf den Holzkohlegrill legen.

■ Kleine Zweige in der Speise mitgaren, vor dem Servieren aber wieder entfernen.

■ Entblätterte, verholzte Rosmarinzweige sind ideale Grillspieße für Gemüse- oder zarte Fleischstücke.

■ Getrocknete Rosmarinnadeln immer erst ein bißchen zwischen den Fingern zerreiben.

■ Rosmarin harmoniert vor allem mit Thymian und Knoblauch. Vorsichtig dosieren, er würzt auch getrocknet sehr intensiv.

SALBEI

(Lat. Salvia officinalis), auch Griechischer Tee, Muskatellerkraut oder Zahnblatt genannt.

Der mehrjährige Halbstrauch mit seinen graugrünen ovalen und leicht runzelig behaarten Blättchen und helllilafarbenen Blüten wird bis zu 1 m hoch und gehört zur Familie der Lippenblütler. Wie viele andere Kräuter, die ätherische Öle enthalten, stammt er aus dem Mittelmeergebiet und war schon von den alten Römern als Heilmittel geschätzt. Der Name „salvius" leitet sich von „salvere" = „gesund sein" ab. Karriere als Küchenkraut machte Salbei erst im Mittelalter, wo man vor allem fette Speisen, aber auch Met, Bier und Wein damit würzte.

GESCHMACK UND AROMA

Salbei schmeckt würzigbitter, ein bißchen nach Kampfer und duftet kräftigaromatisch.

VERWENDUNG

Salbei gibt es frisch, getrocknet – gehackt oder gemahlen – und tiefgefroren. Er paßt sehr gut zu Hackfleisch- oder Geflügelfüllungen, aber auch generell zu Kalb, Rind, Schwein und Leber. Er ist ein unbedingtes Muß an der italienischen Spezialität Saltimbocca, Kalbsschnitzel mit Salbei und Schinken. Außerdem würzt er Hülsenfrüchte, Tomaten-, Eier- und Nudelgerichte.

LAGERUNG

Frische Blätter kann man im Frischhaltebeutel im Kühlschrank mehrere Tage lagern. Getrockneten Salbei luftdicht verschlossen, kühl und dunkel aufbewahren.

ANWENDUNG IN DER HEILKUNDE

Salbei gilt als entzündungshemmend, schmerzstillend und krampflösend, aber wirkt auch schweißhemmend, leicht blutdrucksenkend und blutreinigend.

Blühender Salbei im Kräutergarten

KÜCHENTIPS

■ Das volle Salbeiaroma entfaltet sich erst beim Anbraten in Fett oder beim Mitkochen.

■ Getrockneter Salbei würzt stärker als frischer, deshalb vorsichtig dosieren. Er kann sonst leicht bitter, fast seifig schmecken.

■ Eine besonders aromatische Salbei-Sorte ist der Ananassalbei (lat. Salvia rutilans). Mit seinem ausgeprägtem süßen Ananasaroma würzt das Kraut Obstsalate, Kuchen sowie mexikanische Salsas, aber auch Cocktails und Mixgetränke. Man kann Ananassalbei auch gut zum Dekorieren von Süßspeisen und Sorbets verwenden.

SAUERAMPFER

(Lat. Rumex acetosa), auch Sauerblätter, Sauergras oder Gartenampfer genannt.

Das bis zu 1 m hohe Kraut mit seinen pfeilartigen dunkelgrünen Blättern und den rotblühenden Rispen gehört zur Familie der Knöterichgewächse. Man findet es im Frühling auf feuchten Wiesen, an Feldwegen und Bachrändern. Eine kultivierte Art wird im Garten gezogen. Sauerampfer enthält viele Mineralstoffe und Vitamin C.

GESCHMACK UND AROMA

Durch seinen hohen Gehalt an Oxalsäure schmeckt Sauerampfer leicht säuerlich, etwas bitter und duftet aromatisch frisch.

VERWENDUNG

Die jungen, zarten Blätter würzen Suppen, Salate, Saucen sowie Gemüse, wie Spinat, aber auch Fisch- und Geflügelgerichte, Lamm und Kalbfleisch.

LAGERUNG

Frische Blätter können im Frischhaltebeutel im Kühlschrank kurzfristig lagern. Zum Trocknen eignet sich Sauerampfer nicht.

ANWENDUNG IN DER HEILKUNDE

Sauerampfer wirkt appetitanregend, blutreinigend und harntreibend.

KÜCHENTIPS

- Sobald Sauerampfer erhitzt wird, färbt er sich braun. Seine Würzkraft bleibt jedoch erhalten.
- Er läßt sich auch einfrieren. Feingehackte Blätter mit wenig Wasser in eine Eiswürfelschale füllen und einfrieren.

SCHNITTLAUCH

(Lat. Allium schoenoprasum), auch Gras-, Binsenlauch oder Schnittling genannt.

Die mit der Zwiebel verwandte mehrjährige Pflanze mit ihren kahlen, röhrenförmigen Blättern und den kleinen lilavioletten Blüten gehört zur Familie der Liliengewächse. Den wildwachsenden Schnittlauch, dessen Name aus dem griechischen: „schoinos" = „Binse" und „prason" = „Lauch", also Binsenlauch, abgeleitet wird, kannte man schon im Mittelalter. Zu der Zeit war er nicht so sehr als Küchenkraut, sondern vor allem als Mittel gegen Magenbeschwerden, Melancholie und Zauberei geschätzt. Nach der Petersilie ist Schnittlauch übrigens das beliebteste Küchenkraut. Ganz frisch verwendet hat es einen hohen Anteil an Vitamin C.

GESCHMACK UND AROMA

Schnittlauch schmeckt würzig-frisch und duftet stark nach Zwiebeln.

VERWENDUNG

Schnittlauch gibt es frisch und tiefgefroren zu kaufen. Er paßt mit seinem Zwiebelaroma vor allem an grüne und gemischte Salate sowie an herzhafte Salate mit Fleisch, Kartoffeln, Fisch und Nudeln. Schnittlauch gehört auch an Mayonnaise-, Joghurt- und Quark- sowie Sahnesaucen. Er würzt Kräuterbutter, Kräutersuppen und Eierspeisen, wie Omeletts und Rührei, aber auch Käsegerichte.

LAGERUNG

Schnittlauch nach dem Einkauf sofort vom Gummiband befreien und ihn ins Wasser stellen. In einem Frischhaltebeutel im Kühlschrank bleibt Schnittlauch ebenfalls ein paar Tage frisch.

Küchentips

- Schnittlauch sollte nie gehackt, sondern immer mit einem scharfen Messer oder einer Küchenschere zu Röllchen geschnitten werden.

- Geschnitten sollte er sofort verwendet werden, sonst fängt er an, unangenehm zu riechen.

- Schnittlauch mag keine Hitze, deshalb immer erst zum Schluß über die Speisen streuen.

- Er verträgt sich gut mit Petersilie, Basilikum, Estragon, Kerbel und Knoblauch.

Rezeptvorschlag

Kräuterfrischkäse

Für 4 Personen

150 g Joghurt
250 g Doppelrahmfrischkäse
1 Zwiebel
2 EL gehackte Petersilie
2 EL gehackte Zitronenmelisse
2 EL Schnittlauchröllchen
Salz
schwarzer Pfeffer
1 Prise Zucker
3 EL Zitronensaft
Zitronenmelisse zum Garnieren

Den Joghurt mit dem Frischkäse in einer Schüssel glattrühren. Die Zwiebel schälen, fein hacken und zusammen mit den Kräutern unter die Frischkäsemasse ziehen. Mit Salz, Pfeffer, Zucker und Zitronensaft abschmecken. Zum Schluß mit Zitronenmelisse garnieren.

SCHNITTLAUCH-KNOBLAUCH

(Lat. Allium tuberosum), auch Schnittknoblauch, Chinesischer Schnittlauch, Chinalauch oder Knolau genannt.

Die mehrjährige, bis zu 50 cm hohe Staude mit ihren langen, flachen, etwa 0,5 cm breiten Blättern und ihren weißen Blüten gehört, wie der Schnittlauch, zur Familie der Liliengewächse. In Indien und China wird er schon seit Jahrhunderten kultiviert, heute wird er auch in Kalifornien angebaut.

GESCHMACK UND AROMA

Schnittlauchknoblauch schmeckt und riecht wie Schnittlauch mit einem leichten Knoblaucharoma.

VERWENDUNG

Blätter und Stengel kann man wie herkömmlichen Schnittlauch verwenden. Sie passen gut zu Salaten, Kräutersaucen und -suppen, Gemüseeintöpfen, aber auch zu Quark-, Joghurt- und Sahnesaucen sowie Eiergerichten. Feingehackt eignet sich Schnittlauchknoblauch auch als Brotbelag. Die eßbaren Blüten dekorieren Suppen und Salate, man kann sie aber auch in heißem Öl fritieren.

LAGERUNG

Blütenstengel halten sich im Frischhaltebeutel im Gemüsefach des Kühlschranks etwa 1 Woche, die Blätter dagegen nur 3–4 Tage.

KÜCHENTIPS

- In Asienläden bekommt man Schnittlauchknoblauch das ganze Jahr über.
- Nicht mehr ganz so frischen Schnittlauchknoblauch erkennt man an bereits geöffneten Blüten. Ihn sollte man nur kaufen, wenn man die Blüten als Dekoration verwenden will.

Blühende Süßdolde

SÜSSDOLDE

(Lat. Myrrhis odorata), auch Myrrhenkerbel genannt.

Die mehrjährige, bis zu 1 m hoch werdende Pflanze mit ihren zarten, farnartigen Blättern und den weißen Blüten gehört zur Familie der Doldengewächse. Die Süßdolde stammt ursprünglich aus dem französischen Savoyen. Heute ist sie in ganz Europa, aber auch in Nordamerika beheimatet. Als Küchenkraut ist sie ein bißchen in Vergessenheit geraten.

Geschmack und Aroma

Die Pflanze schmeckt süßlich und duftet ein bißchen nach Anis und Liebstöckel.

Verwendung in der Küche

Die zarten Blätter würzen Salate, Salatsaucen und Kräutersaucen, aber auch Quark und Joghurt sowie Eier und Kohlgerichte. Sie passen aber auch sehr gut in Obstsalat. Gehackte, unreife Samen gibt man in Cremespeisen, Reispudding und Obstsalat. Ganze, reife Samen verwendet man wie Gewürznelken. Die Wurzeln der Süßdolde können gekocht und warm als Gemüse gegessen werden.

Lagerung

Frische Blätter im Frischhaltebeutel im Gemüsefach des Kühlschranks aufbewahren.

Küchentips

- Die Süßdolde reduziert bei Rhabarber- und Stachelbeerkompott die Säure.
- Außerdem verstärkt sie den Eigengeschmack aller mitverwendeten Kräuter.
- Sie harmoniert besonders gut mit Lorbeer, Minze und Zitronenmelisse.

THYMIAN

(Lat. Thymus vulgaris), auch Gartenthymian oder Echter Thymian, Römischer oder Welscher Quendel genannt.

Das mehrjährige, bis zu 40 cm hohe Kraut mit seinen kleinen dunkel- bis graugrünen Blättchen und rosalilafarbenen Blüten gehört zur Familie der Lippenblütler und stammt ursprünglich aus dem Mittelmeerraum. Sein Name wird vom griechischen „thymos" = „Mut, Kraft" abgeleitet, was auf eine kräftig stimulierende Wirkung des Gewürzes hinweist. Römische und vermutlich auch schon griechische Ärzte sowie Köche schätzten das Kräutlein. Im Mittelalter spielte Thymian vor allem in der französischen Küche eine große Rolle. Zu uns nach Deutschland kam er erst im 16. Jh. n. Chr. und zwar noch nicht mal als Gewürz, sondern als Grabbeigabe.

GESCHMACK UND AROMA

Thymian schmeckt kräftig herzhaft, leicht herb und ein bißchen majoranähnlich. Er duftet intensiv aromatisch.

VERWENDUNG

Thymian gibt es frisch und getrocknet zu kaufen. Getrocknet bekommt man ihn gemahlen und als ganze Blättchen. Er würzt besonders gut Gerichte aus dem Mittelmeerraum mit Gemüsen, wie Tomaten, Zucchini und Auberginen. Er gehört in Kräuter- und Bratensaucen, aber auch in Kartoffel-, Linsen-, Bohnen- und Erbsensuppe sowie Kohleintöpfe. Außerdem paßt Thymian gut zu Rind, Schwein, Geflügel, Lamm und Hackfleisch, wie auch zu Muschel- und Fischgerichten. In Terrinen, Pasteten und Ragouts sollte Thymian ebenfalls nicht fehlen.

LAGERUNG

Frische Blätter halten sich im Frischhaltebeutel im Kühlschrank einige Tage. Getrocknete und gemahlene Blätter luftdicht verschlossen, kühl und dunkel lagern.

Zitronenthymian

ANWENDUNG IN DER HEILKUNDE

Thymian wirkt beruhigend, entwässernd, verdauungsfördernd und fiebersenkend.

KÜCHENTIPS

■ Das kräftige Thymianaroma entwickelt sich besonders gut beim Mitkochen oder Schmoren. Doch vorsichtig dosieren, es ist sehr intensiv.

■ Thymian harmoniert mit Rosmarin, Majoran, Salbei und Bohnenkraut.

■ Thymian läßt sich gut einfrieren und trocknen. Bringen Sie sich aus Italien oder Südfrankreich getrocknete Blätter des wilden Thymians mit. Er ist zehnmal so intensiv wie frischer Thymian aus unseren Breiten.

■ Ein besonders aromatischer Verwandter des Gartenthymians ist der Zitronenthymian (lat. Thymus citriodorus). Er duftet ein wenig nach Zitrone und hat ansonsten den typischen Thymiangeschmack. Man bekommt ihn im Sommer auf unseren Märkten. Er würzt pikante Speisen, aber auch Desserts und Obstsalate. Außerdem läßt sich aus ihm ein aromatischer Tee brühen.

TRIPMADAM

(Lat. Sedum reflexum), auch Steinkraut oder Fetthenne genannt.

Das mehrjährige, 15–20 cm hohe Kraut mit seinen fleischigen, immergrünen Blättchen und gelben sternförmigen Blüten gehört zur Familie der Dickblattgewächse und ist ein Verwandter des Mauerpfeffers.
Vor allem als Zierpflanze ist der Bodendecker in ganz Europa verbreitet. Der Name Tripmadam kommt übrigens aus dem Französischen und soll „Frauengedärme" oder „quabblige Madam" bedeuten.

GESCHMACK UND AROMA
Die saftigen Blätter schmecken leicht säuerlich.

VERWENDUNG
Die Blätter würzen Salate und Rohkostgerichte, Kräuterdressings sowie Kräuter- und Gemüsesuppen. Sie passen zu kalten Fisch- und Fleischgerichten sowie zu in Butter geschwenkten Kartoffeln.
In Essig eingelegt, schmecken die Blätter hervorragend zu Grillgerichten.

LAGERUNG
Die Blätter bleiben im Frischhaltebeutel im Gemüsefach des Kühlschranks ein paar Tage frisch.

ANWENDUNG IN DER HEILKUNDE
Tripmadam gilt als harntreibend und krampfstillendes Mittel.

KÜCHENTIPS

- Tripmadam wird entweder zu Mus gedrückt – ideal als Suppenwürze – oder feingehackt.
- Man kann sie nicht trocknen. Leicht zerdrückt verstärkt sich übrigens ihr Geschmack.

WALDMEISTER

(Lat. Asperula odorato), auch Maikraut, Leberkraut oder Herzfreude genannt.

Das ausdauernde, bis zu 20 cm hohe Kraut mit seinen länglichen dunkelgrünen Blättern und den weißen Blüten gehört zur Familie der Rötegewächse. Waldmeister wächst überall in Europa wild im Buchenwald oder als Bodendecker unter schattigen Bäumen im Garten. Sein Name leitet sich vermutlich vom niederdeutschen Wort „Möschen" ab, was wieder mit Moschus verwandt ist und auf den Wohlgeruch des Krauts schließen läßt, den Waldmeister vor allem zur Blütezeit im Mai verströmt. Das thypische Waldmeisteraroma kommt übrigens vom Glykosid, das erst beim Welken den Duftstoff Cumanin entwickelt.

GESCHMACK UND AROMA

Waldmeister schmeckt bitter, riecht aber angenehm würzig und ein bißchen nach frischem Heu.

VERWENDUNG

Waldmeister ist unentbehrlich in der Maibowle, die übrigens erstmals im Jahre 854 n. Chr. von einem Benediktinermönch kreiert wurde. Er paßt zu Obstsalaten, frischen Erdbeeren, Süßspeisen und Eis, aber auch zu jungem Käse.

LAGERUNG

Angewelkte Blättchen kühl und vor allem dunkel aufbewahren.

KÜCHENTIPS

- Waldmeister enthält das krebsverdächtige Cumanin. Er darf daher nicht mehr für Essenzen verwendet werden. Doch ein paar Blättchen sind gesundheitlich unbedenklich.

- Waldmeister immer etwas anwelken lassen, bevor man ihn in die Bowle gibt. Nicht länger als 10 Minuten darin ziehen lassen.

Weinraute

(Lat. Ruta graveolens), auch Gartenraute, Raute oder Edelraute genannt.

Der ausdauernde, etwa 50 cm hohe Halbstrauch mit seinen feingeteilten bläulichgrünen Blättern und gelben Blüten gehört zur Familie der Rautengewächse. Die ursprünglich aus dem Süden Europas stammende Pflanze galt im antiken Griechenland als bewährtes Mittel gegen Schlangenbisse. Bei den Römern war sie nach Pfeffer, Liebstöckel und Kreuzkümmel das beliebteste Küchenkraut.

Geschmack und Aroma

Weinraute schmeckt aromatisch und stark bitter. Sie hat ein würziges Aroma.

Verwendung

Ganze Blätter nimmt man zum Einlegen von Gurken und Tomaten. Feingehackt würzen sie Fleisch- und Pastetenfüllungen, aber auch helle Fleischragouts und Gemüsesuppen. Zu Pilzen, Salaten und Fischsud paßt ebenfalls die Weinraute.

Lagerung

Im Frischhaltebeutel hält sich Weinraute im Kühlschrank einige Tage.

Anwendung in der Heilkunde

Weinraute wirkt verdauungsfördernd und fördert den Appetit.

Küchentips

- Raute immer sehr sparsam dosieren, weil das Kraut sonst zu stark vorschmeckt.

- Raute findet man nur sehr selten auf dem Markt. Wenn Sie einen Kräutergarten besitzen, sollten Sie sich eine junge Pflanze vom Gärtner besorgen, weil es nicht einfach ist, Weinraute aus Samen zu ziehen.

Ysop

(Lat. Hyssopus officinalis), auch Josefskraut, Eisenkraut oder Weinespe genannt.

Der etwa 50 cm hohe, mehrjährige Halbstrauch mit seinen mittelgrünen, lanzettähnlichen Blättern und bläulichen Blüten stammt vermutlich aus dem Nahen Osten, denn der Name Ysop ist arabischen Ursprungs.
Im Mittelalter zogen ihn die Benediktinermönche in ihren Klostergärten als Heilmittel gegen Kopfweh und Lepra, ehe er dann zunehmend auch für die Küche entdeckt wurde.

Geschmack und Aroma

Ysop schmeckt leicht bitter, kampferartig. Die Blätter riechen würzig, schwach süßlich.

Verwendung

Frische Ysopblätter würzen grüne und gemischte Salate, Kartoffelsuppe und Eintöpfe mit Hülsenfrüchten. Ysop paßt gut zu Fleisch-, Fisch-, und Geflügelragouts, aber auch zu Saucen, Kräuterbutter und Mayonnaise.

Lagerung

Ysopblätter bleiben im Frischhaltebeutel im Kühlschrank einige Tage frisch.

Küchentips

- Ysop am besten immer nur frisch verwenden. Man kann ihn auch trocknen, allerdings verliert er schnell seine Würzkraft. Dafür lassen sich die Blätter ideal einfrieren.

- Den würzigsten Geschmack entfaltet das Kraut kurz vor der Blüte und während der ersten Blühtage.

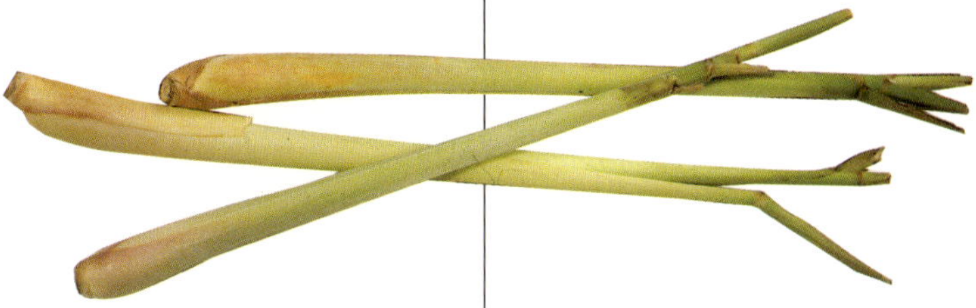

Zitronengras

(Lat. Cymbopogon flexuosus), auch Zitronellgras oder Malabargras genannt.

Die etwa 1 m hohe, mehrjährige Staude mit ihren scharfkantigen, schilfartigen Halmen ist Mitglied der Gräserfamilie. Zitronengras stammt ursprünglich aus Südindien und Ceylon. Heute wird es aber im gesamten südostasiatischen Raum und in Südamerika angebaut.

Geschmack und Aroma

Durch seinen sehr hohen Anteil an ätherischem Zitronengrasöl duftet Zitronengras beim Zerreiben stark nach Zitronen. Es schmeckt wie eine Mischung aus Zitronen, Gras und Ingwer.

Verwendung

Zitronengras gibt es frisch – vor allem in Asienläden – getrocknet und gemahlen.
Es spielt in der thailändischen, indischen, vietnamesischen und indonesischen Küche eine große Rolle. Man verwendet vor allem die unteren, 10–15 cm langen weißen Enden. Das obere Blattgrün ist oft faserig. Zitronengras würzt Salate, klare Fisch- und Hühnersuppen, aber auch Hühnerragouts, Currys, Schmorgerichte und Meeresfrüchte.

Lagerung

Frisches Zitronengras kann man im Frischhaltebeutel im Kühlschrank mehrere Tage lagern. Getrocknetes Gras in festverschlossenen Behältern ebenfalls im Kühlschrank aufbewahren. Gemahlenes Zitronengras luftdicht verschlossen, kühl und dunkel lagern.

KÜCHENTIPS

- Getrocknetes Zitronengras vor der Zubereitung in heißem Wasser einweichen.

- 1 TL gemahlenes Zitronengras entspricht 1 frischem Halm.

- Wer kein frisches Zitronengras bekommt, kann als Ersatz abgeriebene Zitronenschale und zusätzlich ein bißchen Ingwer nehmen.

REZEPTVORSCHLAG

Hühnersuppe mit Zitronengras

Für 4 Personen

2 Stengel Zitronengras
1 Stück frisches Galgant (etwa 5 cm lang)
3 Kaffirzitronenblätter
1 Dose Kokosmilch (400 ml)
250 g Austernpilze
2 Tomaten, 3 Chilischoten
500 g Hühnerbrustfilet
4 EL Zitronensaft
4 EL Fischsauce
frisches Koriandergrün

Zitronengras waschen und in etwa 3 cm große Stücke schneiden. Galgant waschen, in dünne Scheiben schneiden. Zitronenblätter vierteln. Kokosmilch erhitzen, Zitronengras, Zitronenblätter und Galgant hineingeben und bei mittlerer Hitze ohne Deckel etwa 2 Minuten kochen lassen. 3/4 l Wasser angießen. Dann das in 1 cm breite Streifen geschnittene Hühnerfleisch, die in mundgerechte Stücke geschnittenen Pilze und die geviertelten Tomaten dazugeben, bei schwacher Hitze offen weitere 5 Minuten kochen. Chilis, Zitronensaft und Fischsauce in die Suppe geben. Galgant unt Zitronengras vor dem Servieren herausfischen. Mit gehacktem Koriander garnieren.

ZITRONENMELISSE

(Lat. Melissa officinalis), auch Melisse, Zitronell, Bienen- oder Herzkraut oder Frauenwohl genannt.

Die ausdauernde, 60–100 cm hohe Pflanze mit ihren herzförmigen grünen Blättern und den bläulichweißen bis gelblichweißen Blüten gehört zur Familie der Lippenblütler und stammt vermutlich aus dem östlichen Mittelmeerraum. Im Altertum schätzte man sie als Bienenweide, daher auch ihr Name. Denn „Melissa" oder „melitta" heißt auf griechisch „Biene". Im Mittelalter war Zitronenmelisse vor allem ein gefragtes Heilkraut gegen Gedächtnisstörungen und Frauenleiden.

GESCHMACK UND AROMA

Zitronenmelisse schmeckt und riecht frisch nach Zitronenschale.

VERWENDUNG

Zitronenmelisse gibt es frisch und getrocknet. Sie schmeckt aber am besten frisch. Die frischen Blätter würzen grünen Salat und Rohkost, aber auch Kräutersaucen, Kräuterbutter und Kräuterquark. Sie passen zu gebratenem und gekochtem Fisch, Wild- und Geflügelbraten sowie kaltem Fleisch, aber auch zu Tomaten, Gurken, jungen Kartoffeln, Pilzen. Außerdem geben sie Süßspeisen und Kompott sowie Bowlen und Sommerdrinks die richtige Würze.

Lagerung

Frische Blätter möglichst erntefrisch verwenden. Im Frischhaltebeutel halten sie sich im Kühlschrank ein paar Tage. Getrocknete Zitronenmelisse luftdicht verschlossen kühl und dunkel lagern.

Küchentips

- Frische Zitronenmelisse nicht mitkochen lassen, sie verliert sonst ihr Aroma. Allerdings läßt sie sich gut einfrieren.

- Zum Trocknen am besten die Blätter der zweiten Ernte verwenden. Sie sind kleiner.

- Als Alternative zur Zitronenmelisse kann man auch die Zitronenverbene, eine aus Südamerika stammende Pflanze, verwenden. Ihre Blätter muß man nicht zerreiben. Sie geben ihr Aroma auch noch getrocknet äußerst intensiv ab. Hier reichen nur wenige Blättchen.

Rezeptvorschlag

Erdbeerkaltschale

Für 4 Personen

1 kg Erdbeeren
5 EL Puderzucker
1 Päckchen Vanillezucker
1/2 unbehandelte Zitrone
2 EL Vollmilchjoghurt
2 EL Erdbeerlikör
einige Blättchen Zitronenmelisse

Die Erdbeeren etwas kleinschneiden und mit Puderzucker und Vanillezucker mischen. Die Zitrone heiß abwaschen und abtrocknen. Die Zitronenschale fein abreiben, den Saft auspressen und beides zu den kleingeschnittenen Erdbeeren geben. Die Beeren im Mixer pürieren. Das Püree zugedeckt mindestens 1 Stunde im Kühlschrank durchziehen lassen. Das Erdbeerpüree in Schälchen geben. Den Joghurt mit dem Erdbeerlikör glattrühren und auf das Püree geben. Die Zitronenmelisseblättchen in feine Streifen schneiden und die Kaltschale damit bestreuen.

ZITRONENBLÄTTER

Auch Kaffirlimettenblätter genannt.

Die dunkelgrünen glänzenden Doppelblätter des Kaffirlimettenbaumes sind charakteristisch für die thailändische und indonesiche Küche. Man bekommt sie frisch oder getrocknet in Asienläden. Die frischen Blätter sitzen oft noch an den Zweigen.

GESCHMACK UND AROMA

Zitronenblätter schmecken und riechen würzig nach Zitronen.

VERWENDUNG

Frisch oder getrocknet würzen die Blätter Suppen, Marinaden und Currys.

LAGERUNG

Frische Blätter kann man im Frischhaltebeutel im Kühlschrank ein paar Tage lagern. Getrocknete Blätter luftdicht verschlossen, kühl und dunkel aufbewahren.

KÜCHENTIPS

- Zitronenblätter werden entweder im Ganzen mitgekocht oder in haarfein geschnittenen Streifen unter die Gerichte gemischt.
- Ganze Blätter vor dem Servieren herausfischen, kleingeschnittene Blätter können mitgegessen werden.
- Die Blätter lassen sich sehr gut einfrieren.

Würzsaucen und -pasten

③

②

①

Chili- und Pfeffersaucen

Sie sind dick- und dünnflüssig, hellrot oder leicht bräunlich, höllischscharf oder süßlichfeurig und sie kommen aus aller Welt. Sowohl auf den Westindischen Inseln, in Nord- und Südamerika, aber auch in Asien sind Chili- und Pfeffersaucen eine begehrte Würzzutat.
Ursprünglich stammen sie aus Süd- und Mittelamerika. Schon die Azteken und Mayas kannten Chilis als Grundzutat für feine Saucen. Aus der Neuen Welt brachten die Spanier Chilis mit nach Europa, und von dort gelangten sie dann in den Fernen Osten.

Man unterscheidet in folgende Saucenarten: chinesische und koreanische Chilisaucen, karibische Pfeffersaucen, thailändische und malaysische Chilisaucen sowie Tabasco.

Chinesische und koreanische Chilisaucen ①

Sie werden aus gesalzenen und fermentierten Chilischoten gewonnen und mit Knoblauch, Salz, Zucker und Essig vermischt. In der Regel sind sie dünnflüssig und feurigscharf.

Karibische Pfeffersaucen ②

Mischung aus frischen, gehackten Chilis, Zwiebeln, Essig und Gewürzen. Es gibt rote Saucen, denen Tomaten zugefügt sind, und gelbe mit Kurkuma. Karibische Pfeffersaucen sind sehr scharf und dünnflüssig.

Thailändische und malaysische Chilisaucen ③

Sie werden aus frischen oder konservierten Chilis, verschiedenen Gewürzen, wie Ingwer, und Essig zubereitet. Ihre Schärfe wird oft durch Tomatenmark etwas abgemildert. Sie sind zumeist dickflüssig.

Tabasco

Für die extrem scharfe, aus Louisiana stammende Sauce werden reife Tabasco-Chilis zu einem Brei vermahlen und mit Salz gemischt. Der Brei gärt mindestens 3 Jahre in Eichenfässern. Dann wird er umgefüllt, mit Essig vermischt und während der nächsten 30 Tage immer wieder durchgerührt. Danach filtert man ihn und füllt ihn dann in Flaschen ab. Tabasco wurde von einem gewissen Edmund McIlhenny auf Avery Island im Mississippidelta erfunden. Und noch heute wird er nach der gleichen Methode von der Familie Tabasco hergestellt.

Geschmack und Aroma

Je nach Verarbeitung extrem scharf bis süßlichscharf.

Verwendung

Die dickflüssigen Chilisaucen passen zu Omeletts, gegrilltem Fleisch, Fisch und Geflügel, aber auch zu Salaten und zu deftigen Schmorgerichten. Sie sind auch ideal zum Bestreichen von Hühnerfleisch oder Steaks vor und während des Grillens. Außerdem ergeben sie hervorragende Dips oder Fonduesaucen.
Die dünnflüssigen Chili- und Pfeffersaucen sowie Tabasco würzen Suppen und Saucen, Ragouts von Fisch, Fleisch, Geflügel und Gemüse, aber auch Wildgerichte, Pasteten sowie Mixgetränke, wie Bloody Mary.

Lagerung

Die Saucen halten sich angebrochen im Kühlschrank mehrere Wochen. Achten Sie bei ungeöffneten Flaschen auf das Haltbarkeitsdatum.

Küchentips

■ Dünnflüssige Pfeffersaucen und Tabasco nur tropfenweise verwenden, da sie höllisch scharf sind. Wenn Sie beim Abzählen der Tropfen ganz sicher sein wollen, geben Sie Tabasco oder Pfeffersauce erst auf einen Teelöffel und dann zu den Zutaten.

■ Wenn Sie Fan der teuflisch scharfen Küche sind, können Sie am Tisch mit Chilisaucen oder Tabasco nachwürzen.

Rezeptvorschlag

Gefüllte Eier

Für 4 Personen

- 6 hartgekochte Eier
- 2–3 Scheiben roher Schinken
- 1 EL feingehackte, grüne Paprika
- 1 feingehackte Frühlingszwiebel
- 1/2 TL frisch gepreßter Zitronensaft
- 2 EL Mayonnaise
- 2 EL Dijon-Senf
- 1 Msp. Cayennepfeffer
- 1 Msp. Rosenpaprika
- 1–2 Tropfen Tabasco

Die Eier pellen und längs halbieren. Das Eigelb herauslösen und in einer kleinen Schüssel mit einer Gabel zerdrücken. Den Schinken in ganz kleine Würfel schneiden, mit den zerdrückten Eigelben, der Paprika und Zwiebel sowie den restlichen Zutaten vermengen. Diese Mischung in die Eier füllen und diese als leichtes Abendessen oder Vorspeise servieren.

Chutneys

(sprich: schatnä)

Chutneys sind dickflüssige Würzsaucen aus Früchten oder Gemüse sowie Essig, Zucker und Gewürzen. Sie haben eine marmeladenähnliche Konsistenz und werden zumeist nach den Früchten benannt, mit denen sie zubereitet sind. Das bei uns bekannteste Chutney ist das Mangochutney. Ein Chutney kann aber auch aus Tomaten, Zwiebeln oder Pilzen, Äpfeln, Pflaumen oder Zitrusfrüchten zubereitet werden. Klassische Gewürze für Chutneys sind Zimt, Ingwer, Nelken, Piment und Kardamom, oft werden auch Rosinen zugesetzt. Erfinder der Chutneys sind die Inder, die zu jeder Reistafel und zu fast jedem Currygericht Chutneys in kleinen Schälchen auf den Tisch stellen. Dort heißen die Chutneys „chatni", was soviel wie „scharf gewürzt" bedeutet. Im 19. Jh. n. Chr. brachten heimkehrende, britische Kolonialherren die Rezepte mit nach England, wo Chutneys seither eine beliebte Würze oder auch Beilage sind.

Geschmack und Aroma

Chutneys schmecken süß-säuerlich, meistens scharf.

Verwendung

Sie passen als Beilage zu Reisgerichten, Fondues, kurzgebratenem Fisch, aber auch zu Rind, Schwein, Kalb, Geflügel. Sie würzen helle und dunkle Saucen und vor allem die typisch indischen Currygerichte.

Lagerung

Kühl und dunkel aufbewahrt, halten sich Chutneys normalerweise ein halbes Jahr. Angebrochene Gläser und Flaschen im Kühlschrank lagern und innerhalb von 14 Tagen verbrauchen.

Küchentip

Wer Chutney als Würze einsetzt, sollte sparsam mit Salz umgehen. Denn die Würzsaucen sind schon pikant genug.

① 

② 

Currypasten

Würzpasten aus frischen oder getrockneten Chilis, Koriander- und Ingwerwurzeln, Knoblauch, Zwiebeln sowie Gewürzen. Sie werden vorwiegend in der thailändischen, indonesischen und indischen Küche verwendet. Es gibt sie in unterschiedlichen Farben, Zusammenstellungen und Geschmacksrichtungen. Hier die wichtigsten Sorten:

Rote Currypaste

(Thail. Gaeng pet) ①
Paste aus getrockneten, roten Chilis, Koriandersamen, Kreuzkümmel, Knoblauch, Zitronengras sowie Korianderwurzeln, Zitronenschale und -blättern, Ingwer und Garnelenpaste. Sie schmeckt sehr pikant. Paßt gut zu Currys mit Rind, Lamm und Geflügel.

Grüne Currypaste

(Thail. Gaeng kiau wan) ②
Hier werden die roten Chilis durch frische grüne Chilis ersetzt. Außerdem gibt man noch gehackte Schalotten dazu. Sie schmeckt aromatisch und frisch. Paßt gut zu Currys mit Gemüse.

Massamam-Paste

Mischung aus getrockneten, entkernten roten Chilis, Koriander, Kreuzkümmel sowie Zimt, Nelken, Sternanis, Kardamom und Schalotten. Sie schmeckt mildwürzig, und leicht süßlich. Paßt gut zu Currys mit Kartoffeln oder Fisch.

Getrocknete Curry-Paste

(Thail. Panaeng)
Mischung aus getrockneten, entkernten roten Chilischoten, Schalotten, Knoblauch, Zitronengras, Ingwer, Koriander, Kreuzkümmel und Garnelenpaste sowie gerösteten Erdnüssen. Schmeckt sehr pikant. Paßt gut zu Schweinefleisch und Geflügel.

Lagerung

Durch die konservierende Wirkung des Ingwers bleiben Currypasten sehr lange haltbar, sogar ohne Kühlung. Angebrochene Pasten jedoch immer im Kühlschrank aufbewahren.

Küchentip

Currypasten lassen sich ideal dosieren, da man sie direkt in die Speisen einrühren kann. Doch vorsichtig, sie sind sehr scharf. Oft reichen schon 2–3 EL Paste an ein Gericht für 4 Personen.

Rezeptvorschlag

Thailändisches Muslimcurry

Für 4 Personen

250 ml Kokosnußcreme
2 EL Öl, 1 Knoblauchzehe
1 EL Massamam-Paste
180 g Rinderfilet
2 EL Zitronensaft, 1 TL Zucker
3 TL asiatische Fischsauce
1/4 l Fleischbrühe
2 kleine Kartoffeln
2 EL geröstete Erdnüsse
2 Frühlingszwiebeln

Die Kokosnußcreme erhitzen. Im Wok das Öl erhitzen. Gehackten Knoblauch darin andünsten. Massamam-Paste hineingeben und die Hälfte der Kokosnußcreme einrühren. Kurz aufkochen lassen. Das in Streifen geschnittene Fleisch einrühren. Dann Zitronensaft, Zucker, Fischsauce, Brühe und die restliche Kokosnußcreme zugeben und etwa 15 Minuten kochen lassen. Dann die geschälten, gewürfelten Kartoffeln etwa 8 Minuten kochen. Erdnüsse und gehackte Frühlingszwiebeln einrühren und alles noch etwa 2 Minuten kochen lassen.

Extrakte

Konzentrierte, salzige Extrakte sind seit Jahrhunderten als Würze überaus beliebt, weil sie den Geschmack anderer Nahrungsmittel verstärken oder unterstreichen. Theoretisch werden Extrakte aus den natürlichen Säften des jeweiligen Fleisches oder Gemüses hergestellt, heute enthalten sie auch Farbstoffe, Geschmacksverstärker, Salz und Gewürze, manchmal werden auch Konservierungsstoffe zugesetzt. Je nach Verdampfungsgrad ist ein Extrakt noch feucht oder trocken. Man unterscheidet folgende Sorten: Fleischextrakte, Hefeextrakte, Malzextrakte und Brühwürfel.

Fleischextrakte

Sie werden vorwiegend aus Rindfleisch durch verschiedene chemische Prozesse gewonnen. Einige Sorten enthalten auch noch Gemüseauszüge, Aromazutaten und Gewürze. Der Fleischextrakt wurde übrigens im Jahre 1847 vom deutschen Chemiker Justus von Liebig entwickelt. Er endeckte, daß wenn man rohes Fleisch mit Wasser vermahlt, eine Flüssigkeit entsteht, die etwa 20 % Fleischfaser enthält. Wird diese Flüssigkeit konzentriert, entsteht eine dicke, dunkelbraune, salzige Paste mit dem Geruch und dem Geschmack von Fleisch. Für 500 g Fleischextrakt braucht man etwa 14 kg Fleisch. Fleischextrakte werden häufig mit heißem Wasser verdünnt und als Brühe getrunken. Sie würzen aber auch gebundene Suppen, Saucen und Schmorgerichte.

Hefeextrakte

Sie erhält man, wenn Hefezellen aufgebrochen werden und die darin enthaltene Flüssigkeit verdampft wird. Die so entstandene, dickflüssige Paste ist reich an B-Vitaminen und essentiellen Aminosäuren. Hefeextrakt schmeckt ähnlich wie Fleischextrakt. Er wird vor allem in der vegetarischen Küche zum Würzen von Suppen und Eintöpfen verwendet. In Großbritannien, Australien und Nordamerika dient Hefeextrakt als Brotaufstrich.

Malzextrakt

Er entsteht, wenn man gemahlenes Malz in Wasser auflöst, filtert und schließlich zu einer Paste verdampfen läßt. Malzextrakt hat ein ausgeprägtes, süßes Aroma mit einem leich-

ten Malzgeschmack. Er wird vor allem für Kuchen und Brote, aber auch für heiße und kalte Milchmixgetränke verwendet.

Brühwürfel

Dies sind Extrakte aus dem Saft von Rind, Hühnchen, Lamm, Gemüse und Fisch, meist noch mit Zusätzen von Gewürzen, Pflanzenfett, Farbstoffen und Konservierungsmitteln. Einige enthalten auch Glutamat. Brühwürfel kennt man übrigens seit dem 17. Jh. n. Chr. Sie wurden gern von Reisenden verwendet, da sie sich über 1 Jahr hielten und lediglich Wasser benötigten, um sich darin aufzulösen. Brühwürfel haben einen deutlichen Eigengeschmack. Sie würzen Suppen, Saucen, Eintöpfe und Schmorgerichte, aber auch Gemüse, wie Erbsen, Möhren, Brokkoli. Aus praktischen Gründen gibt es Fleisch-, Geflügel-, Gemüse- und Fischbrühwürfel auch gefriergetrocknet als Instantbrühe oder granuliert als gekörnte Brühe. Brühwürfel und gekörnte Brühe werden am besten vor Gebrauch in heißem Wasser aufgelöst. Instantbrühe kann direkt an die Speise gegeben werden.

Lagerung

Trocken und dunkel lassen sie sich mindestens 1 Jahr lagern. Achten Sie auf das Mindesthaltbarkeitsdatum.

Fischsaucen

Sie gehören zu den beliebtesten Würzsaucen Südostasiens und stammen ursprünglich von der salzigen Sardellensauce ab, mit der schon die alten Römer ihre Speisen verfeinerten. Fischsaucen werden aus gesalzenen, fermentierten Fischen und Garnelen hergestellt. Hier die wichtigsten Sorten: asiatische Fischsauce, Austernsauce und Shrimpssauce.

Asiatische Fischsauce

Sie wird in Thailand „Nam-pla“ in Vietnam „Nuoc-mam“ genannt. Die dünnflüssige Sauce wird aus fermentierten Sardellen, Makrelen oder aus Tintenfischen gewonnen. Sie ist sehr salzig und wird anstelle von Salz als Tischwürze in Thailand und Vietnam verwendet. Vorsichtig dosieren. Weiteres Salz erst nach dem Abschmecken dazugeben. Paßt zu asiatischen Saucen, pfannengerührten Gerichten und Dips. Mildere Varianten werden auch als Ersatz für Sojasauce verwendet, sind jedoch etwas salziger und schärfer.

①

Austernsauce ①

Diese dickflüssige, dunkelbraune Sauce besteht aus in Salzlake gekochten Austern und Sojasauce. Sie dient als universelle Würze für Fleisch, Fisch, Gemüse und Nudeln. Schmeckt angenehm würzig und hat keinen dominanten Fischgeschmack.

Shrimpssauce ②

Die dickflüssige Würzsauce enthält getrocknete Fische und Garnelen, Chilis, Knoblauch, Erdnüsse und Gewürze. Sie wird wie Currypaste an pfannengerührte Gerichte gegeben oder zum Bestreichen von Grillfleisch verwendet. Vorsichtig dosieren, sie ist sehr würzig.

②

LAGERUNG

Sie lassen sich auch angebrochen mehrere Monate im Kühlschrank lagern.

REZEPTVORSCHLAG

Thailändische Garnelen

Für 4 Personen

400 g mittelgroße Garnelen
6 Knoblauchzehen
2 Pflanzen Koriandergrün mit Wurzeln
250 g Sojabohnensprossen
3 EL Öl, 2 EL Sojasauce
300 g Strohpilze
2 EL asiatische Fischsauce
2 EL Austernsauce
1 TL brauner Zucker

Die Garnelen waschen und trockentupfen. Die Knoblauchzehen schälen und fein hacken. Den Koriander waschen und trockentupfen. Anschließend die Korianderwurzeln und die Blätter getrennt voneinander fein hacken. Die Korianderwurzeln, den Knoblauch und die Garnelen in eine Schüssel geben und alles miteinander vermengen. Die abgetropften Sojabohnensprossen und Strohpilze nacheinander in etwas Öl in einer Pfanne kurz anbraten. Die Garnelenmischung im restlichen Öl unter mehrmaligem Wenden etwa 3 Minuten braten und dann die Strohpilze dazugeben. Alles mit Sojasauce, Fischsauce, Austernsauce und Zucker abschmecken und nochmals erhitzen.
Die Sojabohnensprossen auf 4 Tellern verteilen und die Garnelen-Gemüse-Mischung darauf anrichten. Zum Schluß mit dem Koriandergrün bestreuen.

Flüssige Speisewürze

Flüssiges Würzmittel aus rein pflanzlichen Eiweißbausteinen sowie Wasser, Salz, Aroma, Glutamat und Hefeextrakt. Sie wurde vom Schweizer Müller Julius Maggi zur Zeit der beginnenden Industrialisierung erfunden, um der einseitigen Ernährung der Arbeiterschicht entgegenzuwirken. Noch heute wird sie nach einem fast unveränderten Urrezept hergestellt. Das Eiweiß wird in einem Gärprozeß, der vergleichbar mit dem des Bierbrauens ist, in Aminosäuren aufgeschlossen. Dabei entsteht das charakteristische Aroma der Würze. Sie reift danach 3–4 Monate in Behältern, ehe sie abgefüllt wird. Bekannteste Vertreterin der flüssigen Speisewürze ist die Maggiwürze.

Geschmack und Aroma

Flüssige Speisewürze gleicht im Geschmack dem des Liebstöckels, ohne etwas von ihm zu enthalten. Sie schmeckt würzig, leicht salzig.

Verwendung

Flüssige Speisewürze ist eine Universalwürze für Suppen und Saucen, Fleischgerichten sowie Gemüse, Ragouts und Schmorgerichte.

Lagerung

Flüssige Speisewürze hält sich angebrochen mehrere Monate auch ohne Kühlung.

Küchentips

- Flüssige Speisewürze kann man während der Zubereitung direkt an die Speisen geben.

- Ebenso kann sie als Nachwürze bei Tisch verwendet werden. Doch vorsichtig beim Dosieren. 5–10 Spritzer reichen oft schon. Nachsalzen ist meistens nicht mehr nötig.

Garnelen- und Fischpasten

Sie werden aus fermentierten oder gesalzenen Fischen oder Schalentieren hergestellt und sind vor allem in der asiatischen Küche ein beliebtes Würzmittel. Man unterscheidet in Caviarcreme, Garnelenpaste, Lachscreme und Sardellenpaste.

Caviarcreme ①

Eine streichfähige Paste aus Dorschrogen, Öl, Zucker, Salz, Kartoffelflocken und Gewürzen. Schmeckt als Brotaufstrich, eignet sich aber auch als Würze für Saucen und Suppen und für gekochte Eier. Muß kühl gelagert werden.

Garnelenpaste ②

Auch Shrimpspaste genannt. Sie ist eine beißende, scharfe Paste aus getrockneten, gemahlenen Garnelen und Salz. Sie wird in Dosen, Gläsern oder in Form flacher „Tafeln“ oder „Kuchen“ angeboten und hält sich fast unbegrenzt.
Ihr penetranter Fischgeruch verschwindet beim Kochen. Paßt gut zu Fleisch und Geflügelgerichten. In Indonesien nennt man sie „Trasi“, in Malaysia „Blancan“ und in Thailand „Kapi“. Sie kann durch Sardellenpaste ersetzt werden.

LACHSCREME ③

Eine streichfähige Paste aus Lachs, Dorschrogen, Öl, Wasser, Zucker, Salz, Tomatenpüree, Essig und Konservierungsstoffen. Würzt Saucen und gekochte Eier. Schmeckt auch als Brotaufstrich. Ist nicht so salzig wie Sardellenpaste. Muß kühl gelagert werden.

SARDELLENPASTE ④

Auch Anchovispaste genannt. Streichfähige Paste aus feingemahlenen Sardellen, Salz, Gewürzen und Fett, oft enthält sie auch Schmalz. Sie ist sehr salzig. Würzt Suppen, Saucen und gekochte Eier. Schmeckt auch als Brotbelag. Sardellenpaste gibt es in Tuben zu kaufen. Sie muß kühl gelagert werden.

REZEPTVORSCHLAG

Langustinen in Chilisauce

Für 4 Personen

- 3 EL Öl
- 2 Knoblauchzehen
- 3 große Zwiebeln
- 700 g frische, geschälte Langustinen
- 3 rote Chilischoten
- 5 Zitronenblätter
- 1 TL Garnelenpaste
- 2 EL Sambal Oelek
- 100 g süße Sahne
- 4 EL Milch
- etwas Salz, schwarzer Pfeffer
- 1 Prise Zucker, 1/2 TL Glutamat

Das Öl erhitzen, feingehackten Knoblauch und Zwiebeln darin andünsten. Langustinen zugeben, rosig anbraten. Die entkernten, feingehackten Chilischoten und die Zitronenblätter, die Garnelenpaste und das Sambal Oelek hineingeben, gut vermischen und etwa 3 Minuten braten. Sahne und Milch unterrühren, mit Salz, Pfeffer und Zucker sowie Glutamat abschmecken. Bei schwacher Hitze etwa 10 Minuten schmoren lassen.

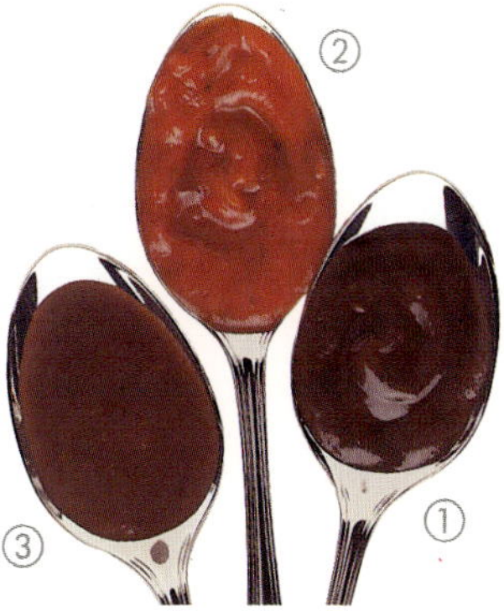

GRILL- UND STEAKSAUCEN

Sie fehlen auf keiner Grillparty und in keinem Steakhaus, sind teils süßpikant, teils feurigscharf. Vor allem sind tischfertige Grill- und Steaksaucen gerngesehene Helfer in der schnellen Küche. Zu den bekanntesten Vertretern gehören die A.1.-Sauce und die Barbecuesauce.

A.1.-SAUCE ①

Die süßpikante braune Würzsauce enthält Orangen, Knoblauch, Zwiebeln, Kräuter und Gewürze. Sie paßt zu Steaks und gegrilltem Fleisch, aber auch zu Fisch oder Meeresfrüchten. Man kann sie auch vor dem Garen als zusätzliche Würze an Hackfleischgerichte geben. Kleine Mengen eignen sich zum Marinieren von Hühner- und Rindfleisch.

BARBECUESAUCE ②

Die meist dickflüssige, pikante Sauce besteht u. a. aus Essig, Butter, Senf, Johannisbrotkernmehl, Salz, Zucker, Paprika, Pfeffer, Knoblauch, Chili, Tabasco und Worcestershiresauce. Es gibt sie in verschiedenen Variationen, von pikant bis scharfwürzig, zum Teil auch mit grünen Pfefferkörnern. Paßt gut zu gegrilltem und kurzgebratenem Fleisch, Fisch und Geflügel. Kann nach dem Grillen oder während des Grillens zum Betreichen verwendet werden. Kleine Mengen eignen sich zum Marinieren.

HP-SAUCE ③

Diese braune dickflüssige Sauce stammt aus England. Die Bezeichnung HP steht übrigens für „House of Parliament“. Die scharfe Sauce besteht aus Malzessig, Melasse, Früchten und Gewürzen. Paßt gut zu Steaks, Fleischspießen, aber auch zu Eiergerichten, kaltem Braten und Hackfleisch. Gerne wird ein Spritzer der HP-Sauce auch in Suppen und Eintöpfe sowie in heiße und kalte Saucen gegeben. Man kann HP-Sauce vor oder nach dem Grillen übers Fleisch träufeln.

Internationale Pasten

Pasten sind feingemahlene Produkte auf der Grundlage einer Hauptzutat wie Sesam, Sojabohnen, Chilis oder Oliven. Diese werden mit Öl verrührt und dadurch besonders haltbar und lagerfähig. Vor allem im Fernen und Nahen Osten sind sie ein beliebtes Würzmittel.

Chinesische Sesampaste ①

Sie wird aus gerösteten Sesamsamen gewonnen. Sie ist bräunlich und schmeckt nußähnlich. Man bekommt sie in Dosen oder Gläsern. Auch angebrochen ist sie fast unbegrenzt haltbar. Sie würzt Suppen, Saucen sowie pfannengerührte Gerichte mit Fisch, Fleisch und Geflügel. Läßt sich durch Erdnußbutter, die mit Sesamöl vermischt ist, ersetzen.

Harissa ②

Eine höllisch scharfe Paste aus getrockneten oder frischen roten Chilis, Knoblauch und Salz, oft mit Gewürzen sowie Kräutern, wie Kreuzkümmel, Koriander und Minze, angereichert. In einigen Fällen wird die Schärfe der Paste durch Tomaten gemildert. Sie stammt aus Nordafrika. Würzt Suppen, Eintöpfe, insbesondere Tomatensaucen, aber auch Mayonnaise. Eignet sich ebenso zum Marinieren von Huhn, Lamm, Fisch wie als Dip zu gegrilltem Fleisch.

Misopaste

Eine japanische, halbfeste Würzpaste aus Sojabohnen, Salz, den Sporen eines Schimmelpilzes (Aspergillus oryzae), die zusammen mit Reis, Gerste oder Weizen mindestens 1 Jahr in Zedernholzfässern reifen. Es gibt unterschiedliche Farb- und Geschmacksrichtungen. Weißes Miso aus Reis (Shiro miso) ist sehr mild, rotes Miso (Aka miso) sehr salzig, braunes Miso aus Sojabohnen (Hatcha miso) sehr aromatisch und gehaltvoll. Generell gilt: je dunkler die Paste, desto salziger und würziger ist sie. Dunkle Misopasten würzen Suppen und Eintöpfe, man gibt sie am Ende der Garzeit dazu. Helles Miso würzt gegrillte Speisen, Salatsaucen, Gemüse und Dips sowie Tofugerichte. Miso verträgt keinen Sauerstoff, darum sollte man angebrochene Packungen stets gut verschlossen im Kühlschrank aufbewahren und innerhalb 1 Monats verbrauchen.

Olivenpaste ③

Eine italienische Paste aus pürierten, schwarzen Oliven und Olivenöl. Die aromatische Paste würzt Nudelsaucen, Butter und dient als Brotaufstrich.

Tandoori-Paste ④

Eine indische Würzpaste aus Knoblauch, Tamarinde, Ingwer, Koriander, Kreuzkümmel, Kurkuma, Salz, Cayennepfeffer, Essig und rotem Farbstoff. Würzt alle indischen Gerichte, die im Lehmofen gebraten und gebacken werden.

Tahina ⑤

Eine ölige Paste aus geröstetem und gemahlenem Sesam, Olivenöl, Zitronensaft und Knoblauch, die vor allem in der libanesischen und arabischen Küche verwendet wird. Es gibt eine cremefarbene Paste aus geschälten und eine bräunliche aus ungeschälten Samen. Die leicht bitter schmeckende Paste gibt es in Gläsern fertig zu kaufen. Man verwendet sie zum Andicken von Saucen, als eigenständige Sauce oder Dip zum Würzen von Fischgerichten und Suppen.

Tamarindenmark

Eine leicht säuerliche Paste aus der saubohnenähnlichen Frucht des Tamarindenbaumes (→ S. 229). Sie wird vor allem in der südostasiatischen Küche anstelle von Zitrone oder Essig verwendet. Man rührt die Paste vor Gebrauch mit Wasser an und passiert sie, um die Kerne zu entfernen. Tamarindenmark kann eventuell durch Limettensaft ersetzt werden. Das Mark gibt es getrocknet als Blockform. Es hält sich lange im Kühlschrank.

Wasabi-Paste

Eine beißend scharfe Würzpaste aus Wasabi, dem japanischen Meerrettich (→ S. 226). Man nimmt sie für Sushi als Würze und Kleber, damit der Reis besser am Fisch haftet. Mit Wasabi-Pasten werden aber auch Suppen, Saucen, Dips, gekochtes Fleisch und Fisch abgeschmeckt. Vorsichtig dosieren, sie ist sehr scharf.

Kecap manis

Auch Indonesische Sojasauce genannt. Sie ist eine dickflüssige, dunkle Würzsauce aus der indonesischen Küche. Sie wird aus fermentierten Sojabohnen, Zucker und Gewürzen hergestellt und ist Basisgewürz für fast alle indonesischen Saucen und Marinaden. Kecap manis schmeckt leicht süßlich.

Sie würzt Reis- und Nudelgerichte, wie Nasi goreng, Gemüse, wie Blumenkohl aber auch Chinakohl, Möhren und Kohlrabi. Kecap manis gehört in die indonesische Erdnußsauce für Satéspieße, paßt aber auch gut zu Hackfleisch, Schwein, Rind und Geflügel.

Neben der süßlichen Kecap manis gibt es noch eine salzigere Sorte, Kecap asin genannt. Die salzige Sorte läßt sich durch chinesische oder japanische Sojasauce ersetzen, Kecap manis eventuell durch Sojasauce, die mit etwas Zuckersirup verrührt wurde.

Kecap manis hält sich unangebrochen fast unbegrenzt. Angebrochene Flasche im Kühlschrank aufbewahren.

REZEPTVORSCHLAG

Misosuppe mit Tofu

Für 4 Personen

- 150 g Tofu
- 4 frische oder getrocknete chinesische, schwarze Pilze
- 800 ml Dashi (Blaufischbrühe) auf Instantbasis
- 3 EL weiße Misopaste

Abgetropften Tofu in etwa 2 cm große Würfel schneiden. Pilze in 4 cm dicke Scheiben schneiden – getrocknete Pilze vorher einweichen. Dashi zum Kochen bringen, Pilze darin etwa 1 Minute kochen lassen, Tofu hinzufügen. Miso in eine Kelle geben, in die Suppe eintauchen, langsam unter ständigem Rühren mit einem Stäbchen nach und nach die Brühe hinzufügen, bis eine glatte Masse entstanden ist. Diese dann unter weiterem Rühren in die restliche Brühe einlaufen lassen. Die Suppe kurz aufkochen lassen, dann sofort servieren.

REZEPTVORSCHLAG

Würziges Brathähnchen

Für 4 Personen

- 1 küchenfertiges Brathähnchen
- 3 EL Sojasauce
- 3 EL Kecap manis
- 1 TL frisch gemahlener Pfeffer
- 3 TL Sambal Oelek
- 3 Schalotten, 4 Knoblauchzehen
- 1 Stück frischer Ingwer (4 cm)
- 2 TL gemahlener Koriander
- etwas Salz, 3 EL Öl

Das Hähnchen in 8 Teile zerlegen. Sojasauce, Kecap manis, Pfeffer und 2 TL Sambal Oelek mit 100 ml heißem Wasser verrühren. Gehackte Schalotten, Knoblauch und feingewürfelten Ingwer sowie die restlichen Gewürze untermischen. Alle Hähnchenteile mit der Marinade bestreichen und mindestens 2 Stunden marinieren. Danach das Hähnchenfleisch aus der Marinade nehmen, gut abtropfen lassen. Das Öl in einer Pfanne erhitzen, Hähnchenteile darin bei mittlerer Hitze von jeder Seite etwa 10 Minuten braun braten.

KETCHUP

Eine rote, dickflüssige Würzsauce, die meist auf der Grundlage von Tomatenmark hergestellt und mit Essig, Zucker sowie Gewürzen, wie Paprika, Pfeffer, Nelken, Zimt, Ingwer, Zwiebeln und Muskatnuß, abgeschmeckt wird. Jede Firma hat ihr spezielles Ketchuprezept, das wie die britischen Kronjuwelen gehütet wird. Tomatenketchup muß mindestens 7 % Trockenmasse an Tomaten enthalten, was einem Tomatenanteil von 25 % entspricht. Zu Beginn des 18 Jh. n. Chr. importierten britische Seeleute „ketsiap" oder „kechap", wie es damals hieß, vom Malaysischen Archipel. Das Original bestand jedoch aus passiertem, gesalzenem Fisch, Muschelfleisch und Gewürzen. 1792 kam der englische Koch Richard Brigg auf die Idee, den Fischanteil durch Tomaten zu ersetzen: das Tomatenketchup war geboren. Die bei uns beliebtesten Ketchups sind das Tomatenketchup und das bräunlichgelbe Curryketchup. Darüber hinaus gibt es z. B. Gewürzketchup, Schaschlikketchup und Zwiebelketchup. In England kennt man außerdem noch Austern- und Heidelbeerketchup.

GESCHMACK UND AROMA
Je nach Gewürzzutat frisch-aromatisch bis pikant.

VERWENDUNG
Ketchup wird meist als separate Würzsauce für Steaks, Würstchen, Pommes frites und Hamburger verwendet. Es kann aber auch Aromazutat in Relishes, Saucen, Dressings sowie Suppen und Eintöpfen sein.

LAGERUNG
Angebrochene Flaschen bleiben im Kühlschrank ein paar Monate frisch.

Salsas

Eine besonders pikante Form des Ketchups ist die „Salsa", die vor allem in der südamerikanischen und mexikanischen Küche eine große Rolle spielt. Sie gehört dort ebenso auf den Tisch wie bei uns Salz und Pfeffer. Salsa bedeutet soviel wie Sauce und ist eine ungekochte Mischung aus Tomaten, Tomatillos – ähneln den grünen Tomaten, haben aber eine braune, papierartige Schale –, aus frischen oder getrockneten Chilis sowie Zwiebeln, Knoblauch und Koriandergrün. Je nach Geschmack kann man noch Oregano, Essig und Olivenöl zufügen.

Geschmack und Aroma

Durch den hohen Anteil an Chilis sind sie zumeist höllisch scharf.

Verwendung

Salsas werden meist als separate Würzsaucen für Omeletts, Steaks und kurzgebratenes Fleisch, Fisch oder Geflügel sowie als Dips zu Maischips gereicht. Sie schmecken aber auch als Würze in Saucen, Eintöpfen und Schmorgerichten.

Lagerung

Salsa hält sich unangebrochen mindestens 1 Jahr. Angebrochene Flaschen lassen sich im Kühlschrank mehrere Wochen lagern.

Rezeptvorschlag

Mexikanisches Huhn

Für 4 Personen

1 küchenfertiges Huhn (à 1,3 kg)

Salz, 5 EL Salsa

1 EL Essig, 4 EL Öl

1 TL Oregano, weißer Pfeffer

1 Messerspitze Nelkenpulver

Das Huhn in 4 Teile zerlegen, mit Salz einreiben und in eine feuerfeste Form legen. Die Salsa mit Essig und Öl zu einer Marinade verrühren und diese mit den Gewürzen abschmecken. Die Marinade über die Hühnerteile gießen und die Form mit einem Deckel verschließen. Das Huhn im auf 200 °C vorgeheizten Backofen 45–50 Minuten garen lassen, bis es ganz weich und die Sauce stark eingedickt ist.

Minzsaucen

Es gibt viele Minzsaucen, die beiden bekanntesten sind die englische Pfefferminzsauce und das amerikanische Mint Jelly.

Pfefferminzsauce

Es ist eine sehr aromatische grüne Würzsauce aus feingehackten Blättern von grüner Minze oder einer rundblättrigen Minze sowie Zucker, Apfel- oder Malzessig. Sie wird in England traditionell zu Lammfleisch gegessen. Es gibt sie fix und fertig in Feinkostläden zu kaufen.
Man kann sie aber auch sehr schnell selbst zubreiten:
1 Handvoll Minzeblätter mit 2 Teelöffeln Zucker im Mörser fein zerstoßen. Nach und nach 100 ml kochendes Wasser und 100 ml Essig angießen. Eventuell mit Zucker nachwürzen und alles abkühlen lassen. Dann durch ein Sieb streichen.

Verwendung

Sie paßt gut zu gekochtem und gebratenem Lammfleisch, aber auch zu Geflügel, gekochtem Rind sowie zu gegrilltem und gekochtem Fisch.

Mint Jelly

Ein würziges, hellgrünes Gelee aus überbrühten Minzeblättchen, Geliermittel, Essig oder Zitronensaft sowie Zucker und Salz. Ist etwas milder, leicht süßlicher im Geschmack als die Pfefferminzsauce. Mint Jelly ist vor allem in den USA sehr beliebt. Man kann es fix und fertig in Feinkostläden kaufen.

Verwendung

Das Gelee paßt gut zu Lammfleisch, aber auch zum Fleischfondue.

Lagerung

Pfefferminzsauce und Mint Jelly halten sich unangebrochen mehrere Jahre. Zu beachten ist das Mindesthaltbarkeitsdatum. Angebrochen sollten sie innerhalb von 3 Wochen verbraucht werden. Kühl lagern.

Küchentip

Beide Würzsaucen sollten vorsichtig dosiert werden. Der Minzegeschmack ist sehr intensiv. Lieber später etwas nachwürzen.

Pickles und Relishes

Was für uns süß-sauer eingelegte Früchte und Gemüse sind, das sind für die Engländer Pickles und für die Amerikaner Relishes: würzige appetitanregende Beilagen zu Fleisch, Fisch und Geflügel.

Pickles

Die in Essig und Salz sowie zahlreichen Gewürzen eingelegten Obst- und Gemüsesorten sind eine Erfindung der Engländer. Um die eintönige Kost an Bord zu bereichern, nahmen sie Pickles mit, die sich monatelang auf See hielten. Die beliebtesten Pickles werden aus Gurken, Rotkohl und Zwiebeln zubereitet, aber auch Paprika, Blumenkohl sowie Birnen, Melonen und Pfirsiche eignen sich gut. Eines der bekanntesten Pickles ist Piccalilli, auch indisches Pickle genannt. Es besteht aus gemischtem Gemüse, wie Möhren, Blumenkohl, Perlzwiebeln, Paprika und Bohnen, sowie einer dicken Sauce aus Salz, Senfpulver, Kurkuma, Ingwer, Essig, Zucker und Maisstärke.

Relishes

Sie bestehen zumeist aus ganz klein geschnittenem, aber noch stückigem Gemüse, wie Pilzen, Zwiebeln, Gurken, Paprikaschoten oder Mais. Sie werden mit Essig, Wein und Gewürzen sämig eingekocht. Das Wort „relish“ stammt aus dem Englischen und wird mit „Würze“ übersetzt. Relishes sind heller und milder als Chutneys, ähneln von der Konsistenz eher Marmelade.

Geschmack und Aroma

Pickles und Relishes eigenen sich vor allem als Beilage zu gegrilltem und gebratenem Fleisch, Fisch, Geflügel und Wild, zu kaltem Braten, Käse- und Fleischfondues. Unentbehrlich sind sie aber auch zum Würzen von Saucen und Ragouts.

Lagerung

Pickles und Relishes halten sich unangebrochen etwa 1 Jahr. Danach verlieren vor allem Pickles ihre knackige Beschaffenheit. Einmal angebrochen bleiben sie im Kühlschrank einige Wochen frisch.

Küchentip

Wenn man Saucen mit Relishes oder Pickles abschmeckt, sollte man sie nur teelöffelweise einrühren und die Saucen lieber später nachwürzen. Relishes und Pickles können sehr pfeffrig sein.

Rezeptvorschlag

Preiselbeer-Apfelwein-Relish

Für 1 Glas à 500 g

- 3/4 l trockener Cidre
- 180 g Zucker
- 4 Stangen Zimt
- 3 Stücke unbehandelte, etwa 10 cm lange Orangenschalen
- 12 Nelken
- 400 g Preiselbeeren

Cidre, Zucker, Zimt, Orangenschalen und Nelken in einen Topf geben und unter gelegentlichem Rühren etwa 5 Minuten köcheln lassen, bis sich der Zucker aufgelöst hat. Danach durch ein Sieb gießen. Preiselbeeren in den Sirup geben und bei großer Hitze etwa 10 Minuten kochen, bis die Beeren zerfallen. Danach weitere 10 Minuten kochen lassen, bis das Relish leicht angedickt ist. Relish in ein Schraubglas füllen und abkühlen lassen.

SAMBALS

Sie bestehen aus gestoßenen oder gehackten roten Chilischoten und Gewürzen. Die scharfen Pasten wurden ursprünglich in der indonesischen Küche verwendet, heute aber auch in vielen asiatischen Ländern. Es gibt sie in unterschiedlichen Geschmacksrichtungen.

SAMBAL OELEK

Auch Sambal Ulek genannt. Die Paste besteht aus roten Chilis und Salz. Sie steht in fast jedem Chinarestaurant auf dem Tisch und ist ausgesprochen scharf. Dehalb nur messerspitzenweise dosieren.

SAMBAL BAJAK

Auch Sambal Badjak genannt. Diese Paste ist eine Kombination aus Chilischoten, Zwiebeln, Kemerinüssen, Shrimpspaste, Zitronenblättern, Salz und Öl.

SAMBAL BRANDAL

Die Paste besteht aus Chilis, Shrimpspaste, Zwiebeln, Salz, javanischem Rohrzucker, Tamarinde und Öl.

SAMBAL MANIS

Die Paste hat die gleichen Zutaten wie Sambal Bajak, ist nur stärker gesüßt.

SAMBAL TRASI

Die Paste enthält Chilis, Salz und Shrimpspaste.

SAMBAL KACANG

Die Paste besteht aus Chilis und gemahlenen Erdnüssen. Sie gibt es als Block oder als Mus. Sie muß vor dem Gebrauch in Wasser aufgelöst werden.

SAMBAL NASI GORENG

Eine bräunliche Paste aus gerösteten Chilis, Öl, Zwiebeln und Gewürzen. Ideal für Nasi Goreng.

GESCHMACK UND AROMA

Sambals schmecken je nach Sorten höllisch scharf bis herbsüßlich.

VERWENDUNG

Sambals würzen Suppen und Saucen, Marinaden, Reis- und Nudelgerichte sowie pfannengerührte Speisen mit Fisch, Fleisch, Geflügel und Gemüse. Außerdem geben Sambals Reis eine rötliche Farbe.

LAGERUNG

Sambals halten sich auch angebrochen mehrere Monate ohne Kühlung.

KÜCHENTIPS

- Scharfe Sambals, wie Sambal Oelek, lassen sich gut als Ersatz für frische Chilis verwenden.

- Sambals, die im Block angeboten werden, müssen vor dem Gebrauch in Wasser aufgelöst werden.

REZEPTVORSCHLAG

Indonesische Erdnußsauce

Für 4 Personen

1/8 l Wasser
125 g Sambal Kacang
1 TL Sambal Oelek
1/2 TL Glutamat
1 EL Kecap Manis
1 Prise Zucker
etwas Salz

Das Wasser in einem Topf erhitzen. Sambal Kacang und Sambal Oelek einrühren und aufkochen lassen. Mit den restlichen Gewürzen abschmecken und etwa 5 Minuten abkühlen lassen. Die Sauce paßt gut zu Fleischspießen.

SENF

Auch Tafelsenf genannt.

Mischung aus gemahlenen Senfkörnern (→ S. 58), Essig, Salz sowie Gewürzen, Kräutern, Zucker, Champagner oder Wein. Es gibt milde gelbe und scharfe braune Senfkörner. Je mehr braune Senfkörner mitvermahlen werden, desto schärfer ist der Senf. Senf ist übrigens seit Jahrtausenden eine beliebte Würze. Schon die Ägypter, Griechen und Römer verwendeten ihn. Im Jahre 1634 wurde der französischen Stadt Dijon das alleinige Recht auf Senfherstellung gewährt. Und noch heute wird dort die Hälfte des auf der Welt verbrauchten Senfs hergestellt.

Bei Senf unterscheidet man 5 Grundsorten:

SÜSSER SENF

Das ist eine gelbe Mischung aus gelben und braunen Senfkörnern, die grob vermahlen, geröstet und mit Zucker gesüßt sind. Schmeckt süßlich, leicht karamelartig. Paßt gut zu Weißwurst und Leberkäse.

MILDER SENF

Auch Tafel- oder Delikateßsenf genannt. Er wird vorwiegend aus gelben Senfkörnern hergestellt. Der gelbe Senf schmeckt feinwürzig. Paßt gut zu Senfsaucen für Fisch, Mayonnaise und Senfbutter, aber auch zu Würstchen und kaltem Braten.

Mittelscharfer Senf
Eine gelbe Mischung aus gleichen Teilen von braunen und gelben Senfkörnern. Schmeckt leicht würzig. Paßt gut zu Grillwürstchen und kaltem Fleisch, zum Bestreichen von Rouladen und zum Würzen von Salatdressings.

Scharfer Senf
Eine gelbe Mischung aus einem großen Teil brauner und einem kleinen Teil gelber Senfkörner. Schmeckt sehr pikant. Paßt gut zu Würstchen.

Extrascharfer Senf
Er wird überwiegend aus braunen Senfkörnern gewonnen. Schmeckt feurigscharf. Paßt gut zu Eisbein und Schweinebraten, aber auch zu kaltem Braten und zum Abschmecken von pikanten Saucen für Geflügel.

Daneben gibt es noch eine Fülle von verschiedenen Senfsorten, die mit Kräutern, Gewürzen und Gemüsen aromatisiert wurden. Einige Beispiele sind:

Champagner-Senf
Ein mittelscharfer, grobgemahlener Senf, der noch einen großen Teil ganzer Senfkörner enthält und mit Champagner verfeinert wurde. Der gelbgraue Senf schmeckt aromatischwürzig. Paßt gut zu feinen Senfsaucen, zu gedünstetem Lachs oder Seezunge.

Chinesischer Senf
Mischung aus gemahlenen Senfkörnern, Wasser oder schalem Bier. Ist äußerst scharf. Paßt gut zu Frühlingsrollen.

Dijon-Senf
Den hellgelben bis hellbraunen Senf, der nach der französischen Stadt Dijon benannt wurde, gibt es in den Geschmacksrichtungen mild, mittelscharf und extrascharf. Er kann aus grob- oder feingemahlenen Senfkörnern hergestellt sein. Paßt gut zu Steaks, gekochtem und gebratenem Rindfleisch, Hackfleisch, zu feinen Senfsaucen und zur Vinaigrette.

Grill-Senf
Dies ist ein mittelscharfer, orangeroter Senf, der mit Paprikapulver gewürzt wurde. Er schmeckt pikantaromatisch. Paßt gut zu gegrilltem und gebratenem Fleisch, Fisch und Geflügel und zum Fondue.

Kräuter-Senf
Ein mittelgelber bis grünlicher Senf, der mit Estragon, Kerbel oder Kräutern der Provence vermischt wurde. Es gibt ihn als milden, mittelscharfen und scharfen Senf mit und ohne Salz zu kaufen. Paßt gut zum Bestreichen von Rind- und Geflügelrouladen, aber auch zu Würstchen und zum Fondue.

Meerrettich-Senf
Ein weißlichgelber Senf, der mit geriebenem Meerrettich gewürzt wurde. Gibt es als mittelscharfen oder scharfen Senf. Paßt gut zu gekochtem Rindfleisch, geräuchertem Makrelen- oder Forellenfilet, aber auch feine Senfsaucen werden mit Meerrettich-Senf abgeschmeckt.

Rôtisseur-Senf
Ein dunkelgelber mittelscharfer, grobgemahlener Senf, der noch einen großen Teil ganzer Senfkörner enthält. Er schmeckt pikant würzig. Paßt gut zu deftigen Schmorgerichten, zu kaltem und warmem Schweinebraten.

Lagerung
Senf immer in fest verschlossenen Gläsern oder Tuben im Kühlschrank aufbewahren. Dort bleibt sein Aroma mindestens 2 Monate voll erhalten.

Küchentips

- Senf enthält ätherische Öle aus der braunen Senfsaat. Sie fördern die Verdauung und sorgen für eine bessere Bekömmlichkeit. Deshalb fette Speisen immer mit etwas Senf würzen.

- Einmal angetrockneter Senf wird wieder streichfähig, wenn man ihn mit etwas Essig, Öl und Zucker verrührt.

Sojasauce

Sie gehört zu den ältesten Würzmitteln Asiens. Ihren Ursprung hat die dunkelbraune Sauce wahrscheinlich im 6. Jh. n. Chr. in China. Für die Herstellung von Sojasauce werden die Sojabohnen oder eine Mischung aus Sojabohnen und Weizen vermahlen. Mit Hilfe eines bestimmten Schimmelpilzes (Aspergillus) wird die Sojabohnenmasse zum Gären gebracht und nach 2–3 Tagen mit Salz und Wasser versetzt. Danach reift die entstandene Maische mehrere Monate oder gar Jahre in Holzfässern. Bei einfachen, weniger aromatischen Sojasaucen beschleunigt man durch die Zugabe von Säuren die Gärung und Reifung der Sojasauce. Fast jedes asiatische Land hat seine eigene Sojasauce, die sich im Aroma, in der Würzintensität und auch im Salzgehalt zum Teil erheblich unterscheiden.

Chinesische Sojasauce

Sie wird aus Sojabohnen, Weizen, Gerste, Salz, Zucker und Hefe gewonnen. Es gibt sie in vielen Varianten. Die bekanntesten sind die dunkle, süßliche und die helle, recht salzige Sojasauce. Die dunkle reift länger, hat einen kräftigen Geschmack und enthält zusätzlich Melasse.
Neben den beiden Hauptsorten findet man eine scharfe Sojasauce, die zusätzlich Chili, Pfeffer und Zimt enthält, sowie eine süße Sojasauce, die mit viel Zucker gewürzt ist. Die Pilzsojasauce ist mit Strohpilzextrakt versetzt und hat dadurch einen typischen Pilzgeschmack.

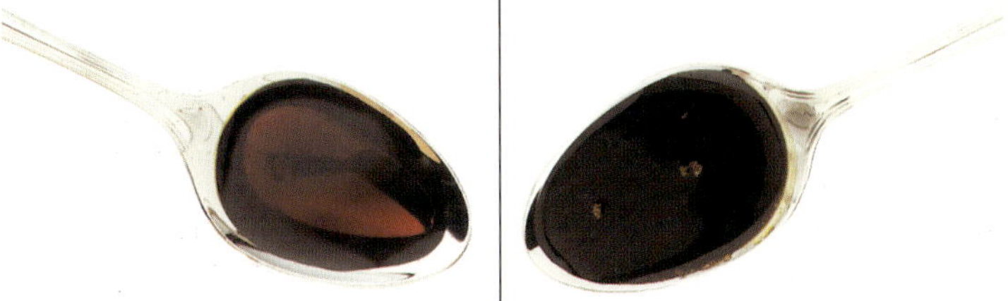

Japanische Sojasaucen

Sie reifen 12–18 Monate und sind etwas heller, süßer und nicht ganz so salzig wie chinesische Sojasaucen. Koi-kuchi-shoyu ist die bei uns gebräuchlichste Sojasauce. Sie wird aus Weizen und Sojabohnen gewonnen, hat eine tiefe rotbraune Farbe, ist dünnflüssig und feinaromatisch. Es gibt sie auch mit niedrigem Salzgehalt zu kaufen.
Usukuchi-shoyu ist eine helle Sojasauce. Sie wird vor allem dort verwendet, wo normale Sojasauce die Farbe des Gerichts verändern würde, wie bei hellem Gemüse oder hellem Fleisch. Tamari-shoyu wird ausschließlich aus Sojabohnen hergestellt, schmeckt stark aromatisch und würzt vorwiegend Sushis.

Indonesische Sojasauce

Sie ist sirupartig und dunkelbraun bis schwarz. Es gibt sie salzig und süß (→ S. 182).

Verwendung

Dunkle Sojasaucen würzen herzhafte Gerichte mit Rind- und Schweinefleisch, aber auch Eintöpfe, dunkle Saucen, Suppen und Marinaden. Helle Sojasauce paßt zu Meeresfrüchten und zu Gemüse, wie Bohnen, Zuckerschoten und Möhren, aber auch zu leichten Suppen und Dips.

Lagerung

Sojasauce hält sich auch ohne Kühlung mehrere Monate.

Küchentips

- Scharfe Sojasauce läßt sich duch Worcestershiresauce ersetzen.

- Statt süßer Sojasauce kann man stets die milde japanische Sojasauce nehmen und sie mit etwas Zucker oder Honig vermischen.

- Ein Schweinebraten bekommt übrigens einen kräftigeren Geschmack, wenn man das Fleisch etwa 1 Stunde vor der Zubereitung in Sojasauce oder Teriyaki-Sauce (→ S. 198) einlegt. Der Braten wird besonders zart, wenn man ihn während des Bratens mit der Marinade bestreicht.

Rezeptvorschlag

Sprossensalat mit Sojadressing

Für 4 Personen

200 g Sojabohnensprossen
100 g Möhren
3 grüne Paprikaschoten
etwas Salz
1 EL Sonnenblumenöl
1 EL Sesamöl
4 EL dunkle, japanische Sojasauce
2 EL Reisessig

Sojabohnensprossen mit den in hauchdünne Stiften geschnittenen Möhren und Paprikaschoten in 1 1/2 l Salzwasser 1–2 Minuten blanchieren, kalt abschrecken und sehr gut abtropfen lassen. Für das Dressing Ölsorten mit der Sojasauce und dem Reisessig verrühren, über das Gemüse gießen und sofort servieren.

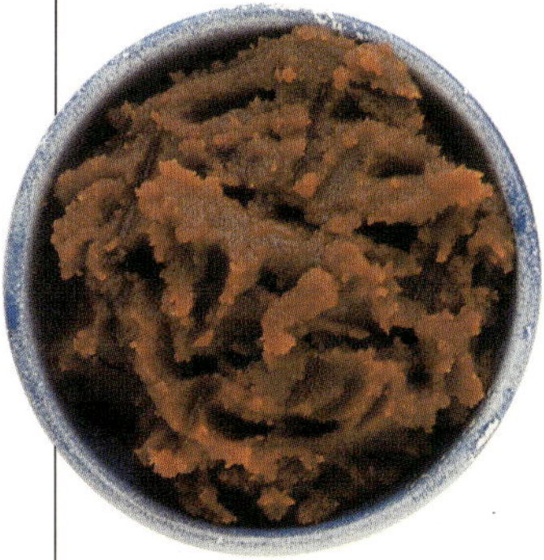

Schwarze und rote Bohnenpaste

Würzmittel auf Sojabasis

Würzmittel aus fermentierten Sojabohnen sind in China und Südostasien außerordentlich beliebt. Es gibt sie als scharfwürzige Pasten oder als flüssige Saucen. Die bekanntesten sind Bohnensauce und -paste, Hoisin-Sauce, Sweet-and-sour-Sauce, Sukiyaki-Sauce und Teriyaki-Sauce.

Bohnensauce

Eine braune, dickflüssige Sauce, die aus fermentierten, gelben Sojabohnen, Weizenmehl, Salz und Wasser besteht. Es gibt eine süßliche und eine scharfe Variante. Die Sauce ist im Norden und Westen Chinas sehr beliebt und würzt vor allem Nudelgerichte.

Bohnenpasten

Eine süßliche bis pikante Paste aus fermentierten gelben, roten oder schwarzen Sojabohnen. Die besten werden aus den ganzen Sojabohnen hergestellt. Pasten aus zerdrückten oder pürierten Bohnen sind oft sehr salzig. Passen zu pfannengerührten Gerichten mit Gemüse, Fleisch, Fisch und Geflügel, aber auch Saucen und Reisgerichte werden mit Bohnenpasten abgeschmeckt.

Sukiyaki-Sauce

Eine Mischung aus Sojasauce, Zucker und Reiswein. Speziell für Sukiyaki, das japanische Rindfleischfondue, entwickelt. Eignet sich aber auch als Dip, zum Marinieren von Grillfleisch und -geflügel sowie als Würze für Eintöpfe.

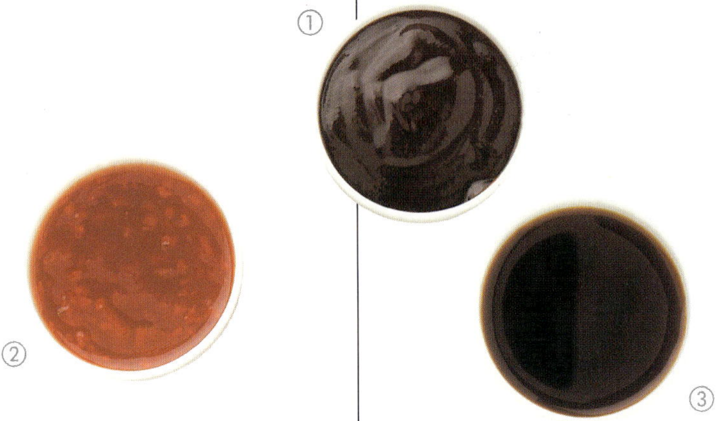

Hoisin-Sauce ①
Ein rotbraune dickflüssige Sauce aus roten Sojabohnen, Knoblauch, Zucker, Chili, Essig, Sesamöl, Weizenmehl und Gewürzen. Sie schmeckt süß und etwas scharf.
In der chinesischen Küche ist sie eine beliebte Grillsauce, sie eignet sich aber auch gut für Dips. Mit Zucker und Sesamöl vermischt, wird sie zur Pekingente gereicht. Ideal zum Marinieren und zum Würzen von Fleisch und Geflügel vor dem Grillen.

Sweet-and-sour-Sauce ②
Eine dickflüssige, süßliche bis saure Sauce aus Sojasauce, Reisessig, Maisstärke und Knoblauch sowie feingehackten Möhren und Zwiebeln. Es gibt auch Varianten, die anstelle von Sojasauce Tomaten enthalten. Paßt gut zu Fondue, gegrilltem Fleisch, Fisch und Geflügel.

Teriyaki-Sauce ③
Eine japanische, würzige, dünnflüssige, dunkle Sauce aus Sojasauce, Wein, Essig, Zucker und Gewürzen. Paßt gut zu gegrilltem und gebratenem Fisch, Fleisch und Geflügel sowie Meeresfrüchten. Als Marinade oder zum Bestreichen von Fleisch während des Grillens oder Bratens ist sie ebenfalls sehr beliebt.

REZEPTVORSCHLAG
Mariniertes Schellfischfilet

Für 4 Personen

- 4 Schellfischfilets à 125 g
- 6 EL Teriyaki-Sauce
- etwas Öl
- 50 g geriebener Meerrettich
- 1 kleines Stück Ingwer

Schellfischfilets mit der Teriyaki-Sauce beträufeln und zugedeckt im Kühlschrank 1–2 Stunden marinieren. Danach abtupfen, mit Öl bestreichen und unter dem Grill von beiden Seiten etwa 7 Minuten grillen. Zwischendurch öfters mit der Marinade bestreichen. Meerrettich mit dem in feine Streifen geschnittenen Ingwer vermischen. Dazu servieren.

REZEPTVORSCHLAG
Rindfleisch mit Bohnensauce

Für 2 Personen

- 400 g Rinderfilet
- 2 EL Sojaöl, 3 EL Sojasauce
- 200 g Frühlingszwiebeln
- 2 Knoblauchzehen
- Öl zum Ausschwenken u. Braten
- 2 EL Sambal Oelek
- 2 EL süße Bohnensauce
- 1/2 TL Pfeffer, 3 EL Zucker
- 2 EL Reiswein
- 3 EL Tomatenketchup
- 4 TL Sojasauce
- 150 ml Hühnerbrühe
- 3 TL Kartoffelstärke

Das Rindfleisch in feine längliche Streifen schneiden und für etwa 30 Minuten in eine Marinade, aus dem Sojaöl und Sojasauce hergestellt, legen. Die Frühlingszwiebeln putzen, waschen und in 3 cm lange Stücke schneiden. Den Knoblauch schälen und fein hacken. Einen Wok erhitzen, das Fleisch in wenig Öl darin kurz braten, dabei ständig rühren. Es dann herausnehmen. Knoblauch und Sambal Oelek etwa 20 Sekunden in 10 Eßlöffeln Öl anbraten, dann das Rindfleisch sowie die Frühlingszwiebeln dazugeben und etwa 2 Minuten weiterbraten. Nun Bohnensauce, Pfeffer, Zucker, Reiswein, Tomatenketchup, Sojasauce und Hühnerbrühe dazugeben und alles aufkochen lassen. Die in Wasser angerührte Stärke hineinrühren, alles einmal aufkochen lassen.

Tomatenmark

Eine leuchtend rote Paste aus eingedickten, erntefrischen Tomaten. Die Früchte werden gereinigt, zerkleinert, erhitzt und anschließend von Kernen und Schalen befreit. Der fruchtfleischhaltige Tomatensaft wird dann bei niedrigen Temperaturen im Vakuum zu Mark eingedickt. Je nach Grad des Wasserentzuges bzw. des Anteils an Trockenmasse unterscheidet man in:
Einfach konzentriertes Tomatenmark. Es enthält mindestens 14 % Trockenmasse. Das bedeutet, daß 14 % des Tomatenmarks aus festen Bestandteilen besteht. Zweifach konzentriertes Tomatenmark enthält mindestens doppelt so viel Trockenmasse, also 28 %. Dreifach konzentriertes Tomatenmark muß mindestens 36 % Trockenmasse enthalten.
Tomatenmark kann, muß aber kein Salz enthalten. Ist es gesalzen, so muß das auf der Tube oder auf dem Döschen vermerkt sein.

Geschmack und Aroma
Tomatenmark schmeckt und riecht mildaromatisch.

Verwendung
Tomatenmark eignet sich als Basis für Tomatensuppen und -saucen. Es würzt dunkle Saucen und paßt zum Garnieren von Eiergerichten.

Lagerung
Tomatenmark hält sich angebrochen im Kühlschrank mehrere Monate.

Küchentips

- Tomatenmark muß immer mit ein bißchen Flüssigkeit, wie Wasser, Wein oder Brühe, angerührt werden.

- Wer es gern ein wenig pikanter mag, nimmt das etwas würzigere Paprikamark. Es besteht aus einer Mischung aus Tomatenmark, Paprikamark, Öl, Zucker und anderen Gewürzen.

- Paprikamark läßt sich übrigens auch ganz einfach selbst machen: rote Paprikaschoten grob oder fein hacken, in Butter andünsten, salzen und pfeffern. Danach durch ein Sieb streichen und eventuell nachwürzen.

Worcestershire-Sauce

Auch Worcestersauce (sprich: wuhstersoße) genannt.

Dunkle, englische Würzsauce aus Malzessig, Melasse sowie Sardellen, Scharlotten, Knoblauch, Tamarinde, Zucker und Gewürzen. Die genaue Zusammensetzung ist und bleibt ein streng gehütetes Familienrezept. Die verschiedenen Zutaten werden in Fässern 3 Jahre lang gelagert. Auch wenn Worcestershiresauce heute von mehr als einer Firma hergestellt wird, stammt sie ursprünglich aus dem Hause Lea & Perrins. Liest man die Firmengeschichte, so erfährt man, daß im Jahr 1826 Lord Sandys, Gouverneur der Bengalen, die Drogerie von John Wheely Lea und William Perrins in Worcester besuchte. Er ließ sich von den beiden seine heißgeliebte, indische Sauce entwickeln, die er im heimischen England so vermißte. Seine Lordschaft war mit dem Ergebnis zufrieden, die Drogisten fanden die Sauce eher abstoßend und verbannten den Rest der Sauce im Keller. Ein Jahr später erinnerten sie sich an die Sauce und stellten erstaunt fest, daß aus der übelschmeckenden Mixtur eine würzige Sauce geworden war.

Geschmack und Aroma

Worcestershiresauce hat einen süßsäuerlichen, leicht scharfen Geschmack.

Verwendung

Die Sauce verfeinert Suppen und vor allem helle Saucen, Pies, Ragouts und Schmorgerichte. Fleisch, Fisch, Salate, Omeletts und Rührei werden gerne mit Worcestershiresauce abgeschmeckt, aber auch Bloody Mary werden durch ein paar Spritzer Worcestersauce geschmacklich abgerundet. Sie eignet sich zum Marinieren und zum Bestreichen von Grillgut sowie als Tischwürze.

Küchentips

■ Reiben Sie die Steaks oder Koteletts vor dem Braten oder Grillen mit der würzigen Sauce ein. Der Eigengeschmack des Fleisches wird dadurch unterstrichen, außerdem wird es zarter.

■ Aus der Sauce wird ein raffinierter Dip zum Fondue, wenn Sie 4 Eßlöffel Mayonnaise mit 2 Eßlöffeln Worcestershiresauce verrühren.

Wurzeln, Gemüse und Co.

ASAFOETIDA

(Lat. Ferula asafoetida), auch Asant, Stinkasant oder Teufelsdreck genannt

Das getrocknete Gummiharz, das aus den Wurzeln verschiedener Arten der Doldenblütlergattung „Gerula" gewonnen wird, spielt vor allem in der vegetarischen Küche Indiens eine große Rolle. Die bis zu 4 m hohe Staude mit ihren schierlingsähnlichen Blättern und gelbgrünen Blütendolden wächst in Wüstengebieten, vor allem im Iran und Afghanistan. Im Zweistromland würzte man die Speisen schon 2000 v. Chr. mit Asafoetida; für die Römer war es eines ihrer meist verwendeten Gewürze überhaupt.

GESCHMACK UND AROMA

Asafoetida schmeckt beißend scharf, bitter und ausgesprochen stark nach Knoblauch. Es riecht äußerst unangenehm nach Schwefelwasserstoff und penetrant nach Knoblauch. Der Geruch verfliegt allerdings beim Kochen.

VERWENDUNG

Asafoetida gibt es vor allem in gemahlener Form, manchmal auch in kleinen Stücken in asiatischen Spezialitätenläden zu kaufen. Da sich das Gummiharz allein nicht mahlen läßt, werden ihm vorher Bockshornkleesamen zugesetzt. Und zur besseren Dosierung wird das Gewürz mit Mehl oder Speisestärke gestreckt. In Indien würzt man mit Asafoetida Saucen, eingelegtes Gemüse, wie Chutneys und Pickles, aber auch Hülsenfrüchte und Fisch. In der Küche Kaschmirs verwendet man das Gewürz für Fleisch- und Gemüseeintöpfe, wie Kormas. In kleinen Mengen dosiert verstärkt es andere Aromen. In seinem Ursprungsland ißt man auch die Blätter und Stengel als Gemüse.

Lagerung

Asafoetida unbedingt im luftdicht verschlossenen Gefäß aufbewahren. So hält es sich bis zu 1 Jahr.

Küchentips

■ Gehen Sie sehr vorsichtig mit dem Gewürz um und dosieren Sie es ausgesprochen sparsam. Sie können später die Menge immer noch erhöhen, wenn Sie sich an den Geschmack gewöhnt haben.

■ Asafoetidastücke am besten immer in etwas heißem Wasser auflösen.

Rezeptvorschlag

Lammfleisch in Joghurt

Für 4 Personen

1 pfefferkorngroßes Stück Asafoetida oder 1/2 TL Asafoetidapulver
1 kg ausgelöstes Lammfleisch
2 EL Butterschmalz
125 g Joghurt, etwas Salz
1 TL gemahlener Ingwer
1 TL Chilipulver
1 EL feingeriebener Ingwer
2 TL Garam masala
2 EL gehacktes Koriandergrün

Asafoetida in 1 Eßlöffel heißem Wasser auflösen. Lammfleisch würfeln und im heißen Butterschmalz anbraten. Joghurt, Asafoetida, Salz und Ingwer unterrühren, zugedeckt etwa 10 Minuten garen. Dabei hin und wieder umrühren. Wenn die Gewürzmischung am Topfboden ansetzt, 125 ml Wasser, Chilipulver und geriebenen Ingwer dazugeben. Alles gut umrühren und zugedeckt weiterkochen, bis alle Flüssigkeit verdampft ist. Wieder mit 125 ml Wasser den Bratensatz vom Topfboden lösen und dies so lange wiederholen, bis das Fleisch ganz weich ist. Dabei nicht mehr als 125 ml Wasser auf einmal zugeben. Wenn das Fleisch gar und die Flüssigkeit verdampft ist, mit Garam masala abschmecken und mit Koriandergrün bestreuen. Deckel wieder auflegen und bei sehr schwacher Hitze noch 10–15 Minuten ziehen lassen.

CHILIS

(Lat. Capsicum frutescens), auch Pfefferschoten genannt.

Die frischen oder getrockneten Beerenfrüchte (Schoten) verschiedener Capsicumarten kommen ursprünglich aus Mittel- und Südamerika und wurden schon von den Azteken und Mayas als Würze geschätzt. Als die Spanier Ende des 15. Jh. n. Chr. die Neue Welt entdeckten, nahmen sie auch die zur Familie der Nachtschattengewächse gehörenden, etwa 2 m hohen Chilipflanzen mit.
Die Pflanze hat kleine glänzende Blätter und winzige weiße Blüten. In der feuchtheißen Region des Mittelmeerraumes gedeihen die Pflanzen prächtig.
Heute werden die Capsicumarten auch in Afrika und Asien angebaut. Es gibt unzählige Arten, und alle unterscheiden sich nach Farbe, Größe und Schärfe. Die Farbe reicht von grün über leuchtendrot bis braun und lila-schwarz, die Größe von winzig bis extrem groß, die Schärfe von mild bis brennend scharf. Generell gilt: je kleiner die Chilis, desto schärfer sind sie. Je grüner sie sind, desto milder schmecken sie.

Die wichtigsten frischen Sorten werden Ihnen vorgestellt:

CAYENNE-CHILIS
Diese kleinen Schoten sind zunächst flaschengrün, färben sich aber nach dem Reifen rot. Schmecken scharf.

JALAPEÑO-CHILIS
Diese scharfen, grünen Schoten bekommt man auch in Dosen oder als Trockenfrüchte vakuumverpackt. Sie sind besonders dickwandig.

Anaheim-Chilis
Es sind hellolivefarbene gebogene, spitz zulaufende Schoten, die bis zu 20 cm lang werden können. Schmecken mittelscharf bis mild.

Rote Chilis
Sie sind nichts anderes als gereifte grüne Schoten. Sie haben oft einen süßlichen Geschmack.

Peperoncini
Eine sehr scharfe, rote Pfefferschote. Es gibt sie frisch und getrocknet. Sie werden vor allem in der italienischen Küche verwendet.

Peperoni
So bezeichnet man alle unreifen grünen Früchte des Chilipfeffers, also alle grünen Schoten.

Vogelaugenpfeffer
Eine sehr scharfe, winzige Chilischote aus dem Fernen Osten, meist Thailand. Sie ist flaschengrün und wird beim Reifen orangerot.

Die beiden bekanntesten getrockneten Chilisorten sind:

Ancho-Chilis
Die mittelbraune, runzelige, milde, aber auch scharfe Schote wird auch Poblana genannt.

Chipotle-Chilis
Dabei handelt es sich um geräucherte Jalapeño-Schoten mit einem aromatischen, rauchigen Geschmack. Sie werden oft konserviert angeboten und sind unentbehrlich in der mexikanischen Küche.

Verwendung
Chilis gibt es frisch, getrocknet oder eingelegt zu kaufen. Sie würzen Tomatensuppen und -saucen, sind aber auch unentbehrlich in Fleischeintöpfen, wie Chili con carne.

Lagerung

Frische Chilis halten sich im Gemüsefach des Kühlschranks mehrere Wochen. Getrocknete bleiben mehrere Jahre aromatisch.

Küchentips

■ Empfindliche Menschen sollten beim Putzen von Chilischoten Gummihandschuhe tragen, denn das in den Schoten enthaltene Capsaicin ist sehr aggressiv. Anschließend immer die Hände gründlich waschen und während der Arbeit niemals die Augen reiben. Schneidebretter am besten sofort mit einer Bürste gründlich reinigen.

■ Getrocknete Chilis sind oft noch schärfer als frische. Deshalb sollte man hier die Menge reduzieren, falls man sie als Ersatz verwendet.

■ Chilis lassen sich sehr gut mit einer Schere zerkleinern.

■ Sie lassen sich gut einfrieren, aber auch sehr gut trocknen.

Rezeptvorschlag

Mexikanisches Schweinestew

Für 4 Personen

1 kg Schweineschulter

1 EL Öl

1 kleine Zwiebel

1 Knoblauchzehe

1/2 TL getrockneter Oregano

1/4 TL gemahlener Kreuzkümmel

2 Fleischtomaten

5 milde grüne Chilischoten (z. B. Anaheim-Chilis)

etwas Salz

Das Fleisch in Würfel schneiden, mit kaltem Wasser aufsetzen, zum Kochen bringen und etwa 40 Minuten kochen lassen. Danach abtropfen lassen und im heißen Öl anbräunen. Feingehackte Zwiebel und Knoblauch dazugeben, ebenso Oregano, Kreuzkümmel, gewürfelte Tomaten und entkernte, feingehackte Chilis sowie etwas Salz. Das Stew zugedeckt etwa 10 Minuten bei mittlerer Hitze kochen, dann die Hitze reduzieren und weitere 20 Minuten kochen lassen.

GALGANT

Es gibt zwei Sorten: den Echten Galgant (lat. Alpinia officinarum), in Indonesien „kenchur" genannt, und den Großen Galgant (lat. Alpinia galanga), in Thailand „laos" genannt. Auch Galangawurzel, Siam- oder Thai-Ingwer genannt.

Beide Arten gehören botanisch zur Familie der Ingwergewächse und sind die Wurzeln einer in Südostasien beheimateten, schilfähnlich wachsenden Pflanze. Sie wird bis zu 2 m groß und hat dickliche, große Blätter mit weißen Blüten und später roten Beeren. Die Wurzeln sind in Südostasien eine beliebte Würzzutat. Der Große Galgant hat wie Ingwer knollige Rhizome mit rötlichbrauner oder elfenbeinfarbener Schale. Der Echte Galgant hat gelbliche Rhizome.

GESCHMACK UND AROMA

Beide Sorten ähneln dem Ingwer, sind aber etwas milder. Sie duften stark nach Zitrusfrüchten und Kiefer. Der Echte Galgant hat ein stärkeres Aroma und ist auch schärfer als der Große Galgant.

VERWENDUNG

Galgant gibt es frisch, getrocknet, gemahlen und eingelegt. Er würzt klare Brühen, Eintöpfe und Kokosnußsaucen und -suppen. Galgant paßt gut zu Fisch und Meeresfrüchten, aber auch zu Geflügel und Lamm sowie zu scharfen Currys und Fleischspießen.

LAGERUNG

Frische Wurzeln halten sich in einem Frischhaltebeutel im Kühlschrank mehrere Tage. Getrocknete Wurzeln luftdicht verschlossen, kühl und dunkel aufbewahren.

Anwendung in der Heilkunde

Galgant gilt in China als beliebtes Magenmittel und wirkt appetitanregend.

Küchentips

- Frischer Galgant wird wie Ingwer geschält und dann geraspelt, feingehackt oder in dünne Scheiben geschnitten.

- Getrockneten Galagant gibt es in Stücken oder als Pulver. Stücke sollten vor der Zubereitung in kaltem Wasser eingeweicht werden.

- Falls Sie keinen frischen Galgant bekommen, können Sie ihn durch Ingwer ersetzen. Ingwer ist allerdings schärfer und nicht ganz so aromatisch.

Rezeptvorschlag

Kokosnuß-suppe

Für 4 Personen

- 400 ml dünne Kokosmilch (Dose)
- 2 Schalotten
- 15 g frischer Galgant
- 2 Stengel Zitronengras, in 2 cm große Stücke geschnitten
- 6 frische kleine rote Chilis
- 4 Kaffirlimettenblätter
- 1 TL Salz
- 300 g Hühnerbrustfilet
- 200 g Austernpilze
- 2 EL Limettensaft
- 1/2 EL Fischsauce
- 3 EL gehacktes Koriandergrün

Kokosmilch in einem Topf zum Kochen bringen, feingehackte Schalotten, in Scheiben geschnittenen Galgant zusammen mit Zitronengras, Chilis, zerzupften Kaffirlimettenblättern und Salz dazugeben und alles zum Kochen bringen. Das Hühnerfleisch in etwa 1/2 cm dicke Scheiben schneiden und in der Suppe garziehen. Pilze hinzufügen, weitere 2 Minuten kochen lassen. Mit Limettensaft, Fischsauce und Koriandergrün abschmecken.

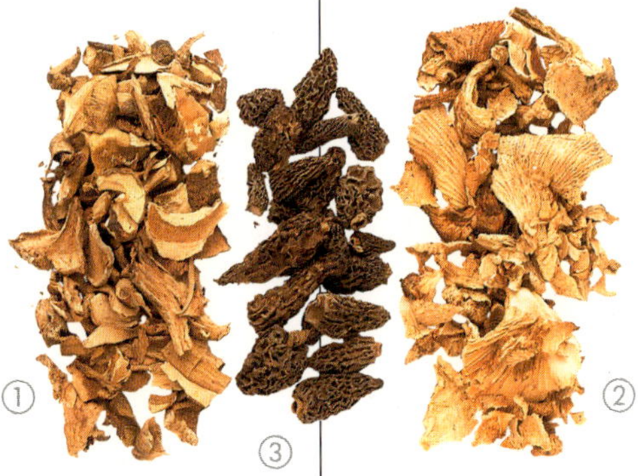

Getrocknete Pilze

Mit dem Wort „Pilz" bezeichnen wir alle Formen eßbarer Schwämme. Sie wachsen wild oder werden gezüchtet, es gibt sie frisch, eingelegt und getrocknet. Als Würzzutat spielen vor allem getrocknete Pilze eine bedeutende Rolle. Sie sind sehr lange haltbar, so daß man immer einen Vorrat davon haben kann. Zum anderen sind sie – mit Ausnahme einiger weniger asiatischer Sorten – wesentlich aromatischer als frische Pilze. Pilze begeistern seit uralten Zeiten die Menschen. Die Azteken aßen Pilze, um bei rituellen Zeremonien visionäre Kräfte zu entwickeln. Die Ägypter glaubten, daß Pilze unsterblich machen; für die Römer galten sie als derartige Delikatessen, daß man sie nur mit feinstem Tafelsilber aß. Hier nun ein Überblick über die bekanntesten getrockneten Pilzsorten.

Steinpilze ①

Sie gehören zu den vielseitigsten unter den Trockenpilzen. Mit ihrem erdigen, fleischartigen Aroma würzen sie fast jedes pikante Gericht. Sehr gut schmecken sie vor allem im Risotto oder in Pastasaucen. Sie vertragen etwas Süße, deshalb sollte man sie am besten in Marsala oder Muskateller einweichen. Getrocknete Steinpilze gibt es auch als Pulver zermahlen.

Pfifferlinge ②

Sie haben einen leicht waldigen Geschmack. Sie passen gut zu Saucen, Suppen sowie Schmorgerichten mit dunklem Fleisch.

Morcheln ③

Sie sind die teuersten Trockenpilze. Allerdings braucht man auch nicht viel davon, denn sie haben eine sehr intensive Würzkraft. Nur 15–20 g reichen für ein Gericht für 4 Personen. Die eingeweichten Morcheln sollte man vor der Zubereitung kräftig schütteln, damit sich der in den Hüten verbleibende Sand löst. Sie passen gut zu Sahne- und Buttersaucen, Eiergerichten, wie Rührei, aber auch Reis- und Nudelgerichten. Es gibt übrigens auch getrocknete chinesische Morcheln, die den europäischen im Geschmack sehr ähnlich sind.

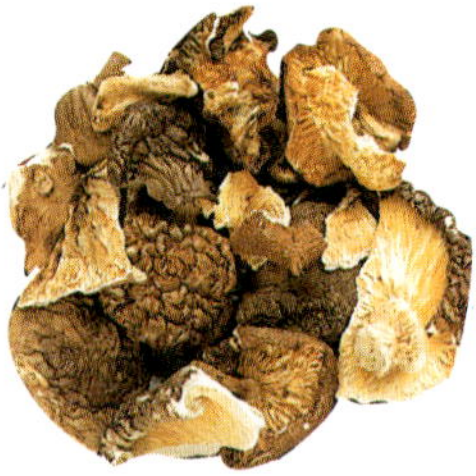

Shiitake-Pilze

Auch Chinapilze oder Tongu genannt. Sie gehören zu den populärsten Pilzen der asiatischen Küche. Sie schmecken sehr aromatisch, leicht rauchig. Shiitake-Pilze können es vom Aroma her durchaus mit getrockneten Steinpilzen aufnehmen. Es gibt viele verschiedene Sorten, und so werden Shiitake-Pilze auch als Blumenpilze oder chinesische Trockenpilze angeboten.

Sie passen gut zu geschmortem Fleisch und Geflügel, aber auch feingehackt an Suppen, Eintöpfe und Saucen. Sie können nach dem Quellen leicht zäh werden, daher hackt man sie am besten fein.

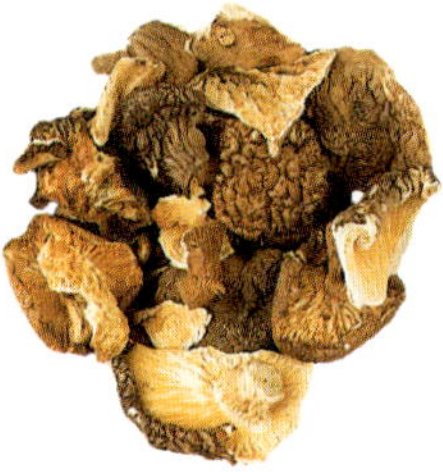

Wolken- und Holzohren

Sie gehören zu den bekanntesten chinesischen Pilzen. Sie sehen wie zerknittertes, dunkles Wildleder aus, haben eingeweicht eine gallertartige Konsistenz und schmecken weder zu mild noch zu kräftig. Wolkenohren sind kleiner als die Holzohren. Sie werden übrigens auch Mu-Err-Pilze genannt und kosten mindestens doppelt soviel wie Holzohren. Beide Baumpilzsorten sind ideal für chinesische Suppen und pfannengerührte Gerichte. Sie schmecken aber auch zu Fleisch- und Geflügelragouts mit einer feinen Sahnesauce.

Reisstroh-Pilze

Sie wachsen in China auf nassen Reisstrohunterlagen. Die kleinen, graubraunen Pilze erinnern in der Form an Fliegenpilze. Sie sind nicht ganz so würzig wie Champignons. Passen gut zu chinesischen Pfannengerichten.

Lagerung

Trockenpilze sind unbegrenzt in luftdicht verschlossenen Behältern an einem kühlen und trockenen Platz haltbar.

Küchentips

■ Getrocknete Pilze müssen vor Gebrauch 15–30 Minuten eingeweicht werden. Heißes Wasser beschleunigt den Quellvorgang. Doch Pilze niemals in Metallschüsseln einweichen.

■ Einweichflüssigkeit nicht weggießen. Sie wird gefiltert und dann für Suppen, Saucen und Schmorgerichte weiterverwendet. Sie kann aber auch als Fond eingefroren werden.

■ Die gequollenen Pilze werden geputzt und von erdigen Stielen befreit. Danach legt man sie auf Küchenkrepp und tupft sie trocken.

■ Getrocknete Pilze können wie frische Pilze bei schwacher Hitze gegart werden, allerdings brauchen sie ein paar Minuten länger.

■ 85 g getrocknete Pilze entsprechen einer Menge von 450 g frischen.

■ In asiatischen Spezialitätengeschäften findet man inzwischen auch getrocknete Mischungen von Chinapilzen.

Getrocknete Tomaten

Wer im Sommer durch Süditalien fährt, dem sind die vielen Drahtgestelle mit dunkelroten Tomatenhälften, die dort zum Trocknen ausliegen, ein vertrauter Anblick. Nur 1–2 Tage dauert es, bis die mit Salz bestreuten Tomatenhälften sämtlichen Saft verloren haben und zu einer verschrumpelten, jedoch unbeschreiblich aromatischen Würzzutat geworden sind. „Pomodori secci" nennen die Italiener diese Köstlichkeit, die es auch bei uns in Delikatessenläden zu kaufen gibt. Man bekommt sie lose oder fertig in Öl eingelegt, oft noch mit Sardellenstücken, Kapern, Peperoncino (→ S. 207) und einem Hauch Oregano gewürzt.

Verwendung

Getrocknete Tomaten würzen Tomatensuppen und -saucen, Pastagerichte, aber auch Risotto sowie Fisch-, Fleisch- und Gemüseragouts. Sie sind ideal für Füllungen, man kann sie aber auch gut pur essen. In Öl eingelegte, getrocknete Tomaten schmecken als Antipasti oder zu Brot und Käse. Man kann sie aber auch gewürfelt an Salate geben.

Lagerung

Getrocknete Tomaten halten sich kühl und dunkel aufbewahrt bis zu 1 Jahr. Angebrochene Tomaten in Öl kann man im Kühlschrank mehrere Wochen lagern.

Küchentip

Lose gekaufte, getrocknete Tomaten müssen vor Gebrauch eingeweicht werden, weil sie sonst sehr zäh sind. Man bedeckt sie mit heißem Wasser und läßt sie 1–1 1/2 Stunden stehen. Danach läßt man sie abtropfen und tupft sie mit Küchenpapier trocken.

Ingwer

(Lat. Zingiber officinale), auch Imber oder Immerwurzel genannt.

Der getrocknete Wurzelstock der schilfartigen Ingwerpflanze, die zur Familie der Gewürzlilien gehört, ist eines der ältesten und beliebtesten Gewürze der Welt.
Berühmtester Ingwerfan war übrigens der weise Konfuzius. Jede Mahlzeit des chinesischen Religionsstifters – so wird überliefert – mußte mit Ingwer gewürzt werden.
Heimat des Ingwers ist das südliche Asien. Heute wird Ingwer in fast allen Ländern mit tropischem Klima angebaut. Hauptlieferant ist Indien, aber auch Jamaika, Nigeria, Japan und Brasilien exportieren das Gewürz.
Ingwerknollen sind geweihartig verzweigt und haben eine korkartige Rinde. Sie sind innen hellgelb und faserig, außen haben sie eine beige bis hellbraune Farbe.

Geschmack und Aroma

Ingwer schmeckt feinmild, gleichzeitig aber auch würzig und hat ein bißchen Schärfe.

Verwendung

Ingwer bekommt man als frische Wurzel, in Stücken in Sirup eingelegt und getrocknet in ganzer oder gemahlener Form. Frischer Ingwer, feingehackt oder geraspelt, ist hervorragend zum Aromatisieren von eingelegten Gurken, Kürbissen und Chutneys.
Er gehört an süß-saure Salate, wie Gurkensalat. Außerdem ist er eines der wichtigsten Gewürze in der indonesischen und chinesischen Küche.
Ingwer würzt Kompott, Saft und Rumtopf sowie Beizen von Fleisch und Geflügel.
Gemahlener Ingwer gibt Lebkuchen, Printen, Obstsuppen, Fruchtsalaten und Milchreis, aber auch pikanten Reisgerichten, Geflügel, Schwein, Rind, Lamm und Fisch eine interessante Note.
Eingelegt verwendet man ihn hauptsächlich für fernöstlich angehauchte Desserts.

Lagerung

Ungeschälte, frische Wurzeln halten sich im Gemüsefach des Kühlschranks im Frischhaltebeutel 3–4 Wochen. Getrockneten Ingwer luftdicht verschlossen, kühl und dunkel aufbewahren. Gemahlener Ingwer verliert schnell sein Aroma, deshalb möglichst bald verbrauchen.
Eingelegter Ingwer hält sich luftdicht verschlossen fast unbegrenzt.

Küchentips

- Man schneidet von der Ingwerknolle ein Stück ab und schält es. Je nach Zubereitungsart kann man den Ingwer auf der festen Seite der Haushaltsreibe reiben, ihn grob hacken, in Scheiben schneiden oder durch eine gereinigte Knoblauchpresse drücken.

- Frischer Ingwer schmeckt fruchtiger, etwas milder als getrockneter und gemahlener.

- Ingwer harmoniert gut mit Zimt, Kardamom, Koriander, Nelken, Pfeffer und Muskat.

- Vorsicht beim Dosieren. Ingwer hat nicht immer die gleiche Würzkraft. Je älter und dicker die Knolle, desto schärfer ist Ingwer.

Rezeptvorschlag

Süß-saure Ingwersauce

Für 1 Flasche à ½ l

- 125 g Zucker
- 6 cm langes frisches, feingehacktes Ingwerstück
- 1/8 l Weißweinessig
- 1/8 l Annanassaft
- 1 EL Reiswein
- 1 EL Maisstärke
- 125 g gegartes Kürbisfleisch

Zucker, Ingwer, Essig, Ananassaft und Reiswein in einem Topf aufkochen lassen. Maisstärke mit 80 ml Wasser verrühren, hineingeben und nochmals aufkochen lassen. Den Kürbis in kleine Würfel schneiden und untermischen. Die Sauce schmeckt gut zum Fondue oder zu gegrilltem Geflügel.

KAPERN

(Lat. Capparis spinosa)

Kapern sind die eingelegten Blütenknospen des bis zu 1,20 m hohen, dornigen Kapernstrauches, der überall in den Mittelmeerländern auf trockenen, steinigen Böden wächst.
Schon die alten Ägypter kannten die würzigen Kapern. Das Wort „Kapern" geht auf das arabische „kabar" zurück. Der Kapernstrauch trägt im Hochsommer wunderhübsche weiße oder rosafarbene Blüttenblätter, die an wilde Rosen erinnern. Die Kapernblüten blühen allerdings nur ein paar Stunden. Kapern werden geerntet, sobald die Knospen prall gefüllt sind, sich aber noch nicht geöffnet haben. Das geschieht in mühsamer Handarbeit. Danach werden die Knospen in Essig oder Öl eingelegt oder in Salz konserviert. Die besten Kapern kommen übrigens aus Frankreich.

GESCHMACK UND AROMA

Kapern schmecken schwach bitter, herbwürzig und leicht scharf.

VERWENDUNG

Kapern würzen Königsberger Klopse, Huhn- und Kalbsfrikassee, Fischragout und Eiergerichte. Aber auch Tatar, Salate und verschiedene kalte Saucen, wie Remoulade und Vinaigrette, werden mit Kapern verfeinert.

LAGERUNG

In luftdicht verschlossenen Gläsern halten sich eingelegte Kapern etwa 1 Jahr. Ist das Glas angebrochen, sollten Sie darauf achten, daß die restlichen Kapern immer mit Lake bedeckt sind. Ohne Flüssigkeit verderben sie schnell.

Blühender Kapernzweig

KÜCHENTIPS

■ Die Qualität der Kapern hängt von ihrer Größe ab. Die kleinsten „Nonpareilles“ mit bis zu 7 mm Durchmesser sind die mildesten und auch die teuersten. Danach kommen die „Surfines“ (7–8 mm), die „Capucines“ (8–9 mm) und die „Capottes“ (9–11 mm). Die großen, „Fines“ (11–13 mm) und die „Gruesas“ (über 13 mm) bilden die Schlußlichter bezüglich Qualität.

■ Kapern vertragen keine langen Kochzeiten, deshalb am besten erst ganz zum Schluß an die Speise geben. Auch die Flüssigkeit eignet sich als Würze, allerdings sollte sie mit Vorsicht dosiert werden.

■ Essen kann man übrigens auch die 1–2 cm dicken Früchte des Kapernstrauches, Kapernbeeren oder -äpfel genannt. Es gibt sie eingelegt in Salzwasser oder Essig. Sie sind ideal zur Käse- und Wurstplatte.

REZEPTVORSCHLAG

Kalbfleisch in Thunfischsauce

Für 4 Personen

- 300 g Kalbfleisch
- 1 EL Öl
- 1 Knoblauchzehe
- 50 g Thunfisch in Öl
- 3–4 Sardellenfilets
- 3–4 EL Zitronensaft
- 1 großes Eigelb
- 75 ml Olivenöl
- 125 g Sahne
- 4 EL trockener Weißwein
- 1 EL Kapern
- einige Tropfen Weißweinessig
- Salz, schwarzer Pfeffer
- 1 Prise Cayennepfeffer
- 1 Prise Zucker

Das Kalbfleisch in Öl gut durchbraten und auskühlen lassen. Das Fleisch in hauchdünne Scheiben schneiden. Auf eine Platte legen. Die geschälte Knoblauchzehe, den Thunfisch und die Sardellenfilets pürieren. Zitronensaft und Eigelb darunterrühren und das Olivenöl tropfenweise mit dem Schneebesen darunterziehen. Die Sahne und den Wein dazugeben und alles zu einer sämigen Sauce verrühren. Die abgetropften Kapern darunterheben und die Sauce würzen. Die Sauce über das Fleisch geben und etwa 15 Minuten kalt stellen.

REZEPTVORSCHLAG

Grüne Mayonnaise

Für 4 Personen

- 360 g Mayonnaise
- 4 Sardellenfilets
- 2 EL Kapern
- je 2 EL gehackte Petersilie, Schnittlauch, Estragon, Kerbel und Dill
- Salz, schwarzer Pfeffer
- 1 Prise Zucker
- einige Tropfen Zitronensaft
- einige Tropfen Worcestershiresauce

Die Mayonnaise in eine Schüssel geben. Die Sardellenfilets kalt abspülen, trockentupfen und fein hacken. Die Kapern ebenfalls fein hacken. Dann beides zusammen mit den gehackten Kräutern unter die Mayonnaise ziehen. Die Sauce mit Salz, Pfeffer, Zucker, Zitronensaft und Worcestershiresauce abschmecken.

Knoblauch

(Lat. *Allium sativum*), auch Knofel, Alterswurzel oder Stinkzwiebel genannt.

Die Knolle einer bis zu 70 cm hohen Pflanze, die zur Familie der Liliengewächse gehört, erfreut sich seit Jahrtausenden größter Beliebtheit. Die Pyramidenarbeiter im alten Ägypten verweigerten die Arbeit, wenn es keinen Knoblauch gab; die Römer hielten ihn für ein Aphrodisiakum. Die Ärzte im Mittelalter verschrieben ihn als Mittel gegen Knochenbrüche und Sommersprossen; im Balkan galt er als Schutz gegen Vampire. Kein Wunder also, daß der griechische Philosoph Pythagoras Knoblauch als „König der Gewürze" bezeichnete. Eine Knoblauchknolle besteht aus einer eiförmigen Hauptzwiebel und rund 12 oder mehr Nebenzwiebeln, Zehen genannt. Der überirdische Teil des Knoblauchs besteht aus dem Stengel, der von flachen Blättern umgeben ist. Zwischen Juli und August blüht er mit einer Dolde aus kleinen weißen Blüten. Heimat des Knoblauchs ist vermutlich Asien. Heute wird er jedoch weltweit kultiviert.

Geschmack und Aroma

Knoblauch riecht eigenartig scharf und durchdringend, etwas nach Schwefel. Er schmeckt schwach brennend, leicht süßlich. Den Knoblauchduft verursacht übrigens ein ätherisches Öl.

Verwendung

Knoblauch gibt es frisch als ganze Knollen, getrocknet als Granulat oder Pulver, mit Salz vermischt (→ S. 92), aber auch eingelegt, als Püree in Gläsern oder Tuben aber auch tiefgefroren. Knoblauch paßt zu fast allen Fleisch-, Fisch- und Geflügelgerichten. Er würzt Salate und Saucen, aber auch Butter, Quark und Mayonaise. Suppen, Eiergerichte, Gemüse und Aufläufe werden gerne mit Knoblauch abgeschmeckt.
Bei Spezialitäten aus dem Mittelmeerraum und auch in der asistischen Küche darf Knoblauch nicht fehlen.

Lagerung

Frische Zehen halten sich kühl und trocken mehrere Monate. Am besten halten sich übrigens geräucherte Knollen, die es im Winter zu kaufen gibt. Sie haben ihre Keimfähigkeit verloren.

Anwendung in der Heilkunde

Knoblauchzehen haben eine antiseptische Wirkung. Sie helfen gegen Schleimhautentzündungen, Erkältung, Bronchitis. Knoblauch wirkt harntreibend und schleimlösend.

Küchentips

■ Knoblauchzehen entfalten ihr Aroma gleichmäßig im Gericht, wenn man sie entweder durch eine Knoblauchpresse preßt oder mit Salz bestreut und mit der Breitseite eines großen Messers zerquetscht.

■ Knoblauch mag keine starke Hitze, er verbrennt sonst und schmeckt bitter. Allerdings wird er von Anfang an mitgekocht, verliert er an Schärfe.

■ Allerbeste Knoblauchzeit ist das Frühjahr. Dann schmecken die Zehen wesentlich milder und saftiger als in der übrigen Zeit.

Rezeptvorschlag

Aïoli

Für 4 Personen

- 4 Knoblauchzehen
- 1/4 TL Salz
- 3 frische Eigelb
- 1/4 l kaltgepreßtes Olivenöl
- Saft von 1 Zitrone
- 1 EL heißes Wasser

Knoblauchzehen schälen, zusammen mit dem Salz im Mixer pürieren. Eigelbe einzeln unter Laufen des Mixers dazugeben, dann das Öl in einem dünnen Strahl einlaufen lassen. Weiter mixen lassen. Hin und wieder ein paar Tropfen Zitronensaft zugeben. Sobald Öl und Zitronensaft verbraucht sind, das Wasser angießen. Die Sauce mit etwas Salz abschmecken.

KURKUMA

(Lat. Curcuma longa), auch Gelbwurz, chinesische Wurzel, indischer Safran genannt.

Der knollige Wurzelstock einer bis zu 1 m hohen, gelbblühenden Pflanze, die zur Familie der Ingwergewächse gehört, stammt ursprünglich aus Südasien. Dort und auf dem gesamten indischen Subkontinent spielt Kurkuma als Arznei bei Hautkrankheiten, als Farbstoff für Priestergewänder und auch als Gewürz seit uralten Zeiten eine große Rolle. Im Gegensatz zum Ingwer ist die Kurkumaknolle rund, hat eine gelbbraune Rinde und orangefarbenes Fruchtfleisch. Die Farbe wird übrigens vom Curcumin hervorgerufen, das – wie der Name schon sagt – nur in Kurkuma vorkommt.

GESCHMACK UND AROMA

Kurkuma schmeckt leicht bitter, sehr aromatisch und riecht ingwerähnlich.

VERWENDUNG

Kurkuma gibt es bei uns als ganze, getrocknete Knolle oder gemahlen als Pulver. Es ist ein wichtiger Bestandteil von Currypulver, Senf und Piccalilli. Kurkuma würzt und färbt südindische Gemüsegerichte und Pilaus, Currys und Chutneys, aber auch Reisgerichte, Saucen sowie englisches Senfgemüse und Eiergerichte. Kurkuma paßt zu Geflügel, Fisch und Meeresfrüchten, aber auch zu Bohnen, Linsen und Kartoffeln. Auch Süßspeisen werden mit einer Prise Kurkuma gefärbt.

Lagerung
Die Knollen kühl und dunkel, das Pulver luftdicht verschlossen aufbewahren. Das Kurkumapulver verliert schnell an Geschmack, deshalb nur kleine Mengen kaufen.

Anwendung in der Heilkunde
Kurkuma ist ein bewährtes Magen- und Nierenmittel, es hilft bei Gallensteinen und Gallenblasenentzündungen.

Rezeptvorschlag

Gemüsepilau

Für 4 Personen

- 1 kleine Zwiebel
- 90 g Butterschmalz
- 200 g Blumenkohlröschen
- 200 g geschälte, gewürfelte Kartoffeln
- 200 g Erbsen
- 200 g grüne Bohnen, in Stücke geschnitten
- 200 g gewürfelte Möhren
- 1/2 TL gemahlenes Kurkuma
- 1/2 TL Ingwerpulver
- etwas Kardamom
- 1 Lorbeerblatt
- 2 Nelken
- 2 schwarze Pfefferkörner
- etwas Salz
- 125 g Reis

Zwiebeln schälen, in Ringe schneiden und in etwas Butterschmalz anrösten. Herausnehmen und warm stellen. Das Gemüse und die Kartoffeln nacheinander im Butterschmalz braten, an die Seite stellen. Die Gewürze ins Fett geben und kurz anbraten. Den Reis dazugeben, etwa 2 Minuten anbraten, dabei ständig rühren. 450 ml kochendes Wasser dazugeben, den Reis so lange kochen, bis das Wasser verdampft ist. Reis, Gemüse, Kartoffeln und Gewürze vermengen, in eine feuerfeste Form geben und im heißen Ofen bei 250 °C 15–20 Minuten garen. Mit den Zwiebelringen garnieren.

MEERRETTICH

(Lat. Armoracia rusticano oder Cochlearia armoracia), auch Kren, Rachenputzer oder Pfefferwurzel genannt.

Die lange, braungelbe Pfahlwurzel einer in Südosteuropa beheimateten, etwa 60 cm großen Pflanze ist ein Mitglied der Familie der Kreuzblütler. Der Name hat mit dem Wort „Meer" nichts zu tun. Man vermutet, daß die aromatische Wurzel ursprünglich der „Mährische Rettich" genannt wurde. Also Rettich, der von dem im Mittelalter mächtigen, slavischen Volk der Mähren gegessen wurde.
Bei uns wird die ausdauernde Staude mit ihren länglichen Blättern und den zahlreichen, kleinen weißen Blüten seit etwa 800 Jahren angebaut.

GESCHMACK UND AROMA

Meerrettich schmeckt scharf und beißend. Er riecht so scharf, daß einem dabei fast die Tränen kommen.

VERWENDUNG

Meerrettich gibt es frisch oder gerieben, außerdem getrocknet in Flocken oder als Pulver, als Sauce oder Creme zu kaufen. Roh gerieben oder geraspelt paßt er als Beilage zu gebratenem und gekochtem Rindfleisch und Fisch oder in den Salat. Gerieben oder gemahlen würzt er Saucen und Suppen, aber auch Gemüse, Eintöpfe und Eiergerichte.

Lagerung

Frische Wurzeln halten sich eine Weile im Kühlschrank, wenn man sie eingewickelt in das Gemüsefach legt. Angebrochene Pasten und Saucen halten sich mehrere Monate im Kühlschrank. Das Pulver ist unbegrenzt haltbar, wenn man es luftdicht verpackt, kühl und dunkel aufbewahrt.

Küchentips

- Im Herbst, der Haupterntezeit, hat Meerrettich die größte Würzkraft. Im Frühjahr läßt diese deutlich nach.

- Meerrettich immer erst ganz zum Schluß an warme Gerichte geben, sonst verfliegt sein Aroma.

- Meerrettich reizt die Schleimhäute nicht so stark, wenn man ihn am offenen Fenster reibt und ihn dann sofort mit Zitronensaft beträufelt und anschließend abdeckt.

- Kaufen Sie keinen gekeimten oder grünlich verfärbten Meerettich. Er schmeckt leicht bitter.

Daikon-Meerrettich

Dieser asiatische Rettich gehört zur Familie der Winterrettiche und ist im Vergleich zum normalen Meerrettich weiß. Er hat ein festes Fruchtfleisch, schmeckt milder als andere Rettichsorten und wird vor allem frischgeraspelt oder gerieben in der japanischen Küche verwendet. Die Chinesen verarbeiten ihn zu süß-sauren Pickles. Eingelegt heißt er in Korea „kirichi", in Japan „takuan". Man bekommt ihn in asiatischen Spezialitätenläden.

Wasabi

Auch grüner Meerrettich genannt. Er ist ebenfalls unentbehrlich in der japanischen Küche. Wasabi ist im Geschmack dem scharfen, geriebenen Meerrettich sehr ähnlich, hat allerdings eine hellgrüne Farbe. Frische Wurzeln sind bei uns kaum erhältlich, dafür aber Paste und Pulver, das wie Senfpulver mit Wasser angerührt werden muß. Wasabi würzt japanische Sushis oder Sashimi, schmeckt als Grillsauce auf Mayonnaisebasis und als Salatmarinade. Wasabi paßt wie normaler Meerrettich zu gebratenem und gekochtem Fisch und Fleisch.

Rezeptvorschlag

Barbecue-Wasabi-Sauce

Für 4 Personen

- 1 TL Wasabipulver
- 150 ml Crème double
- 1 1/2 TL Zitronensaft
- 1 EL Sojasauce
- 2 EL Mayonnaise

Das Wasabipulver mit 1 TL lauwarmem Wasser anrühren. Die Paste etwa 10 Minuten ruhen lassen, damit sich das Aroma entfaltet. Danach mit Crème double, Zitronensaft, Sojasauce und Mayonnaise verrühren. Schmeckt gut zu gegrillten Würstchen, Fleisch- und Geflügelspießen.

OLIVEN

(Lat. Olea europaea)

Die kleinen, ovalen Früchte des Ölbaums gehören zu den ältesten Früchten, die wir kennen. Ihre ersten Spuren gehen bis in das Jahr 3500 v. Chr. auf die Insel Kreta zurück. Die Semiten sollten schon 3000 v. Chr. Oliven angebaut haben. Gesalzene, grüne Oliven wurden bei Ausgrabungen in Pompeji gefunden. Der Kaiser Konstantin VIII. von Byzanz (919–959 n. Chr.) soll angeblich Oliven genauso gern gegessen haben wie Kaviar.
Hauptanbaugebiet für Oliven ist nach wie vor der Mittelmeerraum. Der Unterschied zwischen grünen und schwarzen Oliven besteht im Reifegrad. Unreife Oliven sind grün, ausgereifte schwarz. Da frisch geerntete Oliven knochenhart und bitter sind, müssen sie zunächst eingelegt werden. Erst nach einer 1- bis 3monatigen Behandlung werden sie genießbar. Durch die Gärung verlieren sich die Härte und der bittere Geschmack. Oliven werden als ganze Früchte eingelegt, oft aber auch leicht zerdrückt, weil dann die im Fruchtfleisch vorhandenen Bitterstoffe schneller entzogen werden.

SORTEN

Aus Spanien kommen fast vorwiegend grüne Oliven, häufig schon entsteint und gefüllt mit Mandeln, Pimientos, Anchovis, Kapern oder Zwiebeln. Am besten sind übrigens die hellgrünen, spanischen Manzanillas. Frankreich versorgt uns mit den länglichen, kräftig grünen Picholine und den kleineren ausgereiften Nicoise. Italien produziert überwiegend schwarze Oliven, z. B. die milde Ponentine, die runzelige Gaeta und die salzige Lugano. Aus Griechenland kommen hauptsächlich violette und schwarze Oliven, z. B. die prallen Kalamatas.

Verwendung

Oliven gibt es lose und in Gläsern in Salzlake oder in Öl eingelegt, mit Kräutern gewürzt. Sie schmecken pur als Vorspeise, würzen aber auch Saucen, Salate sowie Wild, Fleisch, Geflügel und kräftige Fischgerichte. Sie sollen nicht auf der italienischen Pizza und in vielen Pastasaucen fehlen. Sie passen zu Gemüse, wie Aubergine, Paprika, Zucchini und Tomate.

Lagerung

Lose Oliven sollten innerhalb von 2 Tagen nach dem Kauf verbraucht werden. Eingelegte Oliven halten sich ungebrochen mehrere Jahre. Einmal geöffnet sollten sie innerhalb von ein paar Tagen verbraucht sein.

Küchentip

Oliven schimmeln im geöffneten Glas nicht so leicht, wenn man eine Zitronenscheibe darauflegt und das Glas gut verschlossen in den Kühlschrank stellt.

Rezeptvorschlag

Tapenade

Für 4 Personen

- 150 g schwarze Oliven ohne Stein
- 2 eingelegte Sardellenfilets
- 1 getrocknete Chillischote
- 4 Knoblauchzehen
- je 1 TL frischer Rosmarin und Thymian
- 6 Salbeiblätter
- 1 EL Kapern
- ca. 100 ml Olivenöl
- 1 TL Zitronensaft
- Salz
- schwarzer Pfeffer aus der Mühle

Oliven fein hacken und mit den Sardellenfilets, der entkernten Chilischote, den Knoblauchzehen, den Kräutern und den Kapern im Mixer pürieren. Nach und nach das Olivenöl dazugießen, bis eine sämige Paste entsteht. Mit Zitronensaft, Salz und Pfeffer abschmecken. Die Olivenpaste schmeckt gut auf gerösteten Weißbrotscheiben.

TAMARINDE

(Lat. Tamarindus indica), auch Indische Dattel oder Sauerdattel genannt.

Die braunen Schoten des Tamarindenbaumes, der zur Familie der „Caesalpiniacae" gehört, wurden schon vor über 2000 Jahren von den Indern als Würze benutzt. Heimat des bis zu 25 m hohen, immergrünen Baumes mit seinen gefiederten Blättern und zuerst weißen, dann gelben Blüten ist aber vermutlich Ostafrika. Heute ist die Tamarinde in Südostasien und Indien, aber auch im Mittleren Osten und in der Karibik ein beliebtes Würzmittel. Das Mark der Schoten wird dort wie Essig oder Zitronensaft als Säuerungsmittel verwendet.

GESCHMACK UND AROMA

Tamarindenmark enthält sehr viel Weinsäure und schmeckt angenehm fruchtigsäuerlich. Das Mark hat einen dezenten feinen Duft.

VERWENDUNG

Tamarinde wird hauptsächlich als Paste in Gläsern oder Dosen angeboten. Es gibt auch getrocknetes Mark in Blöcken, ganz selten findet man in asiatischen Lebensmittelläden ganz frische Schoten. Außerdem bekommt man Tamarindensirup in Flaschen. Tamarinde eignet sich, da sie sehr viel Pektin enthält, ideal zur Herstellung von Marmeladen und Gelees. Sie würzt Pickles, Chutneys und Relishes, aber auch indische Currys, Gemüseeintöpfe, Reis- und Linsengerichte. Sehr gut paßt Tamarinde aber auch zu Meeresfrüchten, wie Garnelen, zu Fleisch und zu Geflügel, in Marinaden und Salatdressings. In der Karibik und im Mittleren Osten ist sie, mit Wasser und Zucker vermischt, ein beliebtes Erfrischungsgetränk.

Lagerung

Die getrocknete Tamarinde hält sich fast unbegrenzt. Angebrochene Paste sollte dagegen innerhalb von ein paar Wochen verbraucht werden.

Küchentips

■ Sowohl das getrocknete Tamarindenmark als auch die Paste müssen vor der Zubereitung in heißem Wasser eingeweicht werden.

■ Beim getrockneten Mark bricht man ein etwa aprikosengroßes Stück ab, drückt es leicht flach und weicht es 15–30 Minuten in einigen Löffeln Wasser ein. Dann streicht man die Mischung durch ein dünnes Sieb.

■ 30 g Paste reichen für 300 ml flüssiges Tamarindenwasser oder 150 ml dickliches Tamarindenwasser.

Rezeptvorschlag

Forelle in Tamarindensauce

Für 4 Personen

4 küchenfertige Forellen
4 Dillzweige
4 Limettenscheiben
4 EL Öl
4 Frühlingszwiebeln
1 cm langer, frischer Ingwer
1 Knoblauchzehe
1 TL Senfkörner
1/4 TL Cayennepfeffer
3 TL Tamarindenpaste
6 TL Tomatenmark

Die Forellen mit je 1 Dillzweig und 1 Limettenscheibe füllen und beiseite legen. 2 EL Öl erhitzen, Zwiebelscheiben darin andünsten, geriebenen Ingwer und zerdrückten Knoblauch sowie Senfkörner dazugeben, etwa 1 Minute erhitzen. Cayennepfeffer, Tamarindenpaste, Tomatenmark und 100 ml Wasser einrühren, aufkochen und 5 Minuten köcheln lassen, bis die Sauce dicker wird. Inzwischen die Fische mit restlichem Öl bestreichen und von beiden Seiten etwa 5 Minuten grillen.

ZITRUSFRÜCHTE

Die zur großen Familie der Rautengewächse zählenden Zitrusfrüchte sind nach wie vor das beliebteste Fruchtgemüse in der Küche. Als Gewürz werden jedoch hauptsächlich der Saft und die Schale von Zitronen, Limetten und Orangen verwendet.

ZITRONEN

(Lat. Citrus limon)
Sie sind die Früchte eines kleinen Baumes mit grünen Blättern und kleinen, duftenden weißen Blüten, der vermutlich ursprünglich aus Hinterindien stammt. Heute gedeihen Zitronenbäume in allen mittelmeerartigen und subtropischen Klimazonen. Schon Römer und Griechen kannten die Zitrone, so richtig populär wurde sie jedoch erst im 16. Jh. n. Chr.

GESCHMACK UND AROMA

Zitronen haben einen hohen Gehalt an Zitronensäure, daher schmecken sie scharf säuerlich.

VERWENDUNG

Zitronensaft würzt Salatsaucen, Marinaden für Fleisch, Fisch und Geflügel. An hellen Saucen, zartem Gemüse sowie Fisch und Krustentieren darf die Zitrone ebenso wenig fehlen, wie an Marmeladen, Gelees, Desserts und Obstsalaten sowie Mixgetränken. Zitronensaft verhindert außerdem das Braunwerden von geschältem Obst und Gemüse, wie Äpfeln, Sellerie und Champignons. Die abgeriebene Zitronenschale – es gibt sie frisch und getrocknet – würzt Kuchen und Gebäck, süße Aufläufe sowie Quark- und Joghurtspeisen, aber auch kräftige Schmorgerichte, wie Ossobucco.

Kandierte Zitronenschale

Auch Succade oder Zitronat genannt.
Sie stammen von der Zedrazitrone, einer grünen Verwandten der gelben Zitrone. Sie sind unentbehrlich beim Backen.

Limetten

(Lat. Citrus aurantifolia), oft auch Limonen genannt.
Es sind birnenförmige, etwa 4–5 cm kleine, grüne Früchte des Limettenbaumes. Ursprünglich in Südostasien beheimatet, werden sie heute aber auch in Südamerika, Afrika, in der Karibik und den USA angebaut. Limetten haben eine weiche Schale, sind anfangs dunkelgrün, später grüngelb und doppelt so saftig wie Zitronen.

Geschmack und Aroma

Limetten sind etwas aromatischer als ihre gelben Verwandten, die Zitronen. Ihre Schale schmeckt wie eine Mischung aus Zitrone, Waldmeister und Tannennadeln.

Verwendung

Limettensaft und die abgeriebene Schale lassen sich wie Zitronensaft und -schale verwenden, besonders gut schmeckt der Saft jedoch in Mixgetränken und in Salatsaucen.

Orangen

(Lat. Citrus sinensis), auch Apfelsinen oder Süße Orangen genannt.

Es sind die orangefarbenen Früchte des bis zu 12 m hohen Orangenbaumes. Ursprünglich kommen die Orangen aus China, denn das Wort Apfelsine bedeutet „Apfel aus China". Heute werden sie überall in den Subtropen und Tropen angebaut. Aus den weißen, aromatisch duftenden Blüten bilden sich runde bis ovale Früchte, deren Schale je nach Sorte unterschiedlich dick ist.

Geschmack und Aroma

Orangen schmecken fruchtig süßlich bis leicht bitter und sehr aromatisch.

Verwendung

Orangensaft würzt Salatsaucen und Obstsalate, Joghurt und Mayonnaise. Kombiniert mit Sojasauce und Chili ergibt er eine delikate Marinade für gegrilltes Geflügel und Schweinefleisch. Außerdem ist der Saft unentbehrlich für Mixgetränke. Die abgeriebene Schale – frisch oder getrocknet – würzt Kuchen und Cremes, aber auch pikante Saucen, Geflügel, Fleisch und Fisch sowie süße Aufläufe.

Zitronenbaum

Kandierte Orangenschale

Auch Orangeat genannt. Sie stammt zumeist von der Bitterorange, auch Pomeranze genannt. Sie paßt zu Gebäck, Stollen und Früchtebrot sowie zu Süßspeisen.

Lagerung

Der Saft von Zitrusfrüchten hält sich im Kühlschrank mehrere Tage. Benötigte Schale sollt möglichst immer frisch gerieben werden. Getrocknet hält sie sich jedoch mehrere Monate. Der Saft läßt sich auch sehr gut im Eiswürfelbehälter einfrieren.

Küchentips

- Die meisten Zitrusfrüchte mit Ausnahme von Limetten, sind aus Haltbarkeitsgründen mit Diphenyl behandelt. Das Mittel gelangt zwar in der Regel nicht ins Fruchtfleisch, sitzt jedoch in der Schale fest, so daß diese zum Verzehr ungeeignet ist. Deshalb müssen alle behandelten Früchte vor dem Abreiben sorgfältig mit heißem Wasser abgewaschen werden. Am besten ist es noch, nur unbehandelte Früchte kaufen.

- Zitrusfrüchte geben mehr Saft ab, wenn man sie vor dem Auspressen auf dem Tisch hin und her rollt.

- Frische Zitrusfrüchte haben eine glänzende Schale. Sind sie überlagert, wird die Schale matt.

- Kleine Zitronen sind dünnschaliger und saftiger als große.

ZWIEBEL

(Lat. Allium cepa), auch Sommerzwiebel, Küchenzwiebel, Bolle oder Zipolle genannt.

Die Knolle einer zur Familie der Liliengewächse gehörenden Pflanze mit ihren grasähnlichen Blättern und doldenähnlichen grünweißen Blüten ist eines der ältesten und zugleich das bei uns am meisten verzehrte Gemüse. Schon 2000–3000 v. Chr. war die Zwiebel zuerst in China, dann in Indien und im Zweistromland beheimatet. Die römischen Söldner brachten die „Jungfer mit den sieben Häuten", wie die Zwiebel auch liebevoll genannt wird, mit nach Germanien. Die mittelgroße Speisezwiebel mit der braunen, papierartigen Schale ist die gebräuchlichste aller Zwiebeln.

Geschmack und Aroma

Die Speisezwiebel schmeckt scharfwürzig.

Verwendung

Speisezwiebeln gibt es frisch, getrocknet und gemahlen als Zwiebelpulver, mit Salz als Zwiebelsalz, geröstet als Flocken und als Granulat. Gehackte, frische Zwiebeln werden im Glas und in der Tube sowie tiefgefroren angeboten. Zwiebeln würzen Salate, Salatmarinaden sowie Eintöpfe und Suppen aber auch Schmorgerichte, Eierspeisen und Kartoffeln.

Lagerung

In einem kühlen, dunklen und gut belüfteten Raum halten sich Zwiebeln etwa 1 Jahr. Angeschnittene Zwiebeln halten sich in Frischhaltefolie im Kühlschrank etwa 1 Tag.

Anwendung in der Heilkunde

Zwiebeln enthalten neben vielen Vitaminen und Mineralien auch ein ätherisches Öl, das Blutdruck und Cholesterinspiegel günstig beeinflußt. Außerdem ist es entzündungshemmend und wirkt somit bei Husten und Heiserkeit.

Küchentips

- Zwiebeln immer erst unmittelbar vor dem Gebrauch schälen und schneiden. Sie verlieren sonst ihr Aroma.

- Vorsicht bei Netzware. Eine einzige faule Zwiebel kann den ganzen Netzinhalt verderben.

- Kaufen Sie nur feste, pralle Knollen mit trockener Schale. Sie dürfen sich nicht weich oder hohl anfühlen und keine grünen Spitzen haben.

Die Zwiebelverwandtschaft

Es gibt Hunderte von Zwiebelsorten, die in Farbe, Größe und Geschmack differieren. Hier ein Überblick über die wichtigsten Sorten.

Schalotten

Sie sind die edelsten aller Zwiebeln. Sie sind umhüllt von einer rötlichbraunen Schale. Sie schmecken feinaromatisch und sind ideal für Ragouts und Saucen, wie Sauce Bearnaise und Sauce Bercy.

Rote Zwiebeln

Sie stammen oft aus Italien und den Balkanländern. Sie haben eine dünne, leuchtend rote bis rötlichbraune Schale und schmecken mildwürzig, fast ein bißchen süßlich. Am besten kommen sie roh zur Geltung, da beim Kochen ihre Farbe ausblutet. Sie passen gut zu Salaten und Salatmarinaden und sind sehr beliebt als Garnitur. Rote Zwiebeln sind nicht lange lagerfähig.

Gemüsezwiebeln

Diese großen, goldbraunen Zwiebeln wiegen mehr als 200 g das Stück. Sie sind ausgesprochen saftig und haben ein mildes, leicht süßliches Aroma. Ideal für Zwiebelsalate, Gemüsegerichte und für Suppen. Sie sind nicht lange lagerfähig.

Frühlingszwiebeln

Sie sind unreife Pflanzen, deren Zwiebel sich noch nicht vollständig gebildet hat. Die langen, grünen Stengel können wie bei Schnittlauch oder Lauch mitgegessen werden. Frühlingszwiebeln haben ein frisches, saftiges Aroma.

Die Zwiebelverwandtschaft

Sie passen ideal zu Salaten, in Quark, zu chinesischen Gerichten und Suppen. Im Frischhaltebeutel bleiben sie im Gemüsefach des Kühlschranks 4–6 Tage frisch.

Lauchzwiebeln

Auch Bundzwiebeln genannt. Sie haben nur eine schwach ausgebildete Knollenform und einen weißen, im Mittel 40–50 cm langen Schaft und frisches, grünes Laub. Sie können wie Frühlingszwiebeln verwendet werden. Lauchzwiebeln halten sich allerdings im Kühlschrank nur 1–2 Tage, da sie sehr wasserreich sind.

Perlzwiebeln

Auch Silberzwiebeln genannt. Sie sind mit höchstens 2,5 cm Durchmesser die kleinste Abart der Speisezwiebel. Es gibt sie leider nur sehr selten frisch auf dem Markt. Sie schmecken angenehm würzig und eignen sich ideal zum Einlegen in Essig. Ihre Haut läßt sich übrigens leichter schälen, wenn man sie vorher mit heißem Wasser überbrüht.

Essig

Essigsorten

ESSIG

Essig ist eine der ältesten Würzzutaten der Welt. Schon die Babylonier und Ägypter, die Perser, Griechen und Römer kannten Essig zur Haltbarmachung von Fleisch und Gemüse, zum Würzen von Speisen, verdünnt mit Wasser als Erfrischungsgetränk und als Heilmittel gegen Hundebisse, Trunksucht und Husten. Im Prinzip wird das Naturprodukt Essig noch heute so hergestellt wie vor Tausenden von Jahren.

DIE HERSTELLUNG

Essig entsteht, wenn alkoholische Flüssigkeiten, wie Traubenwein oder Branntwein, mit Hilfe von Sauerstoff vergoren werden.
Beim traditionellen Rundpumpverfahren wird angegorene Maische (mit Essig und Nährstoffen angemischter Alkohol) unter entsprechender Luftzufuhr und Kühlung mehrfach durch 4–5 m hohe Behälter gepumpt, die mit von Essigsäurebakterien besiedelten Buchenspänen gefüllt sind.
Nach 4–10 Tagen ist aus dem Alkohol Rohessig entstanden.
Nur 24 Stunden dauert die Rohessigherstellung mit dem submersen Gährungsverfahren.

Hier werden Bakterien direkt der Maische zugeführt und durch ein Gebläse mit Sauerstoff versorgt. Wenn der Alkohol so gut wie vergoren wird, wird der Rohessig in Lagerbottiche gefüllt, wo er bis zu 1 Jahr reift. Danach wird er gefiltert, typisiert, d. h. nach Sorten gemischt, und mit so viel Wasser verdünnt, daß er den gesetzlich vorgeschriebenen Säuregehalt von 5–6 % erhält.

Essigsorten

Je nach vergorenem Rohstoff erhält man eine andere Essigsorte.

Reiner oder echter Weinessig

Er wird aus 100 % Rotwein oder Weißwein hergestellt. Seine Qualität hängt von der des Weines ab. Die besten Sorten reifen nach dem Orléans-Verfahren in Eichenfässern, bei dem sich die Essigkultur auf natürliche Weise bildet. Rotweinessig ist kräftiger, Weißweinessig milder im Geschmack. Zu den echten Weinessigen gehören auch der kräftige Riojaessig aus Spanien und der Bordeauxessig aus Frankreich.

Weinessig

Ein preisgünstiger Verschnitt aus 80 % Branntweinessig und 20 % Weinessig.

Branntweinessig

Er entsteht aus Branntweinmaische. Branntweinessig ist der bei uns am meisten produzierte Essig und wird auch als Tafelessig verkauft.

Apfelessig

Diese Essigsorte wird aus vergorenem, naturtrübem Apfelsaft gewonnen. Er hat 5 % Säure und paßt ideal zu Frucht- und Blattsalaten.

Balsamessig

Auch Aceto balsamico genannt. Er wird aus dem Most von Trebbianotrauben hergestellt. Der Most wird langsam eingekocht, bis er eingedickt ist. Dann kommt er in schon für die Essigherstellung gebrauchte Eichen- oder Kastanienfässer, deren Essigrückstände den Fermentierungsprozeß auslösen. Im Laufe der Zeit verdunstet der Rohessig und wird jedes Jahr in kleinere Fässer aus verschiedenen Harthölzern umgefüllt. Balsamessig soll mindestens 4–5 Jahre, kann aber auch 12 bis über 40 Jahre reifen. Je älter er ist, desto konzentrierter und aromatischer ist er. Der beste Balsamessig ist der „Aceto balsamico tradizionale", der aus der Provinz Modena stammt und dessen Herstellung und Lagerung streng von einem Konsortium überwacht wird. Er ist mindestens 12 Jahre alt und weniger ein Essig als mehr eine Aromazutat. Paßt hervorragend über gegrillte Speisen und warmes Gemüse, aber gehört auch in Tomaten- und Bratensaucen sowie Obstsalate.

Bieressig
Er wird aus Biermaische gewonnen. Bieressig hat 5 % Säure und paßt gut zu herzhaften Eintopfgerichten, Knödeln und Kartoffelsalaten.

Cidreessig
Eine Variante des Obstessigs, die aus Apfelpulp oder Cidre gewonnen wird. Der blaßgrüne Essig schmeckt kräftigsäuerlich und wird vor allem in der nordamerikanischen Küche für Pickles genommen.

Champagneressig
Dieser Essig wird aus 100 % Champagner hergestellt und hat ein noch feineres Aroma als echter Weinessig.

Fruchtessig
Die bekanntesten Fruchtessige, wie Himbeeressig, Erdbeeressig, Feigenessig, Passionsfruchtessig, Waldbeeressig oder Zitronenessig, werden vorwiegend aus Weinessig hergestellt, dem man Aromastoffe zusetzt. Sie sind ideal für milde Blattsalate und feine Saucen.

Kartoffelessig
Er wird aus Kartoffelmaische gewonnen, der frischer Kartoffelsaft zugesetzt wird. Er ist kräftig im Geschmack und reich an Mineralstoffen wie Kalium und Magnesium.

Kräuter- und Gewürzessig
Ein mit verschiedenen Kräutern und/oder Gewürzen aromatisierter Essig. Als Aromazutat dienen z. B. Estragon, Basilikum, Thymian, Zitronenmelisse, aber auch Wacholderbeeren und Knoblauch.
Diese Essige gibt es sowohl auf Basis von Branntwein- als auch von Rot- und Weißwein-

Aromatisierte Essige

essigen. Sie passen ideal zu Salaten, feinen Saucen und südländischen Gerichten.

Malzessig

Er wird aus gekeimter Gerste hergestellt und ist vor allem in England und Skandinavien sehr beliebt. Der sehr kräftige Essig ist unentbehrlich in der Worcestershiresauce. Malzessig paßt zum Einmachen von Zwiebeln und Gurken, würzt Chutneys, Relishes und die bekannten englischen „fish and chips“.

Obstessig

Der aus dem Most verschiedener, nicht deklarierter Früchte gewonnene Essig wird in Deutschland allerdings hauptsächlich aus Äpfeln hergestellt. Obstessig ist besonders in den USA beliebt, schmeckt sehr mildfruchtig und paßt gut zu Rohkostgerichten, Chutneys und Salaten. Er kann aber auch mit Mineralwasser verdünnt getrunken werden.

Reisessig

Der aus Reiswein hergestellten Essig gibt es in verschiedenen Sorten: süßlichmilden mit 3 % Säure und kräftigeren mit 5 % Säure, dunklen aus Naturreis mit ausgeprägtem Aroma und dickflüssigen, sehr intensiv duftenden aus China. Generell gilt: Reisessige aus China sind wesentlich schärfer als die japanischen Sorten. Reisessig ist ideal zum Aromatisieren von Sushi, für Dressings, Mayonnaisen und zum Einlegen von Gemüse. Der schwarze Reisessig ähnelt dem Balsamessig. Er paßt hervorragend zum Schmoren, zu Dips und Saucen.

Rosinenessig

Er wird aus vergorenem Rosinensud gewonnen. Paßt gut zu pikanten Salaten und zum Marinieren von Fleisch.

Sherryessig

Dieser Essig entsteht aus dem zur Sherryherstellung verwendeten Most. Er schmeckt leicht süßlich und ist sehr aromatisch. Sherryessig paßt gut zu Rohkostsalaten und Wildgerichten, aber auch zum Ablöschen von Bratensatz und zum Beträufeln warmer Gemüsegerichte.

Essigessenz

Sie wird chemisch hergestellt und hat einen Säureanteil zwischen 15,5 % und 25 %. Die farblose, stark ätzende, stechend riechende Flüssigkeit ist unverdünnt getrunken lebensgefährlich. In der vorgeschriebenen Verdünnung kann man sie in einen brauchbaren Essig umwandeln, z. B. zum Einlegen von Kräutern und Gemüsen, für Beizen und Marinaden. Essigessenz ist unbegrenzt haltbar.

Lagerung

Essig immer fest verschlossen an einem kühlen und dunklen Ort lagern.
Nicht pasteurisiert hält er sich nur kurze Zeit, pasteurisiert dagegen bis zu 3 Jahre. Tafelessig kann bis zu 6 Jahre gelagert werden.

Küchentips

■ Essig immer vorsichtig dosieren. Zuerst auf einen Löffel und dann erst in den Topf oder die Schüssel geben. Oder den Daumen auf die Flaschenöffnung halten und den Essig tropfenweise herausspritzen lassen. Denn die einzelnen Sorten haben einen unterschiedlichen Säuregrad und säuern dementsprechend stark.

■ Aufgeschnittene Zwiebeln und Zitronen bleiben mehrere Tage saftig, wenn man sie auf ein Tellerchen legt, das mit etwas Essig angefeuchtet ist.

■ Auch im Haushalt ist Essig unentbehrlich: so z. B. als Putzmittel für Teppiche und Polster, als Duftmittel gegen Kohl- und Küchendunst.

Rezeptvorschlag

Kräuter-Himbeer-Essig

Für 1 Flasche à 1 l

100 g frische Estragonzweige

2 EL Himbeeren

1 l echter Weißweinessig

Die Estragonzweige kalt abspülen, trockentupfen und mit den Himbeeren in eine gut verschließbare Flasche geben. Den Essig darauf gießen und mindestens 14 Tage stehen lassen. Da das Aroma des Estragons konserviert wird, kann man die Flasche nach Verbrauch mit frischem Essig füllen. Allerdings müssen die Zweige immer mit Essig bedeckt bleiben.

Öl

Öl

Ob zur Salbung großer Könige, als Opfergabe, Lichtquelle oder wertvolles Nahrungsmittel – Öl ist seit über 3000 Jahren heißbegehrt. Definiert wird es übrigens als bei Zimmertemperatur (20 °C) flüssiges Fett.

Die Herstellung

Speiseöl kann man aus ganzen Früchten, Samen und Keimen sowie Nüssen gewinnen.
Und dafür gibt es verschiedene Herstellungsverfahren.

Durch Wärme oder Extraktion

Hierzu erwärmt man die zerkleinerte Ölsaat auf 70–100 °C an und preßt sie dann unter Druck aus. Oder man extrahiert das Öl mit Hilfe von Lösungsmitteln. Die so gewonnenen Rohöle sind meist trübe und haben einen unangenehmen Beigeschmack. Deshalb werden sie veredelt, neutralisiert und „winterisiert", das heißt auf 0 °C gekühlt.

Durch Kaltpressung

Sie ist sie älteste und schonenste Methode zur Ölgewinnung. Die Ölsaat, z. B. Oliven, Walnüsse, Kürbiskerne oder Leinsamen, wird zerkleinert und bei normaler, nicht künstlich erhitzter Temperatur in den Ölmühlen hydraulisch oder sehr oft auch mechanisch ausgequetscht. So entsteht ein kaltgeschlagenes oder kaltgepreßtes Öl von hervorragender Qualität, das allerdings nur begrenzt haltbar ist.

Das Angebot an Ölen zeigt sich ausgesprochen vielseitig. Grob unterscheidet man in Öle aus Samen und aus Nüssen, daneben sind Olivenöl und die aromatisierten Öle sehr bekannt.

Öle aus Samen

Avocadoöl

Er wird aus dem Fruchtfleisch von Avocados gewonnen, ist farblos und hat ein leichtes Anisaroma. Paßt gut zu Blatt- und Gemüsesalaten.

Distelöl

Auch Safloröl genannt. Es wird aus dem Samen der Färberdistel gewonnen. Das goldgelbe, leicht nussigscharf schmeckende Öl hat den höchsten Anteil an mehrfach ungesättigten Fettsäuren und den höchsten Linolsäuregehalt. Paßt besonders gut zu Salatsaucen.

Kürbiskernöl ①

Es wird aus den gerösteten Kürbiskernen gewonnen. Das dunkelgrüne, sehr zähflüssige Öl schmeckt angenehm nussig. Paßt gut zu Salatdressings und Mayonnaise, zum Beträufeln von gedünstetem Gemüse, aber auch zu gekochtem Rindfleisch oder Fisch und läßt sich anstelle von Sesamöl für chinesische Gerichte verwenden.

Palmöl

Es wird aus dem Fruchtfleisch der walnußgroßen Ölpalmfrüchte gewonnen. Das orangegelbe bis farblose Öl ist fast geruch- und geschmacklos. Paßt gut zum Braten, Backen und Grillen.

LEINÖL ②
Es wird aus gepreßtem Leinsamen gewonnen. Das kräftiggelbe, leicht würzigbitter schmeckende Öl wird vorwiegend kaltgepreßt angeboten. Es hat einen hohen Linolsäuregehalt, deshalb kann sich sein Geschmack leicht verändern. Am besten nur in kleinen Mengen kaufen. Paßt gut zu Pellkartoffeln und Quark.

MAISKEIMÖL
Dieses Öl wird aus den fettreichen Keimen des Maiskorns gewonnen. Das kräftiggelbe Öl ist geschmacksneutral und reich an mehrfach ungesättigten Fettsäuren. Paßt gut zu Salatsaucen und zum Braten.

PFLANZENÖL
Auch Speise- oder Tafelöl genannt. Es ist eine Mischung aus verschiedenen Pflanzenölen. Es enthält oft Kokos- oder Palmöl und hat einen hohen Rauchpunkt. Der Rauchpunkt gibt die Temperatur an, bei der das Öl beim Erhitzen eine Rauchbildung zeigt. Dieser Wert darf nicht überschritten werden, da erste Zersetzungsprozesse ablaufen. Dabei entstehen toxische Verbindungen, die den Geschmack beeinträchtigen. Pflanzenöl ist geschmacksneutral und paßt gut zum Kochen, Backen und Fritieren.

RAPSÖL
Dieses Öl wird aus dem Samen der gelbblühenden Rapspflanze gewonnen. Das geschmacksneutrale Öl eignet sich zum Braten, Kochen, Backen und Fritieren. Es hat einen hohen Rauchpunkt.

SESAMÖL ③
Es wird aus dem Samen der Sesampflanze gewonnen. Man unterscheidet in zwei Arten: helles Öl aus ungerösteten Samen mit einem leicht nussigen, mildem Geschmack und bernsteinfarbenes, kräftiges Sesamöl aus gerösteten Samen. Letzteres spielt vor allem in der asiatischen Küche eine große Rolle.
Das bernsteinfarbene Sesamöl ist sehr intensiv, deshalb nur tropfenweise verwenden. Man träufelt es über pfannengerührtes Gemüse oder gedünsteten Fisch und Geflügel.
Es paßt auch gut in Marinaden.
Helles Sesamöl ist oft raffiniert und hat einen hohen Rauchpunkt, deshalb ist es ideal zum Braten, Backen und Fritieren.

Sojaöl

Es wird aus dem Samen der Sojapflanze gewonnen. Das helle bis goldgelbe Öl ist raffiniert, geschmacksneutral, kaltgepeßt schmeckt es nussig-mild. Es hat einen hohen Anteil an mehrfach ungesättigten Fettsäuren. Paßt gut zu Salaten, zum Kochen, Braten und Backen.

Sonnenblumenöl

Dieses Öl wird aus den Samen der gelben Sonnenblumen gewonnen. Das hellgelbliche Öl hat raffiniert einen milden Geschmack, kaltgepreßt schmeckt es leicht nussig. Es enthält reichlich mehrfach ungesättigte Fettsäuren. Kaltgepreßt paßt es zu Salaten und Rohkost. Raffiniert ist es ideal zum Kochen und Braten.

Traubenkernöl

Es wird aus den getrockneten Kernen der Weintraube gewonnen. Das goldgelbe, manchmal auch smaragdgrüne Öl schmeckt mildfruchtig und hat einen hohen Anteil an Linolsäure. Paßt gut in Salatdressings, eignet sich auch zum Kurzbraten.

Weizenkeimöl

Dieses Öl wird aus den Keimen des Weizenkorns gewonnen. Das gelbe, mildaromatische Öl hat einen hohen Gehalt an Vitamin E und B-Vitaminen. Paßt gut zu allen kalten Speisen, wie Salaten und Rohkostgerichten.

Rezeptvorschlag

Eisbergsalat mit Melone

Für 4 Personen

- ½ Kopf Eisbergsalat
- ½ Honigmelone
- 1 kleine Zucchini
- 10 grob gehackte Mandeln
- 1 EL Essig
- 2 EL Traubenkernöl
- ½ TL Salz, 1 Prise Zucker
- Pfeffer, ½ Bund Petersilie

Den Eisbergsalat in mundgerechte Stücke reißen. Melone und Zucchini fein würfeln. Alles mit den Mandeln mischen. Den Essig mit Traubenkernöl, Salz, Zucker und Pfeffer verrühren und unter den Salat heben. Die Petersilie fein hacken und darauf streuen.

Öle aus Nüssen
Für die Herstellung werden Nüsse zunächst geröstet, dann gepreßt. Nußöle sind sehr ergiebig und intensiv im Geschmack. Für ein 4-Personen-Gericht reicht oft schon 1 Eßlöffel. Da sie fast alle kaltgepreßt sind, vertragen sie kaum Hitze. Deshalb sollte man sie nicht zum Braten, Kochen oder Backen verwenden. Am besten schmecken Nußöle bei Zimmertemperatur.

Erdnussöl
Es wird aus Erdnüssen gewonnen, ist hellgelb bis farblos, fast geruch- und geschmackslos. Da es einen hohen Rauchpunkt hat, ist es ein ideales Öl zum Fritieren und Braten.

Asiatisches Erdnußöl wird dagegen aus gerösteten Erdnüssen gewonnen, ist nicht raffiniert und besitzt den typischen Erdnußgeschmack. Es paßt gut zu chinesischen Gerichten, aber auch zu Salatsaucen.

Haselnussöl ①
Dieses hochwertige Öl wird aus gerösteten Haselnüssen gewonnen. Das gelbliche bis bräunliche Öl ist sehr aromatisch und intensiv nussig im Geschmack. Es kommt vorwiegend aus Frankreich. Paßt gut zu Salatsaucen, als Marinade für Fisch und Geflügel, zum Beträufeln von Nudeln und Gemüse, wie Bohnen, Brokkoli und Romanesco.

KOKOSÖL
Es wird aus dem getrockneten Kernfleisch der Kokosnuß gewonnen. Das goldgelbe, leicht nussig schmeckende Öl ist reich an gesättigten Fettsäuren. Es paßt gut zu südostasiatischen und indischen Gerichten, aber auch zu Salatsaucen.

MANDELÖL
Dieses schwer erhältliche Öl wird aus den süßen Mandeln gewonnen. Das goldgelbe Öl schmeckt ein wenig süßlich und ist vergleichsweise mild. Paßt ideal zu Süßspeisen und Gebäck.

PINIENKERNÖL ②
Es wird aus Pinienkernen gewonnen. Das fast bräunliche Öl schmeckt feinwürzig. Es paßt zu gedünstetem Gemüse, wie Spinat, zu Dipsaucen und feinen Salatsaucen.

PISTAZIENÖL
Es wird aus gerösteten Pistazien gewonnen. Das dunkelgrüne aromatische Öl paßt gut in feine Salatsaucen, zum Beträufeln von gedünstetem Gemüse und zu Nudeln.

WALNUSSÖL ③
Dieses beliebte Nußöl wird aus gerösteten Walnüssen gewonnen. Das gelblichbräunliche Öl hat ein feines Nußaroma. Es wird leicht ranzig und ist auch in ungeöffneten Flaschen nur begrenzt haltbar. Paßt gut zu Salaten, wie Feldsalat, zu Krustentieren, Fisch und Geflügel sowie zu gedünstetem Gemüse.

REZEPTVORSCHLAG

Chicoréesalat mit Mango

Für 4 Personen

- 2 Kolben Chicorée
- 1/2 Mango, 2 EL Apfelessig
- Salz, Pfeffer
- 2 EL Walnußöl
- 2 EL grobgehackte Walnüsse

Vom Chicorée die äußeren Blätter entfernen und den bitteren Strunk herausschneiden. Die Kolben in schmale Streifen schneiden. Die Mango fein würfeln und mit dem Chicorée mischen. Essig mit Salz, Pfeffer und Walnußöl verrühren. Das Dressing über den Salat geben und mit Walnüssen garnieren.

Olivenbaum

Olivenöl

Es gilt als das traditionelle, klassische Speiseöl und war schon im antiken Rom wichtiger Bestandteil der Ernährung. Olivenöl wird aus dem Fruchtfleisch und den Kernen der Oliven gewonnen. Beides wird zerdrückt und gepreßt. Die dabei entstandene Emulsion wird anschließend nur gefiltert.
Das qualitativ hochwertigste Öl ist das „Native Olivenöl extra". Es stammt aus der ersten Pressung und darf nach der EU-Verordnung höchstens 1% freie Fettsäuren enthalten. Die nächste Qualitätsstufe ist „Natives Olivenöl" mit maximal 2% freien Fettsäuren. Öl, das warmgepreßt und raffiniert wurde, ist als „Olivenöl" im Handel. Olivenöle variieren farblich von zartem Goldgelb bis zum dunklen Grün. Die besten Öle schmecken fein und fruchtig.
Olivenöl nimmt man zum Braten, Kochen und auch als Würze, z. B. für Marinaden und Salatsaucen, zum Beträufeln von knusprigem Brot und der spanischen Gazpacho.
Es fehlt in keiner italienischen Pastasauce, im Pesto genauso wenig wie in der Mayonnaise. Sehr gut schmeckt es, wenn man es unter Nudeln mischt oder Gemüse damit beträufelt. Für alle typischen Gerichte der Mittelmeerküche nimmt man am besten Olivenöl.

Aromatisierte Öle

Öle lassen sich auch sehr gut mit Gewürzen, wie Wacholderbeeren, Chilis, Pfeffer, Ingwer, Zimt oder Knoblauch, sowie frischen Kräutern, wie Basilikum, Rosmarin, Thymian oder Salbei, aromatisieren. Eine Vielzahl dieser Öle gibt es bereits fertig zu kaufen, sie lassen sich jedoch auch ganz einfach selbst herstellen. Für Gewürzöle können ganze oder gemahlene Gewürze verwendet werden, Kräuter werden allein oder gemischt in Öl gegeben. Eine besonders aromatische Spezialität ist das Trüffelöl zum Würzen von Pasta, Risotto oder Salaten.

Aromatisierte Öle eignen sich hervorragend für Salatsaucen, als Marinaden für Fleisch und Wild und zum Bestreichen von Grillgut.

Auch Früchte, wie Zitronen oder Erdbeeren, lassen sich in Öl – am besten Erdnußöl – einlegen. Sie würzen Dressings und Mayonnaise.

Lagerung

Öl wird unter Einwirkung von Sonnenlicht leicht ranzig. Es sollte deshalb kühl und dunkel aufbewahrt werden, möglichst in festverschlossenen Blechdosen oder in Flaschen mit dunklem Glas. Einmal angebrochen halten sich kaltgepreßte Öle 5–6 Wochen, raffinierte dagegen etwa 6 Monate. Bei großer Hitze sollte man das Öl ruhig in den Kühlschrank stellen. Es kann zwar trüb oder sogar fest werden, doch bei Raumtemperatur nimmt das Öl wieder seinen ursprünglichen Zustand an. Qualität büßt es durch die Kühlung nicht ein.

Rezeptvorschlag

Chiliöl

Für 1 Flasche à ¾ l

- 10 getrocknete, rote Chilischoten
- 3/4 l Sonnenblumenöl

Die Chilischoten in Stücke brechen und mit dem Öl in eine festschließende, dunkle Flasche geben. Etwa 3–5 Wochen durchziehen lassen. Dann tropfenweise zum Würzen von Salaten, Reisgerichten, Eintöpfen oder Suppen nehmen.

Aromen

Aromen

Auch Essenzen genannt.

Es sind konzentrierte Zubereitungen von Geruchs- und Geschmacksstoffen. Wegen der Haltbarkeitsmachung werden sie oft mit Trägerstoffen, wie Öl, Zucker, Stärke oder Alkohol, vermischt. Die hochwertigsten Aromen werden ausschließlich aus natürlichen Zutaten gewonnen, und zwar auf unterschiedliche Weise.
Bei der Extraktion werden mit Hilfe von Alkohol oder eines chemischen Lösungsmittels den Pflanzenteilen, wie Samen, Kerne, Blüten, Blätter, Rinde oder Wurzeln, die löslichen Aromastoffe entzogen.
Bei der Wasserdampfdestillation werden die ätherischen Öle mit Hilfe von heißem Wasser oder Wasserdampf freigesetzt.
Daneben gibt es noch die Expression, auch Kaltpressung genannt. Sie ist die schonenste Art, Aromen zu gewinnen.
Naturidentische Aromen sind synthetisch im Labor hergestellt.

Ätherische Öle

Sie werden aus verschiedenen Pflanzenteilen nach den oben beschriebenen Verfahren gewonnen. Die wohlduftenden, aromatischen Substanzen waren bisher vor allem in der Naturheilkunde, speziell in der Aromatherapie, als Massagemittel, als Duftspender für Öllampen und für die Parfümherstellung beliebt. Neu dagegen ist der Trend, sie in der Küche als Würzmittel einzusetzen. Problematisch ist hier allerdings die Dosierung. Da die Öle hochkonzentriert sind, ist oft ein Tropfen schon zuviel. Und die in den Kochbüchern oft angegebenen Empfehlungen, mit einem „Hauch“ zu würzen, ist praktisch nur schwer nachvollziehbar. Damit das Aroma ätherischer Öle sich voll entfalten kann und die Speise gleichmäßig würzt, sind sogenannte Emulgatoren nötig, wie Eigelb, Öl, Sahne, Mayonnaise und Essig, in denen die Aromen aufgelöst werden. Würzöle gibt es in fast unüberschaubarer Vielfalt. Dabei ist es wichtig, auf höchste Qualität zu achten. Am besten Öle nur aus kontrolliert biolo-

Lavendelfeld in der Provence

gischem Anbau mit Kontrollnummer kaufen, die in Lichtschutzgläsern angeboten werden. Die wichtigsten ätherischen Öle werden Ihnen hier vorgestellt.

Gewürz- und Kräuteröle

Die bekanntesten Vertreter sind Anisöl und Estragonöl sowie Koriander-, Kreuzkümmel-, Muskatnuß- und Oreganoöl. Sehr beliebt sind ebenfalls Pfefferminz- und Zimtrindenöl. Sie passen überall dorthin, wo frische oder getrocknete Kräuter und Gewürze ersetzt werden sollen. So würzen sie Suppen und Eintöpfe sowie Salatdressings, Eierspeisen und Milchprodukte, aber auch Gebäck und Getränke.

Lavendelöl

Es wird aus den Blüten und Rispen der Lavendelpflanze mit Hilfe von Wasserdestillation gewonnen. Paßt gut in Saucen, Salatdressings, Gemüsegerichte, Milchprodukte und Getränke.

Rosenöl

Dieses edle Öl wird aus Rosenblüten durch Dampfdestillation gewonnen. Paßt gut Obstsalaten, Saucen und Gemüsegerichten, aber auch zu Getränken und zu Milchprodukten.

Sandelholzöl
Das Öl wird aus der getrockneten Rinde des in Südindien beheimateten Sandelholzbaumes destilliert. Paßt gut zu Gebäck, Eis, Desserts und Milchprodukten.

Ylang-Ylang-Öl
Das asiatische Öl wird durch Dampfdestillation aus den Blüten eines auf den Philippinen heimischen Baumes (lat. Cananga odorata) gewonnen. Es schmeckt aromatisch bitter und duftet stark blumig. Paßt gut zu Getränken ohne Alkohol, aber auch zu Eis, Gebäck und Desserts.

Zitrusöle
Sie werden durch Kaltpressung der Fruchtschalen gewonnen. Zu den Zitrusölen gehören Bergamotte (Pomeranze), Grapefruit, Limette, rote und grüne Mandarine, Orange und Zitrone. Sie passen gut zu Getränken und Milchprodukten, sind aber auch sehr beliebt an Obstsalaten, Salatdressings und Marinaden. Zitrusöle am besten immer nach Ende der Garzeit zum Gericht geben, da ihr Aroma bei Hitzeeinwirkung weitgehend verfliegt.

Fruchtessenzen

Erdbeeren, Himbeeren, aber auch Granatapfel lassen sich sehr gut destillieren und ergeben, zusammen mit Sirup marzerisiert, fruchtigfrische Essenzen. Sie eignen sich gut als Wintervorrat, wenn frische Früchte und Fruchtpürees selten und teuer sind. Essenzen sind ideal zum Aromatisieren von Cocktails, Eiscremes und Sorbets. Auch Torten- und Kuchenfüllungen, frische Obstsalate sowie Dessertsaucen und pikante Salatsaucen werden gern mit Fruchtessenzen abgeschmeckt.

Orangenblütenwasser
Es ist eine ganz besonders edle Fruchtessenz. Die klare, aromatische Flüssigkeit wird durch die Destillation frischer Orangenblüten gewonnen. Sie ist sehr intensiv, muß also sparsam dosiert werden. Ideal zum Aromatisieren von Fruchtsalaten, Orangenkonfitüren und Sorbets, aber auch Salaten mit Möhren und Kopfsalat. Kann durch Rosenwasser ersetzt werden.

Apfelsinen und Apfelsinenblüte

Nussessenzen

Sie werden aus den Kernen von Mandeln und Haselnüssen gewonnen. Sie sind sehr intensiv, sollten daher nur tropfenweise verwendet werden. Zu den Nußessenzen gehört das Bittermandelöl, das aus bitteren Mandeln sowie den Kernen von Pfirsichen und Aprikosen gewonnen wird. Es ist wesentlich aromatischer als das synthetisch hergestellte Bittermandelaroma (→ S. 263). Paßt, ebenso wie Nußessenz, gut zu Keksen, Kuchen und Desserts. Sind im Rezept Bittermandeln angegeben, können diese durch die gleiche Menge süße Mandeln und 1–2 Tropfen Bittermandelöl ersetzt werden.

Mandelessenz

Sie wird aus den süßen Mandeln hergestellt und ist nicht ganz so aromatisch wie das Bittermandelöl. Paßt wie Nußessenz ideal zum Backen und zum Aromatisieren von Konfekt und Desserts.

Sonstige Aromen

Angostura

Der Bitterextrakt ist eine Mischung aus einem Auszug von den Rinden des Angosturabaumes (lat. Cusparia febrifuga), Chinarinde, Zimt, Kardamom, Nelken und Pomeranzenschalen. Er entstand im Jahr 1824 eher als ein Zufallsprodukt, als der Arzt Dr. Sieger in der venezolanischen Stadt Angostura ein Medikament mixen wollte. Aus der Medizin entwickelte sich schnell eine populäre Mixzutat. Heute kommt Angostura aus Trinidad. Es würzt neben Mixgetränken auch Obstsalate, Eis, Kompotte, pikante Saucen und Suppen sowie Fleisch- und Fischmarinade und Eintöpfe. Angostura nur tropfenweise verwenden, es würzt sehr intensiv.

Backaromen
Auszüge aus verschiedenen Grundsubstanzen in Öl. Sie sind oft auch aus künstlichen Geschmacks- und Geruchsstoffen hergestellt. Es gibt sie in den Geschmacksrichtungen Arrak, Rum, Zitrone, Vanille und Bittermandel. Sie sind ideal, wenn natürliche Aromastoffe nicht zur Verfügung stehen. Backaromen immer nur in kleinen Mengen verwenden. Für 500 g Mehl reicht 1 kleine Flasche oder 1 Alubeutel. Aromatisieren Gebäck, Desserts, süße Saucen, Schlagsahne und Pralinen.

Cola
Extrakt aus den Nüssen des in Westafrika heimischen Colanitidabaumes, der mit Sirup vermischt wird. Würzt Erfrischungsgetränke, Bonbons und Schokolade.

Veilchenwurzel-extrakt
Der Extrakt wird aus den geschälten Wurzeln des im Fernen Osten beheimateten Veilchens (lat. Iris germanica) gewonnen. Paßt gut zu Eis, Zucker- und Backwaren.

Rosenwasser
Eine klare, duftende Flüssigkeit, die bei der Destillation von Rosenöl entsteht. Wird vor allem im Nahen Osten als Aromazutat für Desserts und Gebäck geschätzt. Man bekommt es in Apotheken und Delikatessengeschäften. Paßt gut zu Kuchen und Keksen, aber auch zu Cremes und Obstsalaten sowie zu Eiscreme, Marmeladen und Pudding. Sparsam dosieren, nicht jeder mag intensiven Rosenduft.

Sarsaparille
Ein bitter, fast lakritzartig schmeckender Extrakt, der aus den Wurzeln des mexikanischen Sarsaparillenbaumes (lat. Smilax aristolochiaefolia) gewonnen wird. Paßt gut zu Mixgetränken, Eis, Kuchen, Keksen und Desserts.

Süßungs-mittel

Zuckerrohrfeld

ZUCKER

Über Jahrhunderte war Zucker eine Kostbarkeit, über die nur Könige verfügen konnten – und dies auch nur in kleinen Mengen. Erst als im 16. und 17. Jh. n. Chr. Spanier und Engländer Zuckerrohr in großen Mengen in ihren süd- und mittelamerikanischen Kolonien anbauten, sanken die Preise. Zucker wurde erschwinglich. Dabei ist Rohrzucker uralt. Er wurde schon 6000 v. Chr. in Ostasien angebaut, kam dann über Indien nach Persien, dort wurde schon 600 n. Chr. der erste Zucker hergestellt. Die brachten ihn von dort im 12. Jh. n. Chr. nach Mitteleuropa. Mitte des 18. Jh. n. Chr. gelang es dem Berliner Chemiker Andreas Siegesmund Markgraf, aus einer heimischen Rübensorte Kristalle zu gewinnen, die denen des Zuckerrohrs entsprachen. Der Rübenzucker war entdeckt.

Der Zucker, den wir im Haushalt verwenden, ist Rohr- oder Rübenzucker (lat. Saccharose), ein Zweifachzucker, der zu gleichen Teilen aus Traubenzucker (lat. Dextrose) und Fruchtzucker (lat. Fructose) besteht. Traubenzucker wird aus Stärke hergestellt, deren Molekül sich aus Traubenzuckereinheiten zusammensetzt. Fruchtzucker wird großtechnisch meist aus Rüben- oder Rohrzucker gewonnen. Er besitzt von allen Zuckern die höchste Süßkraft. Er kann auch von Diabetikern verwendet werden. Andere Zucker sind Milchzucker (lat. Lactose), er wird aus Molke und Magermilch gewonnen, und Malzzucker (lat. Maltose), ein Zwischenprodukt der Stärkespaltung, die z. B. beim Kernen von Gerste auftritt und Hauptbestandteil des Malzextraktes ist.

Die Herstellung

Rohrzucker gewinnt man, indem man den Saft des schilfartigen Zuckerrohrs in Mühlen auspreßt und anschließend reinigt. Der dünne Saft wird dann zu Zuckersirup eingedickt, dann weiter eingedampft, bis sich die gewünschte Zahl von Kristallen gebildet hat. Sie werden in einer Zentrifuge vom Sirup getrennt. Dabei entsteht Rohzucker, der mit Wasserdampf weiter gesäubert und durch erneutes Auflösen, Eindicken und Zentrifugieren zu Weißzucker bzw. Raffinade wird. Für die Gewinnung von Rübenzucker werden die Rüben in feine Schnitzel zerkleinert und in heißem Wasser mazeriert. Danach werden sie wie Rohrzucker weiterverarbeitet.

Geschmack und Aroma

Zucker schmeckt je nach Sorte sehr bis leicht süßlich.

Zuckersorten

Sie werden vor allem nach besonderen Formmerkmalen, die von den jeweiligen Bearbeitungsverfahren abhängen, unterschieden. Die wichtigsten Sorten werden Ihnen vorgestellt.

Weisszucker

Auch Grundsorte genannt. Er ist die billigste Handelssorte mit einem relativ hohen Anteil an Mineralstoffen. Er ist nicht rein weiß.

Raffinade

Ein besonders reiner, weißer Zucker von bester Qualität. Es gibt ihn in verschiedenen Körnungen.

Brauner Zucker

Ein dunkelbrauner, feinkristalliner Zucker, der ausschließlich aus Rohrzucker hergestellt wird. Es gibt aber auch den braunen Farinzucker, der an sich ein vollständig raffinierter, weißer Zucker ist, der mit Melasse oder Karamel eingefärbt wurde. Er hat im Vergleich zum echten Braunen Zucker einen flachen Geschmack. Paßt gut zum Backen von Brot und Lebkuchen.

Demeranzucker
Ein raffinierter, großkörniger weißer Zucker, der mit Melasse behandelt und dabei leicht bräunlich wird. Er ist stets feucht und hat einen aromatischen Geschmack. Paßt gut zu Kuchen, Kleingebäck, Glühwein und Kaffee.

Einmachzucker
Eine grob- oder feinkörnige Raffinade, die sich langsam auflöst und nicht schäumt. Ideal zum Einmachen von Obst, aber auch für Marmeladen und Gelees.

Gelierzucker
Er besteht aus Raffinade, Obstpektinen und Weinstein- oder Zitronensäure. Eignet sich ideal zum Kochen von Gelees, Konfitüren und Marmeladen.

Hagelzucker
Der hagelkornähnliche Zucker besteht aus granulierter Raffinade. Paßt gut zum Bestreuen von Gebäck und Desserts.

Kandis
Ein sehr grob kristalliner Zucker, der aus konzentrierten Zuckerlösungen entsteht. Es gibt ihn weiß, aber auch gelb bis braun gefärbt. Letztere Sorten bekommen ihre Farbe durch Zusatz von Karamelprodukten oder Zuckercouleur. Kandis kommt als regelmäßig gewachsene Einzelkristalle (Würfelkandis, Kluntje), in Form von Kandisglomeraten (Krustenkandis, Stangenkandis) oder gemahlen (Grümmel) in den Handel. Paßt gut zu Punsch, Tee, Fruchtlikören und Desserts.

Melassezucker
Ein dunkler, nicht raffinierter Zucker mit aromatischem, kräftigem Geschmack und leicht klebriger Konsistenz. Er wird vor allem in angelsächsischen Länder verwendet. Paßt gut zu Chutneys, Früchtekuchen, Pfefferkuchen.

Zuckerrüben kurz vor der Ernte

Muscovado

Ein hell- oder dunkelbrauner, nicht raffinierter Zucker mit einem sehr geringen Anteil an Melasse. Er ist etwas milder im Geschmack als Melassezucker. Paßt gut zu Puddings, Obstdesserts, aber auch zu herzhaften Gerichten, wie glaciertem Schinken, Chutneys und Barbecuesaucen.

Palmzucker

Er wird aus Dattel-, Kokos-, Brenn- und Palmyrapalmen gewonnen. Der Saft wird durch Anzapfen des Stammes oder der Baumspitze gesammelt und zu einem hellen, durchsichtigen Sirup eingekocht. Den Sirup läßt man dann kristallisieren. Paßt gut zu asiatischen Gerichten und ist unentbehrlich in der thailändischen und indonesischen Küche.

Puderzucker

Auch Staubzucker genannt. Er ist ein sehr fein gemahlener Zucker, bei dem die Kristallteilchen nicht mehr fühlbar sind. Paßt gut zu Glasuren, zum Bestäuben von Gebäck und Süßspeisen. Puderzucker vor Gebrauch immer sieben.

Rohzucker

Halbfertigerzeugnis der Rohr- und Rübenzuckerfabrikation, bei dem die Zuckerkristalle nur zum Teil von anhaftendem Sirup befreit und daher braun gefärbt sind. Rohzucker ist nicht zum unmittelbarem Verbrauch bestimmt.

Vanillezucker

Mischung aus Raffinade und gemahlener, echter Vanille oder natürlichem Vanillearoma.

Vanillinzucker

Mischung aus Zucker und dem künstlich hergestellten Vanillearoma.

Würfelzucker

Eine angefeuchtete Raffinade, die zu Würfeln gepreßt und anschließend getrocknet wird. Ideal zum Süßen von Getränken.

Zuckerrohrgranulat

Auch Ursüße oder Vollrohrzucker genannt. Es ist der getrocknete, unraffinierte Saft des Zuckerrohrs. Alle Vitalstoffe bleiben bei der Gewinnung von Granulat erhalten. Der Saft wird durch behutsames Erhitzen eingedickt. Der Sirup dann getrocknet und vermahlen. Zuckerrohrgranulat darf man nicht mit Farinzucker verwechseln, der eingefärbtem, raffiniertem Zucker entspricht.

Lagerung

Zucker immer trocken lagern, dann ist er fast unbegrenzt haltbar.

Küchentips

- Säuerliches Gemüse, wie Tomaten, braucht immer 1 Prise Zucker, um den Eigengeschmack des Gemüses im Gericht zu heben.

- Auch der Fleischgeschmack wird intensiver, wenn man 1 Messerspitze Zucker an Braten- und Gulaschsaucen oder zum Wildbraten gibt.

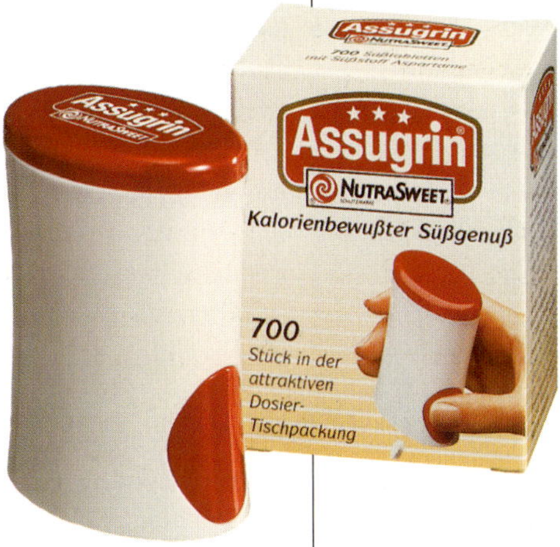

SÜSSSTOFFE

Sie sind künstlich hergestellte Süßungsmittel. Ihre Süßkraft ist zwischen 35- bis 3000mal höher als die des Zuckers. Mit Ausnahme von Aspartam und Thaumatin liefern sie keine Kalorien und sind daher eine echte Hilfe beim Abnehmen. Auch Diabetiker können Süßstoffe verwenden, da diese den Blutzuckerspiegel nicht belasten. Außerdem wird Süßstoff von den Mundbakterien nicht zu Säuren vergoren, er verursacht also keinen Karies. Hier die wichtigsten Süßstoffe.

SACCHARIN

Der kalorienfreie Süßstoff wurde schon 1879 entdeckt und ist 350mal süßer als Zucker. Er ist koch- und backfest, in heißem Wasser sehr gut löslich, verliert aber in Verbindung mit Säure beim Erhitzen an Süße. Wird Saccharin zu hoch dosiert, schmeckt er bitter.

CYCLAMAT

Ein kalorienfreier Süßstoff, mit dem ebenfalls gekocht und gebacken werden kann. Ist nur 35mal süßer als Zucker und hat daher die geringste Süßkraft aller Süßstoffe. In flüssigen Nahrungsmitteln mit Fruchtaromen, wie Limonade, verstärkt sich seine Süßkraft jedoch.

Acesulfam
Ein kalorienfreier Süßstoff, der 130- bis 200mal süßer als Zucker ist. Er ist ebenfalls koch- und backfest. Sein Aroma ähnelt dem Zucker.

Aspartam
Dieser Süßstoff besteht aus natürlichen Eiweißbausteinen Phenylalanin und Asparaginsäure, die in vielen Nahrungsmitteln, wie Milch, Gemüse und Fleisch, natürlich vorkommen. Aspartam ist kalorienarm, da er 200mal so stark wie Zucker süßt, braucht man nur ganz geringe Mengen, so daß der Kalorienhalt pro Süßstofftablette unter 0,2 kcal liegt. Aspartam verliert bei Temperaturen von über 180 °C an Süße, ist also nicht back- und kochfest. Allerdings verstärkt er jedes Zitrus- und Fruchtaroma. Im Geschmack ist er sehr zuckerähnlich. Personen, die an der seltenen Stoffwechselkrankheit Phenylketonurie leiden, dürfen Aspartam aufgrund des Phenylalaningehalts nicht verwenden.

Thaumatin
Ein ebenfalls praktisch kalorienfreier Süßstoff und Geschmacksverstärker auf Eiweißbasis. Er wird aus der afrikanischen „Katemfe"-Frucht gewonnen, ist 1000- bis 3000mal süßer als Zucker. Er wird im Körper wie andere Eiweißstoffe abgebaut. Er ist nicht back- und kochfest und hat einen lakritzartigen Nachgeschmack.

Neohesperidin
Ein fast kalorienfreier Süßstoff und Geschmacksverstärker, der aus einem Stoff der Bitterorangen produziert wird. Seine Süßkraft ist 400- bis 600mal höher als die von Zucker. Neohesperidin wird in geringen Mengen vom Körper aufgenommen und wieder abgebaut. Bei hoher Konzentration hat er einen leichten Menthol- und Lakritzgeschmack.

Verwendung

Süßstoffe gibt es in Tablettenform, flüssig oder als Streuwürze. Tabletten eignen sich vor allem zum Süßen von Getränken. Flüssigsüße ist ideal zum Backen und Kochen, Streusüße würzt Desserts und Kuchen. Die Süßkraft von 1 Teelöffel Zucker entspricht 1 Süßstofftablette, 1 Tropfen Flüssigsüße oder 1 Teelöffel Streusüße. Süßstoffe sind auch in kalorienreduzierten Lebensmitteln, wie Milchprodukten, Eis, Backwaren und Marmeladen, enthalten.

Lagerung

Süßstofftabletten, flüssiger Süßstoff und Streusüße halten sich fast unbegrenzt. Angebrochene Flaschen von Flüssigsüße am besten im Kühlschrank aufbewahren.

Küchentips

- Süßstoffe werden in der Regel als Kombination angeboten, etwa als Mischung aus Saccharin und Cyclamat. Diese Mischung ist etwa 90mal süßer als Haushaltszucker.

- Für Rühr- und Biskuitteige ist Süßstoff nicht geeignet, da ihm die Masse und die Klebewirkung des Zuckers fehlt.

- Vorsicht bei Streusüße. Sie ist nicht kalorienfrei, sondern im Vergleich zu Zucker nur kalorienvermindert.

- Manche Produkte enthalten Füllstoffe, wie Maltodextrin, und Fruchtsäuren. Achten Sie auf das Etikett.

ZUCKERAUSTAUSCH-STOFFE

Sie werden aus pflanzlichen Grundstoffen gewonnen und können, wie der Name schon sagt, im Austausch gegen Zucker eingesetzt werden. Ihr Kaloriengehalt entspricht dem des Zuckers, nicht aber ihre Süße sowie ihre Koch- und Backeigenschaften. Zuckeraustauschstoffe haben in der Diabeteskost ihren festen Platz, da sie bei Zuckerkranken als Ersatz für Zucker eingesetzt werden. Denn sie bewirken einen verzögerten Anstieg des Blutzuckerspiegels und werden weitgehend ohne Insulin abgebaut. Die wichtigsten Zuckeraustauschstoffe stellen wir Ihnen vor.

FRUCHTZUCKER

Auch Fructose genannt. Er kommt in den meisten Früchten und im Honig vor und ist zudem ein Baustein des Rohr- und Rübenzuckers. Fruchtzucker ist etwa um ein Drittel süßer als normaler Haushaltszucker, back- und kochfest, verstärkt jedoch beim Backen die Bräunung. Mehr als 40–50 g sollte man am Tag nicht verzehren, da er sonst abführend wirken kann.

MANNIT

Mannit wird aus verschiedenen Zuckerarten, insbesondere Invertzucker – Gemisch aus Glucose und Fructose – hergestellt. Er ist fast so süß wie Zucker. Auch er wirkt leicht abführend.

Sorbit
Er wird synthetisch aus Traubenzucker hergestellt und ist nur halb so süß wie Haushaltszucker. Deshalb wird er auch mit Saccharin versetzt als Diabetikerzucker angeboten. Sorbit ist wasserlöslich, koch- und backfest. Schon in kleinen Mengen wirkt Sorbit abführend, deshalb nicht mehr als 30–50 g pro Tag essen.

Xylit
Dieser Zuckeraustauschstoff wird synthetisch aus Birkenholz hergestellt, hat dieselbe Würzkraft wie Zucker und wird vor allem Bonbons und Kaugummi zugesetzt. Xylit wirkt leicht abführend, deshalb nicht mehr als 50 g pro Tag essen.

Isomalt
Dieser Zuckeraustauschstoff wird aus Rohrzucker hergestellt und würzt halb so stark wie Zucker. Wie auch Mannit und Xylit wird er vorwiegend industriell in kleinen Mengen zum Süßen von Konfitüren, Getränken und Gebäck verwendet.

Anwendung
Zuckeraustauschstoffe, vor allem aber Sorbit und Fructose, werden in der Regel nur von Diabetikern verwendet und können überall anstelle von Haushaltszucker verwendet werden. Sie sind in der Diabeteskost ein beliebter Ersatz für Zucker zum Kochen, Backen und Einkochen.

Lagerung
Sorbit, aber auch Fructose wirken wasseranziehend. Deshalb Zuckeraustauschstoffe immer in fest schließenden Behältern kühl und trocken lagern.

Küchentip

Fruchtzucker hat eine bindende und konservierende Wirkung, deshalb ist er ideal für Konfitüren.

Honig

Ein flüssiges, dickflüssiges oder kristallines Lebensmittel, das von Bienen erzeugt wird. Die Bienen sammeln Blütennektar, andere Sekrete von lebenden Pflanzenteilen oder auf lebenden Pflanzen befindliche Sekrete von Insekten. Durch ihre körpereigenen Sekrete bereichern und verändern sie die Grundmasse für den Honig, danach wird sie in Waben gespeichert und dort reift der Honig. Sicher ist jedenfalls auch, daß Honig die älteste süßliche Substanz überhaupt ist. Er wurde schon in der Jungsteinzeit und Bronzezeit als Süßungs- und Konservierungsmittel genutzt. Vermutlich entwickelte sich schon damals die Bienenzucht. In der Antike galt Honig vielen Völkern als göttlich und hatte seinen festen Platz als Heil-, Schönheits- und Haushaltsmittel. Mischt ein Imker oder Abfüller verschiedene Honige aus verschiedenen Blüten und Pflanzenarten, dann entsteht ein Mischhonig. Wenn ein Honig aber überwiegend aus Pollen bestimmter Pflanzen entstammt, wird er als Sortenhonig bezeichnet. Je nach Blütensorte ist der Honig unterschiedlich in Aroma, Farbe und Konsistenz. Die bekanntesten Honigsorten stellen wir Ihnen vor.

Blütenhonig

Es ist eine Sammelbezeichnung. Der Honig stammt aus den von Bienen gesammeltem Nektar von Blüten, wie Linden-, Akazien- und Rapsblüten.

Honigtauhonig

Er wird aus den natürlichen Absonderungen anderer Pflanzenteile, wie Nadeln und Blättern, sowie aus den ebenfalls von Bienen gesammelten Sekreten bestimmter Insekten gewonnen, die sich von Pflanzen ernähren. Honigtauhonige sind dunkler als Blütenhonige.

Akazienhonig
Ein dünnflüssiger, grünlichgelber Honig mit angenehm mildem Geschmack. Läßt sich gut in Getränken verrühren.

Eukalyptushonig
Ein rötlichgelber flüssiger Honig mit kräftigfruchtigem Aroma. Stammt von den Blüten der riesigen Eukalyptusbäume. Paßt gut zum Würzen von Desserts und Obstsalaten.

Heidehonig
Der goldgelbe bis rotbraune dickflüssige Honig mit herbem, aromatischem Geschmack wird aus hellvioletten Blüten des Heidekrauts gewonnen.

Hymetus
Ein goldgelber dickflüssiger Honig aus Griechenland mit einem ausgeprägtem Aroma, einer Mischung aus Thymian, Bohnenkraut und Majoran. Er gilt als der beste Honig der Welt.

Kleehonig
Ein wasser- bis hellgelber Honig mit kristalliner Konsistenz und zartem, feinaromatischem Geschmack. Ist sehr reich an Traubenzucker.

Lindenblütenhonig
Ein flüssiger grüngelblicher Honig mit kräftigem, etwas herbem Aroma.

Orangenblütenhonig
Ein hellgelber flüssiger Honig, der aus den Blüten des Orangenbaumes gewonnen wird. Schmeckt fruchtig dezent.

Rapshonig
Ein weißlichgelber milder Honig aus den Blüten der Rapspflanze. Von der Konsistenz ist er meistens sehr fest.

Tannenhonig
Ein schwarzgrünlicher zähflüssiger Honig mit ausgeprägtem, würzigem Aroma.

Waldhonig
Ein dunkler, flüssiger Honig mit kräftigem Aroma. Stammt von Nadel- und/oder Laubbäumen.

Unterschieden wird der Honig aber auch nach der Art seiner Gewinnung:

Schleuderhonig

Honig wird in einer Zentrifuge mit Hilfe der Fliehkraft aus den entdeckelten Waben geschleudert. Er wird dazu nicht erwärmt. Das ist heute die meist verbreiteste Gewinnungsart.

Scheiben- oder Wabenhonig

Der Honig befindet sich noch in den von den Bienen gebauten und gedeckelten Waben. Die Waben kommen portionsweise geschnitten in den Handel. Der Honig weist den höchsten Grad an Naturbelassenheit auf, ist dafür auch sehr teuer.

Tropfhonig

Ebenfalls ein ganz besonders edler Honig. Er fließt aus den entdeckelten Waben.

Presshonig

Er wird durch Auspressen wenig oder nicht erwärmter Wabenstücke gewonnen. Dieser Honig ist eine Spezialität der Korbimker aus der Lüneburger Heide. Aufgrund seines hohen Wassergehaltes und Pollenanteils ist er nicht so haltbar wie Schleuderhonig.

Verwendung

Honig kann man pur essen oder als Süßungsmittel zum Kochen oder Backen verwenden. Er paßt gut zu Eiscreme, Joghurt, Pudding und Müsli. Aber auch pikante Speisen, wie Grillsaucen, Vinaigrettes, werden mit Honig abgeschmeckt. Man nimmt ihn zum Glacieren von Schinken und Schweinebraten sowie Ente und Huhn. Unentbehrlich ist er beim Backen, insbesondere bei Honigkuchen ist er ein Muß.

Lagerung

Kühl und trocken gelagert ist Honig nahezu unbegrenzt haltbar. Er soll vor allem vor Lichteinfluß geschützt sein.

Küchentips

■ Honigglas oder Dose immer gut verschließen, da Honig Feuchtigkeit anzieht und sehr geruchsempfindlich ist.

■ Zum Backen sind flüssige Honigsorten besser geeignet als dickflüssige, weil sie sich gut mit anderen Zutaten vermischen lassen.

■ Festen Honig kann man wieder dünnflüssig machen, indem er vorsichtig unter Rühren im Wasserbad erhitzt wird.

■ Kaufen Sie Honig direkt beim Imker. Die bessere Qualität schmecken Sie heraus.

Rezeptvorschlag

Honigparfait

Für 6 Personen

75 g Rosinen
1/2 unbehandelte Zitrone
4 frische Eigelb
75 g flüssiger Honig
200 g Sahne
2 EL ungesalzene, gehackte Pistazienkerne

Eine kältebeständige Schüssel in das Tiefkühlgerät stellen. Inzwischen die Rosinen heiß abwaschen, dann in einem Sieb gut abtropfen lassen. Die Zitronenschale von der Zitrone reiben und den Saft auspressen. Die Rosinen mit der Zitronenschale und dem -saft mischen und alles zugedeckt beiseite stellen. Die Eigelbe zusammen mit dem Honig und 2 Eßlöffeln warmem Wasser verquirlen. Die aufgeschlagene Eigelbmasse im Wasserbad mit dem elektrischen Handrührgerät dickschaumig aufschlagen. Die Creme dann wieder kalt schlagen. Die Sahne steifschlagen und vorsichtig unter die Creme heben. Zuletzt die Rosinenmischung und die Pistazien darunterheben. Die Honigcreme in die gekühlte Schüssel füllen und zugedeckt mindestens 4 Stunden gefrieren lassen. Sie dabei nach 1 Stunde einmal durchrühren. Die Schüssel mit dem Parfait in warmes Wasser tauchen. Dann das Parfait auf eine Platte stürzen.

Sirup

Sirup ist im Grunde genommen Zucker in zähflüssiger Form. Er entsteht zumeist bei der Zuckergewinnung aus Zuckerrohr und Zuckerrüben. Der Saft, der nach dem Zentrifugieren des Rohrzuckers zurückbleibt, wird zu einer zähen Masse eingekocht. Sirup ist in unterschiedlichen Konsistenzen und Geschmacksrichtungen erhältlich.

Melasse

Ein nicht raffinierter, sehr zähflüssiger Sirup, der bei der Zuckergewinnung aus Zuckerrohr entsteht. Er hat einen bittersüßen Geschmack und erinnert ein bißchen an Anis. Im Gegensatz zur dunklen Melasse ist die helle sehr mild im Geschmack und wird vorwiegend als Tafelsirup verwendet. Die aromatische, dunkle Melasse eignet sich zum Backen von Plätzchen, Gewürz- und Früchtekuchen sowie Obstkuchen, aber auch zum Kochen von kräftigen Fleischeintöpfen. Für die bekannten amerikanischen „Boston Baked Beans" ist die Melasse unumgänglich.

Goldgelber Sirup

Auch „Golden syrup" genannt. Er ist ein goldgelber geklärter Sirup aus Zuckerrohrsaft. Er hat eine honigähnliche Konsistenz und einen milden Geschmack. Paßt gut zu Pfannkuchen, als Aufstrich zu Toast, zu Müslis und Bratäpfeln. Goldgelber Sirup ist ein sogenannter Invertzucker, d.h. ein großer Teil seiner Saccharosemoleküle ist in Fructose und Glucose gespalten, was die Bildung von Kristallen verhindert. Dadurch bleibt der Sirup flüssig.

Rübensirup
Auch Rübenkraut, Rübensaft oder Zuckerkraut genannt. Rübensirup ist eine rheinisch-westfälische Spezialität. Die Zuckerrüben werden gehackt und dann gekocht. Der Brei wird gepreßt. Der dabei entstandene Saft wird eingedampft. Rübensirup hat einen relativ hohen Mineralstoffgehalt, vor allem Eisen. Paßt gut als Brotaufstrich, aber auch zu Pfannkuchen, Puffern und als Würze in Bratensaucen. Auch zum Backen eignet er sich.

Ahornsirup
Er wird aus dem Saft des in Nordamerika und Kanada beheimateten Zuckerhornbaumes gewonnen. Der dünnflüssige bernsteinfarbene bis fast schwarze Sirup hat ein typisches Nußaroma. Paßt gut zu Desserts, Kuchen und Keksen, aber auch zu Spareribs, Gemüse, wie Rosenkohl, Möhren und Zwiebeln. Gerne werden auch Pfannkuchen, Waffeln und Eiscreme mit ihm bestrichen.

Fruchtsirup
Dieser Sirup wird aus weißem Zucker, Früchten und Wasser hergestellt und ist vor allem im Mittleren Osten sehr beliebt. Das Fruchtfleisch von Hagebutten und Johannisbeeren, aber auch Blütenblätter werden mit einem Pektinferment behandelt, eingekocht, in Gläser gefüllt und sterilisiert. Fruchtsirup paßt als Basis zu Getränken, verfeinert Eis, Obstsalate und Desserts.

Apfel- und Birnendicksaft
Obstsirup, der durch Eindampfen des Saftes gewonnen wird. Zucker darf zugesetzt, muß aber deklariert werden. Paßt gut zum Süßen von Desserts. Apfel- und Birnenkraut ist der eingedickte Birnen- und Apfeldicksaft. Der Vermerk „extra“ bedeutet, daß kein Zucker zugesetzt wurde. Er paßt ebenfalls zu Desserts, ist vor allem in der Vollwertküche ein beliebtes Süßungsmittel.

Maissirup
Auch „Corn syrup“ genannt. Er wird aus Maisstärke gewonnen und ist recht flüssig. Heller Maissirup ist mild im Geschmack. Dem dunklen wird Melasse zugesetzt, daher ist er etwas aromatischer. Beide passen gut zum Süßen von Back- und Süßwaren, aber auch zu Grillsaucen und süßsauren Gerichten. Der Sirup ist in den USA sehr beliebt.

Treacle
Mischung aus Melasse und raffiniertem Sirup. Schmeckt nicht ganz so bitter wie Melasse, hat aber einen ausgeprägten Eigengeschmack. Treacle ist vor allem in den angelsächsischen Ländern sehr beliebt. Den zähflüssigen Sirup gibt es von Goldgelb bis Schwarz. Paßt zu Süßspeisen, Gebäck, wie englischem Gingerbread, und Toffees, aber auch zu vielen Pies.

Zuckersirup
Auch Läuterzucker genannt. Er wird aus normalem Haushaltszucker hergestellt, der in heißem oder kaltem Wasser aufgelöst wurde. Eignet sich vor allem zum Mixen von alkoholischen Getränken, da sich Zucker in Alkohol sonst schwer auflöst.

Lagerung
Dunkel gelagert ist Sirup nahezu unbegrenzt haltbar. Vor Lichteinfluß schützen.

Rezeptvorschlag

Pfannkuchen mit Ahornsirup

Für 4 Personen

- 175 g Mehl
- 1 TL Salz, 4 EL Puderzucker
- 1–2 TL Backpulver
- 4 EL Butter, 2 Eier
- 200 ml Milch, 4 TL Erdnußöl
- Ahornsirup zum Beträufeln

Das Mehl in eine Schüssel sieben. Salz, Puderzucker und Backpulver dazugeben und alles gut verrühren. Die Butter in einer Pfanne zerlassen und leicht abkühlen lassen. Butter, Eier und Milch zum Mehl geben und das Ganze glattrühren. Den Teig im Kühlschrank etwa 1 Stunde ruhen lassen. Er sollte recht dickflüssig sein. Jeweils 1 Teelöffel Erdnußöl in einer Pfanne bei mittlerer Hitze heiß werden lassen. Mit einer Schöpfkelle 3 Teigportionen in die Pfanne geben und daraus 3 kleine Pfannkuchen von beiden Seiten goldbraun backen. Insgesamt auf diese Weise 12 Pfannkuchen aus dem Teig zubereiten. Jeweils 3 Pfannkuchen auf einen Teller anrichten und mit Ahornsirup beträufeln.

Rezeptvorschlag

Überbackener Obstteller

Für 4 Personen

- 1 säuerlicher Apfel
- 1 Birne
- 1 EL Zitronensaft
- 1 Kiwi
- 3 Aprikosen
- 125 g Himbeeren
- 2 Eigelb
- 50 ml Weißwein
- 2 EL Apfeldicksaft

Den Apfel und die Birne jeweils halbieren, vom Kerngehäuse befreien und in Spalten schneiden. Jeweils mit etwas Zitronensaft beträufeln. Die Kiwi schälen und in Scheiben schneiden. Die Aprikosen halbieren, entkernen und in Spalten schneiden. Die Beeren verlesen. Das Obst in eine flache Gratinform geben. Die Eigelbe schaumig schlagen. Den Wein und den Apfeldicksaft unter Rühren zugießen und so lange rühren, bis eine schaumige Masse entsteht. Die Eiermasse auf dem Obst verteilen und alles unter dem Grill in etwa 10 Minuten goldbraun überbacken.

GRAUER
BURGUNDER
1995 KABINETT
BADEN TROCKEN
Vin d'Alsace
PINOT BLA
BARBI
1990
BRUNELLO
di MONTALCINO
F. COLOMBINI CINELLI
FATTORIA dei BARBI

Spirituosen

ROT- UND WEISSWEIN

Seit altersher ist das Kochen mit Wein die Grundlage für feine Schlemmereien. Denn ein Blick in die Weinregionen der Welt zeigt: dort, wo der Wein zu Hause ist, gibt es eine besonders gute Küche.

Wein ist im Grunde nichts anderes als ein vergorener Traubensaft. Die Trauben werden von den Rebstöcken geschnitten, gekeltert und der dabei entstandene Most wird in Fässer gefüllt und vergoren. Die Gärung ist ein biochemischer Vorgang, bei dem der Zucker des Traubensaftes durch Einwirkung von Hefen in Alkohol und Kohlensäure gespalten wird. Die Kohlensäure verflüchtigt sich aber. Danach wird der Wein geklärt und von Trübstoffen gereinigt. Die Qualität des Weines hängt u. a. von der Wahl der Rebsorten, wie vom Boden und Klima des Anbaugebietes ab. Man unterscheidet zwischen süßen, halbtrockenen und trockenen Weinen.

ROTWEIN

Er wird aus speziellen Rotweintrauben, wie Burgunder, Portugieser, Cabernet-Sauvignon oder Trollinger, gewonnen, die fast alle ein weiches Fruchtfleisch haben. Der rote Farbstoff sitzt in den Beerhülsen und löst sich erst durch chemische Prozesse während der Gärung. Beim Rotwein werden Beeren mit Schalen und Kernen vergoren.

VERWENDUNG

Rotwein paßt zum Marinieren von Wild und Rindfleisch, zum Ablöschen von Schmorgerichten, aber auch zum Würzen von Suppen und Saucen und zum Aromatisieren von Dressings. Er eignet sich aber auch zum Dünsten von Fisch, wie Karpfen.

WEISSWEIN
Dieser Wein wird aus speziellen Weißweintrauben, wie Chardonnay, Riesling oder Sauvignon Blanc oder Gewürztraminer, gewonnen. Die Trauben werden sofort nach der Lese gekeltert, der reine Most dann ohne Beerenhäute vergoren. Weißwein hat einen höheren Anteil an Säure als Rotwein.

VERWENDUNG
Weißwein paßt zum Marinieren von Fisch und Kalbfleisch, zum Würzen von Schalentieren und Meeresfrüchten. Auch Saucen, Suppen, Fisch, Geflügel und Dessertsaucen, wie Weinschaumsauce, werden mit Weißwein verfeinert.

KÜCHENTIPS

- Zum Kochen eignet sich vor allem ein trockener bis halbtrockener Tafelwein oder Qualitätswein. Prädikatsweine sind oft zu schwer.

- Wer Suppen und Saucen mit Wein würzen will, gießt den Wein erst am Ende des Kochvorgangs zu. Diese Speise darf nicht mehr kochen, sonst verflüchtigt sich das Weinaroma.

- Kräftig gewürzte Speisen, wie z. B. mit Pfeffer, Chili und Curry, schmecken in Verbindung mit alkoholreichen Weinen, wie südländischen Rotweinen, noch kräftiger. Hier also vorsichtig dosieren, und zwar sowohl beim Gewürz als auch beim Wein.

Südweine

Auch versetzte Weine genannt.

Südweine sind haltbar gemachte Weine, die Zusätze wie Kräuter, Zucker und ähnliches enthalten.

Vermouth

Dies ist ein mit Zucker, Karamel, Alkohol und Kräutern versetzter Wein. Sowohl weißer (ital. bianco) wie auch roter Vermouth (ital. rosso) schmecken süß. Trockener Vermouth (dry oder extra dry) hat einen hohen Alkoholgehalt und wenig Zucker; halbsüßer Vermouth wird auch als „rosé" angeboten. Der bekannteste trockene Vermouth ist der „Noilly Prat" aus Frankreich.

Sherry

Dieser Südwein stammt aus einem gesetzlich genau definierten Gebiet Andalusiens in Spanien. Je nach Geschmack unterscheidet man in den hellgelben „Fino", den trockensten Sherry, den frischen „Manzanilla", der etwas bitter im Geschmack ist, und den bernsteinfarbenen halbtrockenen „Amontillado". Er wird auch als „Medium" oder „Medium dry" angeboten. „Oloroso" nennt man den dunkelbraunen, leicht nach Walnuß schmeckenden Sherry. Cream Sherry ist eine sehr süße „Oloroso"-Auslese.

Madeira

Ein goldgelber Südwein, der auf der portugiesischen Insel Madeira hergestellt wird. Es gibt 4 verschiedene Sorten mit unterschiedlichen Süßungsgraden, die nach der verwendeten Traubensorte benannt sind. Den leichten, nicht so süßen „Bual“ oder „Boal“, den halbtrockenen, leicht nach Honig schmeckenden „Verdelho“, den süßen „Malvasier“ oder „Malmsey“ und den trockenen „Sercial“.

Marsala

Ein italienischer Südwein mit mindestens 12 Vol.-%. Er darf nur in der westsizilianischen Provinz und in Teilen von Agrigent und Palermo hergestellt werden. Es gibt 4 Qualitäten: den vollen, leicht bitteren „Marsala Fine“, den süßen „Marsala Superiore“, den trockenen „Marsala Vergine“ und den aromatisierten „Marsala Speciale“.

Portwein

Der aus dem Norden Portugals stammende Südwein gehört zu den berühmtesten Südweinen der Welt. Man unterscheidet weiße, rote und rubinfarbene (trübbraune) Portweine. Sie können süß, halbtrocken oder trocken sein.

Verwendung

Helle Südweine, wie Sherry und Marsala oder weißer Port, würzen Suppen und Saucen sowie Fisch, Geflügel und Kalbfleisch aber auch Creme- und Geleespeisen. Sie eignen sich ideal zum Pochieren von Früchten. Dunkle Südweine, wie Madeira und dunkler Port, würzen Sahnegerichte, dunkle Saucen und Pasten, aber auch Schwein und Geflügel, wie Gans und Ente.

Küchentip

Südweine sind durch Zusatz von Zucker und Branntwein etwas hitzebeständiger als Rot- und Weißwein. Doch auch sie sollte man erst kurz vor Ende der Garzeit zugeben, damit sich ihr Aroma nicht verflüchtigt.

Branntweine

Sie sind aus Wein, Getreide, Obst, Reis, Pflanzen oder Wurzeln destillierte Brennereierzeugnisse, die unter Zusatz von Wasser auf Trinkstärke herabgesetzt wurden. Für die Küche sind folgende Branntweine interessant.

Calvados

Er wird aus Cidre, dem Apfelwein der Normandie, gewonnen. Calvados dürfen sich nur die Cidrebrände nennen, die aus elf genau definierten Gebieten kommen. Nach der Destillation lagert Calvados 2–6 Jahre in Eichen- oder Kastanienfässern. Je älter er ist, desto aromatischer schmeckt er. Er hat mindestens 38 Vol.-%.

Cognac

Dieser Branntwein wird aus ganz bestimmten weißen Trauben gebrannt, die innerhalb eines fest umrissenen Gebietes rund um die Stadt Cognac in der Charente im Südwesten Frankreichs angebaut und gebrannt werden. Jeder Cognac wird mindestens 2mal gebrannt und lagert mindestens 2 Jahre in Eichenfässern. Dabei erhält er seine dunkle, braune Farbe. Sein Alkoholgehalt beträgt 40 Vol.-%.

Obstwasser

Obstler, wie Kirschwasser und Zwetschgenwasser, werden meist aus Steinobstmaische destilliert und haben einen Alkoholgehalt von mindestens 40 Vol.-%.

Rum

Er wird aus der beim Sieden von Zuckerrohr übriggebliebenen, braunen Melasse destilliert. Jeder Rum ist nach der Destillation weiß und klar. Weißer Rum lagert dann in hellen Eschenholzfässern, später in Edelstahltanks. Brauner Rum reift in dunklen Holzfässern, wo er dann seine gelbliche oder bräunliche Farbe bekommt. Oft wird Zuckercouleur zugesetzt. „Original Rum“ ist unverändert ohne Zuckerzusatz, „Echter Rum“ ist auf Trinkstärke von 38 bis 54 Vol.-% herabgesetzt. Rumverschnitt wird mit neutralem Sprit und Wasser so verschnitten, daß er nur noch 5 % „Original Rum“ enthält. Weißer Rum ist zarter im Geschmack als brauner, sein Aroma verfliegt schneller. Deshalb ist er zum Würzen weniger geeignet.

Sake

Dieser hellgelbe, aus Reismelasse hergestellte Branntwein ist das Nationalgetränk der Japaner. Schmeckt sherryähnlich und hat einen Alkoholgehalt von 16 bis 17 Vol.-%. Man kann ihn durch Sherry ersetzen.

Weinbrand

Er darf nur aus bestimmten Rebsorten hergestellt werden, muß mindestens zu 85 % in deutschen Brennereien verarbeitet sein und danach 6 Monate in Eichenfässern gelagert werden. Alter Weinbrand lagert 12 Jahre. Weinbrand wird wie Cognac 2mal destiliert.

Verwendung

Hochprozentige Spirituosen eignen sich in der Küche vor allem zum Flambieren. Dafür wird der Alkohol erhitzt, danach über den Speisen kurz abgebrannt. Der Alkohol verdampft fast und dabei dringen Aromastoffe in die Speisen ein. Zudem fördert Flambieren das Bräunen und – sofern Zucker enthalten – das Karamelisieren.
Außerdem eignet sich Branntwein zum Ablöschen von Bratensaucen, zum Würzen von Eintöpfen und Suppen. Auch Desserts werden gerne mit Spirituosen verfeinert; Kirschwasser paßt ausgezeichnet zu allen Gerichten, die mit Kirschen zubereitet werden, Rum ist beliebt an Obstsalaten sowie Calvados für süße und herzhafte Apfelgerichte bestens geeignet ist.

Liköre

Dies sind Spirituosen mit Zusatz von Zucker und aromatisierenden Stoffen, Pflanzen- und Fruchtauszügen sowie Destillaten, Fruchtsäften oder ätherischen Ölen. Sie dürfen statt mit Zucker auch mit Kandiszucker, Glukose oder Honig gewürzt werden. Ihr Alkoholgehalt liegt je nach Sorte zwischen 20 bis 35 Vol.-%.

Amaretto

Ein bernsteinfarbener Likör aus Italien mit 28 Vol.-%. Wird aus süßen und bitteren Mandeln, Aprikosenkernen, Vanille und anderen Gewürzen hergestellt.

Anisette

Gewürzlikör, der vorwiegend aus Sternanis hergestellt wird. Dazu kommen Zusätze, wie Fenchel, Gewürznelken, Koriander, Veilchenwurzel. Sein Alkoholgehalt liegt bei mind. 30 Vol.-%.

Cassis

Ein dunkelroter Likör, der aus dem Saft von schwarzen Johannisbeeren hergestellt wird. Sein Alkoholgehalt liegt bei mind. 20 Vol.-%. Ein Cassis darf sich nur Crème de Cassis nennen, wenn diese einen Mindestalkoholgehalt von 15 Vol.-% und einen höheren Zuckeranteil als Cassis aufweisen kann.

Cointreau

Dieser Likör wird aus reifen Bitterorangen und Zitronen gewonnen. Sein Alkoholgehalt liegt bei 40 Vol.-%.

VERWENDUNG

Liköre eignen sich hervorragend zum Süßen von Obstsalaten und Desserts, zum Aromatisieren von Gebäck und Früchten. Zum Abschmecken von Saucen sind Cassis und Cointreau sehr beliebt, zum Verfeinern von Fisch und Meeresfrüchten nimmt der Feinschmecker gern Anisette.

LAGERUNG

Liköre halten sich auch angebrochen ohne Kühlung mehrere Monate.

KÜCHENTIP

Wenn Sie Saucen mit Likören abschmecken wollen, sollten Sie dies ganz zum Schluß tun, damit sich das Aroma des Likörs nicht verflüchtigt.

REZEPTVORSCHLAG

Sorbet au Cassis

Für 4 Personen

- 50 g Zucker
- 1 1/2 Tassen Wasser
- 400 g schwarze Johannisbeeren
- 4 EL Crème de Cassis
- 1 Eiweiß
- 1/2 EL Puderzucker

Den Zucker mit dem Wasser aufkochen und anschließend auskühlen lassen. Die Johannisbeeren waschen, putzen und in einem Mixer pürieren, das Zuckerwasser dazugeben, durch ein Sieb passieren und den Crème de Cassis unterrühren. Diese Masse in einer Schüssel in den Tiefkühlschrank stellen und öfters mit einem Schneebesen durchrühren. Das Eiweiß und den Puderzucker steif schlagen. Das gefrorene Eis in einer Schüssel nochmals durchrühren und das Eiweiß unterheben. In Gläsern servieren.

Anhang

Welches Gewürz paßt wozu?

Welches Gewürz paßt wozu?	Suppen	Saucen	Salate	Gemüse	Hülsenfrüchte	Kartoffeln	Nudeln	Reis	Rind	K[illegible]
Ajowan				●	●			●	●	●
Anis				●					●	●
Bergkümmel	●			●						
Bockshornklee	●	●	●	●					●	●
Cayennepfeffer	●	●	●	●	●	●	●	●	●	●
Kardamom	●	●		●				●	●	●
Koriander	●	●		●	●	●			●	●
Kreuzkümmel	●	●		●	●			●		
Kümmel	●	●	●	●		●				
Kurkuma	●	●		●			●	●	●	
Macis	●	●				●	●	●	●	●
Mohn		●		●		●	●		●	●
Muskatnuß	●	●		●		●	●		●	●
Nelken	●	●		●						
Paprikapulver	●	●	●	●	●	●	●	●	●	●
Pfeffer	●	●	●	●	●	●	●	●	●	●
Piment	●	●		●					●	●
Safran	●	●						●		
Sassafras	●			●					●	●
Schwarzkümmel				●	●					
Senfkörner	●	●		●				●	●	●
Sesam			●	●					●	●
Sternanis									●	
Sumach		●	●		●			●	●	●
Szechuanpfeffer	●						●	●		
Vanille	●	●								●
Wacholder	●	●		●				●		
Zimt	●	●							●	●

Welches Gewürz paßt wozu?

Schwein	Lamm	Geflügel	Wild	Fisch	Meeresfrüchte	Desserts	Gebäck	Eingemachtes	Getränke	Welches Gewürz paßt wozu?
●	●	●					●	●		Ajowan
●		●				●	●	●		Anis
								●		Bergkümmel
●	●	●		●				●		Bockshornklee
●	●	●	●	●	●		●	●	●	Cayennepfeffer
●	●	●				●	●	●	●	Kardamom
●		●					●	●		Koriander
	●	●		●				●		Kreuzkümmel
●	●	●			●		●			Kümmel
		●		●	●			●		Kurkuma
●	●			●		●	●		●	Macis
●	●						●			Mohn
●	●			●		●	●		●	Muskatnuß
●			●			●	●	●	●	Nelken
●	●	●		●				●		Paprikapulver
●	●	●	●	●	●	●	●	●	●	Pfeffer
●			●			●	●	●	●	Piment
	●	●		●		●	●			Safran
●	●	●		●	●					Sassafras
	●	●				●	●	●		Schwarzkümmel
		●	●	●				●		Senfkörner
		●					●			Sesam
●		●				●	●	●	●	Sternanis
●	●	●		●	●					Sumach
●		●		●						Szechuanpfeffer
		●				●	●	●	●	Vanille
●			●	●						Wacholder
●		●	●			●	●	●	●	Zimt

Welches Kraut paßt wozu?

	Suppen	Saucen	Salate	Gemüse	Hülsenfrüchte	Kartoffeln	Nudeln	Reis	Rind	K
Basilikum		●	●	●			●		●	●
Beifuß	●			●		●				
Beinwell	●		●							
Bohnenkraut			●	●	●					
Borretsch		●	●	●					●	
Bouquet garni		●							●	●
Brunnenkresse	●	●	●			●				
Curryblätter	●	●	●					●	●	●
Dill		●	●	●						●
Estragon		●	●	●						●
Fines herbes	●	●								●
Kapuzinerkresse		●	●	●		●				
Kerbel	●	●	●							●
Koriander	●		●	●						
Kresse	●	●	●							
Liebstöckel	●	●	●	●	●	●			●	
Lorbeer	●	●							●	
Löwenzahn	●	●	●	●						
Majoran			●		●	●				
Minze	●	●		●					●	
Oregano	●	●	●	●	●	●	●		●	
Petersilie	●	●	●	●	●	●	●		●	●
Pimpinelle	●	●	●	●						
Portulak	●	●	●	●					●	●
Rauke	●	●	●	●			●		●	
Rosmarin				●	●					
Salbei					●		●		●	●
Sauerampfer	●	●	●	●						●
Schnittlauch	●	●	●			●	●		●	●
Schnittknoblauch	●	●	●	●						
Süßdolde		●	●	●						
Thymian	●	●		●	●	●			●	
Tripmadam	●		●			●			●	●
Waldmeister										
Weinraute	●	●	●						●	
Ysop	●	●	●		●	●			●	●
Zitronengras	●	●						●		●
Zitronenmelisse	●	●	●	●		●			●	●
Zitronenblätter	●	●							●	●

Schwein	Lamm	Geflügel	Wild	Fisch	Meeresfrüchte	Desserts	Gebäck	Eingemachtes	Getränke	Welches Kraut paßt wozu?
●	●	●		●						Basilikum
●	●	●								Beifuß
						●				Beinwell
●	●		●	●				●		Bohnenkraut
●				●				●	●	Borretsch
●	●		●							Bouquet garni
										Brunnenkresse
●	●	●		●				●		Curryblätter
		●		●	●					Dill
		●		●				●		Estragon
		●								Fines herbes
						●		●		Kapuzinerkresse
		●		●						Kerbel
		●		●				●		Koriander
				●	●					Kresse
										Liebstöckel
			●	●				●		Lorbeer
										Löwenzahn
●	●	●		●						Majoran
●	●	●				●		●	●	Minze
●										Oregano
●	●	●	●	●	●					Petersilie
				●				●	●	Pimpinelle
●		●		●						Portulak
										Rauke
	●	●	●					●		Rosmarin
●		●					●			Salbei
	●	●		●						Sauerampfer
●				●						Schnittlauch
										Schnittknoblauch
						●				Süßdolde
●	●	●		●	●					Thymian
●				●				●		Tripmadam
					●			●		Waldmeister
●		●	●	●				●		Weinraute
●	●			●						Ysop
●	●	●			●					Zitronengras
●		●		●		●		●	●	Zitronenmelisse
●	●	●		●						Zitronenblätter

Pflanzkalender

NAME	AUSSAAT	PFLANZZEIT
Basilikum	Frühjahr	Anfang Juni
Beifuß		Mai
Beinwell	Frühjahr	
Bohnenkraut	Mai–September	
Borretsch	April–Juni	
Brunnenkresse	Frühjahr	
Dill	April–Juni	
Estragon		Spätfrühjahr
Kapuzinerkresse	Frühjahr	
Kerbel	Frühjahr/Spätsommer	Frühjahr
Koriandergrün	Frühjahr	Frühjahr/Herbst
Kresse	Februar–Oktober	
Liebstöckel	April–September	Frühjahr/Herbst
Lorbeer		Frühjahr
Löwenzahn	Frühjahr–Herbst	
Majoran	März/April	Frühjahr/Frühsomme
Minze	Frühjahr/Spätsommer	Frühjahr
Oregano		Frühjahr
Petersilie	Frühjahr/Hochsommer	Frühjahr
Pimpinelle	April	Frühjahr
Portulak	Mai–September	
Rauke	Frühjahr	
Rosmarin		Frühjahr
Salbei	April	Mai
Sauerampfer	August	
Schnittlauch	Frühjahr–Spätsommer	Frühjahr/Herbst
Schnittknoblauch	März–April	
Süßdolde	Frühjahr–Spätsommer	Frühjahr/Herbst
Thymian	Frühsommer	Frühjahr
Tripmadam	Frühjahr	Frühjahr
Waldmeister		
Weinraute	Spätfrühjahr	Mittleres Frühjahr
Ysop	April	Frühjahr
Zitronenmelisse	Frühjahr	Frühjahr/Herbst

Lage	Erntezeit	Verwendung
Sonne	ganzjährig	Blätter
Sonne	Juli–August	Blütenrispen
Sonne, Schatten		Blätter, Samen
Sonne, Halbschatten	Juli–Oktober	Blätter
Sonne, Halbschatten	Mai–September	Blätter, Blüte
Sonne, Halbschatten	Mai–September	Blätter
Sonne	Mai–August	Blätter, Samen
Sonne, Halbschatten	ganzjährig	Blätter
Sonne, Halbschatten	Sommer	Blätter, Samen
Sonne, Halbschatten	ganzjährig	Blätter
Sonne	ganzjährig	Blätter
Halbschatten	Februar–Herbst	Blätter
Halbschatten	ganzjährig	Blätter, Wurzel
Sonne	Sommer	Blätter
Sonne	Frühjahr	Blätter, Blüte, Wurzel
Sonne	Sommer–Frühherbst	Blätter
Sonne	Sommer	Blätter, Blütenspitzen
Sonne	Sommer	Blätter
Sonne, Halbschatten	Frühjahr–Herbst	Blätter, Wurzel
Sonne	ganzjährig	Blätter
Sonne	Mai–September	Blätter
Sonne	ganzjährig	Blätter
Sonne	Mai–Juli	Blätter, Blüte
Sonne	Juni–August	Blätter
Sonne, Halbschatten	Frühjahr	Blätter
Sonne, Halbschatten	Frühjahr–Herbst	Blätter, Blüte
Sonne, Halbschatten	Juni–Oktober	Blätter, Blüte, Stengel
Sonne, Halbschatten	Frühjahr–Herbst	Blätter, Samen, Wurzel
Sonne	Mai–Juni	Blätter
Sonne	ganzjährig	Blätter
Schatten	April–Juni	Blätter, Blüte
Sonne	Anfang Mai–August	Blätter
Sonne	ganzjährig	Blätter
Sonne, Schatten	Juni–August	Blätter

Rezeptverzeichnis

Register

Kursiver Begriff:
Rezeptname

ISBN 3 8094 1283 X

Umschlaggestaltung: Heinz Kraxenberger, München
Layout: AS-Design, Ilse Stockmann-Sauer, Offenbach
Gestaltung: Christa Johanna Gramm
Redaktion: Marlein Auge
Redaktion dieser Ausgabe: Silke Kirsch
Bildredaktion: Dr. Ruth Leners und Karin Herty
Herstellung: Albert Brühl
Herstellung dieser Ausgabe: JUNG MEDIENPARTNER, Niedernhausen
Fotos: **Umschlagfoto: StockFood** (Studio Trizeps), München
Fotos im Innenteil: AKG photo, Berlin: S. 6 und 9; **Beat Ernst,** Basel: S. 31 und 45; **Klosterfrau,** Köln Assugrin: S. 271; **Löwen Senf,** Düsseldorf: S. 191; **Maggi GmbH,** Frankfurt: S. 173 und 176; **Reinhard-Tierfoto,** Heiligkreuzsteinach: S. 17, 19, 28, 33, 36, 38, 40, 42, 50, 53, 61, 66, 111, 113, 119, 121, 123, 145, 147, 152, 154, 202/203, 218, 234, 238/239, 246/247, 254, 259, 261, 266 und 269; **StockFood,** München: S. 204 (TH Foto-Werbung), 225 (S. & P. Eising) und 226 (S. & P. Eising); **Thomy,** Frankfurt: S. 184; **TLC-Foto-Studio-GmbH,** Velen-Ramsdorf: S. 20, 22, 26, 39, 54, 56, 58 li., 58 re., 59, 63, 72, 78, 80, 82 re., 83, 84, 85, 91, 92, 95, 96, 97, 98, 110, 117, 122, 124, 131, 135, 136, 148, 155, 164, 166, 175, 177, 179, 180, 194, 195 li., 195 re., 197, 198, 211, 214, 217, 224, 227, 237, 249, 252, 256/257, 264/265, 274, 280 und 288; **FALKEN Archiv:** S. 1, 2/3, 4, 13, 15, 16, 24, 27, 29, 30, 32, 34, 35, 37, 41, 43, 44, 46, 48 li., 48 re., 49 li., 49 re., 51, 52, 60, 62, 64, 65, 67, 69, 70, 75, 76, 82 li., 88, 89, 103, 104, 106, 108, 112, 114, 115, 118, 120, 126, 127, 128, 129, 130, 132, 133, 134, 138, 139, 140, 142, 143, 144, 146, 149, 151, 153, 156, 157, 158, 159, 161, 163, 167, 170, 174, 187, 189 li., 189 re., 206 li., 206 re., 207 li., 207 re., 209, 212 li., 212 re., 215, 220, 222, 229, 231, 232, 233, 235, 240, 243, 248, 263, 276, 277, 284/285, 286, 287, 290, 291, 292 und 294/295.

Satz: Lithotronic Creative Repro GmbH, Frankfurt/M.
Druck: Westermann Druck Zwickau GmbH

4980 01 98X 817 2635 4453 62